A BRIEF HISTORY OF HUMANKIND FOR CHILDREN

人类简史

少年简读版 ①

张玉光 ◉ 主 编

青岛出版集团 | 青岛出版社

图书在版编目（CIP）数据

人类简史：少年简读版 . 1 / 张玉光主编 . — 青岛：青岛出版社，2024.1
ISBN 978-7-5736-1557-2

Ⅰ . ①人… Ⅱ . ①张… Ⅲ . ①社会发展史—少年读物 Ⅳ . ① K02-49

中国国家版本馆 CIP 数据核字 (2023) 第 201087 号

RENLEI JIANSHI（SHAONIAN JIANDU BAN）

书　　　名	人类简史（少年简读版）	
主　　　编	张玉光	
出 版 发 行	青岛出版社（青岛市崂山区海尔路 182 号）	
本 社 网 址	http://www.qdpub.com	
责 任 编 辑	梁　娜　李康康　程兆军　刘　怿	
封 面 设 计	刘　帅	
排　　　版	青岛艺鑫制版印刷有限公司	
印　　　刷	青岛新华印刷有限公司	
出 版 日 期	2024 年 1 月第 1 版　2024 年 1 月第 1 次印刷	
开　　　本	16 开（889mm×1194mm）	
印　　　张	20	
字　　　数	400 千	
书　　　号	ISBN 978-7-5736-1557-2	
定　　　价	136.00 元（全四册）	

编校印装质量、盗版监督服务电话　4006532017　0532-68068050

前 言
PREFACE

我们生活在信息爆炸的时代，科技的边界在不断拓展。人类不仅要向前走，还要向后看，看看历史留给我们的财富。古人说"以史为镜，可以知兴替"，历史中有跌宕起伏的故事，有薪火相传的文明，也有世事变迁的规律，更有激励人们向前进的力量。

人类从哪里来？

人类是如何走到今天的？

……

人类在有历史记录之前就存在了。几百万年前，人类的祖先离开了森林，那时的它们还很弱小，相比威风凛凛的虎、狮子和大象，并没有什么战斗力。直到智人学会使用火和工具，人类的文明才拉开了帷幕，逐渐居于食物链顶端。随着工具和技术的快速发展，出现了语言和文化，人类的发展进入了"快车道"。不同地域、不同种族的人们不约而同地在世界上创造了各具特色的璀璨文明，焕发出耀眼的光彩。

《人类简史》以宇宙大爆炸为开端，从采集狩猎的史前时代到人类文明大发展时代，再到近现代，在有限的篇幅里，勾勒出人类发展的主要线索。本书将波澜壮阔的历史用简洁而详实的文字叙述出来，用精美而多彩的画作描绘出来，希望读者掌握人类历史的大致面貌，在历史的脉络中更加了解人类的发展，汲取智慧。

目 录
CONTENTS

第一章 人类的诞生

我们生活的地球只是宇宙中一颗小小的行星，宇宙已经有约 137 亿岁的"高龄"了，如果把这 137 亿年压缩成 1 年来看，每个月就代表着约 11 亿年，每一天就代表着约 3750 万年，而我们人类是在一年中最后一天的晚上才蹚入宇宙的历史长河。在这个夜晚，人类发生了太多太多的故事。我们就从人类的诞生开始讲起……

生命伊始

早在人类出现之前，地球上就已经有了生命的存在，它们经历漫长的岁月，有的被淘汰，有的则发展、演化、存活至今。纵观地球的进化史，有无数璀璨的生命留下过印迹，在历史长河中占据着一席之地，所以生命值得我们敬畏并不断地找寻其中的真谛。

生命的第一颗种子

地球上最早的海洋中含有丰富的化学物质。经过上亿年，各种原子、分子相互整合，也就开始有了生命。我们常说"水是生命之源"，因为最早的生命就起源于海洋。那时，海洋中的单细胞生物蓝藻（或称蓝细菌、蓝绿藻）靠光合作用维持生命。它们的大量繁殖使得地球上的氧气越来越多，也为后来其他生命的形成创造了条件。

▼ 海洋中的早期生命——蓝藻

蓝藻是低等生物。

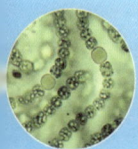

生命的摇篮——地球

大爆炸宇宙论认为，约 137 亿年前的一次大爆炸使宇宙诞生，随后，各大星系也形成了。在太阳系中有一颗蓝色的星球——地球，它与太阳的距离适中，温度适合生命存活。地球上早期喷发的火山以及时不时光顾的陨石，形成了原始地壳；火山大量喷发带来的气体不断上升，形成了原始大气层；持续很久的大雨，汇聚成了海洋……各种有利条件叠加在一起，令地球成了太阳系中当前唯一已知有生命存在的星球。

宇宙还在不断膨胀。

星系

宇宙原本是一个温度无限高、体积无限小、密度无限大的点。

▲ 宇宙大爆炸

▼ 地球上生命的演化

原始人类不断进化。

三叶虫

早期鱼类

单细胞生物

棘皮动物

哺乳动物

鱼类

爬行动物恐龙

爬行动物

鱼类登陆，进化成两栖动物。

生命的大爆发

寒武纪生命大爆发是地球历史上最重要的生物进化事件之一。许多主要的动物门类和复杂的多细胞生物形态出现，如软体动物、腕足动物、节肢动物以及早期的脊索动物等。

▼ 科学家根据岩石和地层的形成时间划分了多个地质年代

侏罗纪

三叠纪

白垩纪

二叠纪

寒武纪

古近纪

石炭纪

奥陶纪

泥盆纪

志留纪

新近纪

前寒武纪

第四纪

前寒武纪时期，生命只有细菌、蓝藻和水母等。

最初的生命是栖息在深海火山"烟囱"周围的特殊细菌。

哺乳动物进化得更高级。

▲ 人类

自然界的选择

地球上的生命从开始出现到不断发展，这个过程并不是一帆风顺的。科学家为了更好地研究地球上生命的发展与演化，就将地球历史划分成了一个个地质年代，包括古生代、中生代和新生代。而在这些地质年代中，还包含着众多以"纪"为单位的时代。大约在4.4亿年前的奥陶纪末期，地球上发生了第一次生物大灭绝。这期间，有的物种彻底从地球上消失，有的物种凭借强大的适应力进化发展，逐渐成了更为复杂的生物。

3

从海洋走向陆地

由于气候的原因，海洋生物的生存空间受到了很大影响；另外，有颌鱼的出现使海洋的生存环境变得更加恶劣。物竞天择，适者生存，一些生物开始寻找其他生存空间，一些拥有强健肉鳍的鱼类凭借自身的优势，成为首批登陆的探险者。

两栖动物在生命初期有鳃，后来逐渐演变为肺。

两栖动物

一些肉鳍鱼类登上陆地，进化成了两栖类。

爬行动物

邓氏鱼是泥盆纪时期的海洋顶级杀手。

▲ 爬行动物的演化

▼ 地球早期两栖动物

水陆两栖

海洋动物登陆成功后，陆地上也开始有了生命的痕迹，它们各自生活，十分和谐。但在约3.77亿年前的泥盆纪末期，地球经历了又一次生物大灭绝，这时海洋生物受到了重创。一些物种消失，也有一些残余生命被迫来到陆地生活，为了适应不同的生活环境进化出了四肢，然后成了地球上的新物种——两栖动物。直到现在，我们依然和它们共享着地球的生存资源。但你要知道，它们可是比我们更早的"地球原住民"。

鱼石螈

巨头螈

虾蟆螈

笠头螈

恐龙是个大家族，进化出了许多种类。

恐龙时代

你或许从众多影视作品或书籍上看到过关于恐龙的历史。在地球生命演化的过程中，恐龙在地球上"称王称霸"了约 1.3 亿年，作为当时陆地上最大的爬行动物，它们压缩了其他生物的生存空间，使许多生物不得不开发出其他技能，才能在地球上生存。但在约 6500 万年前的白垩纪生物大灭绝中，恐龙彻底退出了历史舞台，这使得哺乳类动物得到了巨大的发展空间，其中也包括人类的祖先……

翼龙是可以在天上飞行的爬行动物。

▲ 侏罗纪时期的恐龙大陆

哺乳动物的时代

哺乳动物由两栖动物发展而来的。两栖动物在生存的过程中进化为爬行动物，完全脱离了海洋生活，其中就包括我们前面提到的恐龙。爬行动物中的一部分成了似哺乳类的爬行动物，也就是哺乳动物的祖先。哺乳动物在恐龙时代就已经出现，但在恐龙的强大震慑力之下，只能在夹缝中求生存，直到恐龙灭绝后才迎来自己的高光时刻。

小百科

哺乳动物是动物世界中形态结构最高等、生理机能最完善的动物。它们体温恒定，用肺呼吸，大多以胎生繁衍。

▼ 哺乳动物

冠齿兽

鸭嘴兽

摩根齿兽

剑齿虎

中国尖齿兽

猿人

始祖兽

蓝鲸

住在树上

埃及猿身体较小，跟现代的猕猴差不多。

大约 6500 万年前，灵长类动物出现了。许多古灵长类动物都生活在非洲，那里有茂盛的森林和充足的食物。在这片相对富饶的土地上，旧大陆猴中的一部分进化成了灵长类动物古猿。

▲ 埃及猿

埃及猿主要以果实为食，也吃树叶。

埃及猿

20 世纪 60 年代，科学家在埃及法尤姆地区的渐新世地层中，发现了埃及猿的化石。经研究发现，它们的身材大小如同现代的猕猴，它们的生理结构介于旧大陆猴与猿类之间，所以说它们是早期原始猿类的代表。

▼ 与史前象生活在同一片土地上的古猿

在树上生活时，古猿主要靠上肢攀爬。

可能是祖先啊！

自 1856 年起，科学家陆续发现了很多森林古猿的化石，包括颌骨、牙齿等。一些学者认为这种古猿很可能是人类和猩猩共同的祖先。后期森林面积锐减，或许，受生活环境的影响，部分森林古猿不得不到树下生活，并开发出一项直立行走的新技能，开始向地猿过渡。

西瓦古猿

西瓦古猿生活在距今约1250万~850万年前。从发现的化石中可以看出，它们的形态与猩猩很像，所以也有人认为它们是现代猩猩的祖先。西瓦古猿的种类也十分庞杂，起码有3个种被归入了西瓦古猿属。除此之外，在发现西瓦古猿化石的地方总能发现腊玛古猿化石，科学家分析，它们很可能是西瓦古猿的雄性与雌性，而非不同的属。

▲ 西瓦古猿复原图

森林古猿

西瓦古猿

原上猿

▲ 各种各样的古猿

还有哪些猿类?

猿类自渐新世开始出现，有埃及猿、原上猿，到中新世有森林古猿、西瓦古猿。除了这些极具代表性的猿类之外，在亚洲还发现过长臂猿。中国的云南发现过一种池猿，它们或许与长臂猿存在某种密切的联系。当然，猿类也是十分复杂的，我们需要一点一点地探索、挖掘它们与人类之间的微妙关系。

铲齿象曾广泛分布在各个大陆，扁平的下门齿是它最显著的特点。

为了应对危险的猛兽，古猿通常群居。

7

人类始祖——皮尔劳尔猿

科学家一直认为，人是从猿进化而来的，但是众多猿类中，谁才是人类真正的祖先呢？拨开重重迷雾，一种具有独特魅力的猿类——皮尔劳尔猿，被列入了人类始祖的候选名单之中。皮尔劳尔猿有何"过猿之处"呢？它们与现代人又有怎样的联系呢？

生活在树上

或许你一直认为猿类直立行走的能力是在地上形成的，但其实早在约 1300 万年前的丛林中，树栖动物皮尔劳尔猿就已经可以在树上直立行走了。那个时候，虽然它们还依靠手臂在树间穿梭，但也已经掌握了直立行走的技能。

皮尔劳尔猿主要生活在树上，平时以野果为食。

皮尔劳尔猿会发出不同的叫声提示危险。

皮尔劳尔猿群体意识非常强烈。

以声示意

皮尔劳尔猿生存的时代，森林里有丰富的食物和水源，它们可以在这里生活得十分惬意，但森林并没有隔绝全部危险，因为森林中还有更大的捕猎者会威胁到它们的生命。为了应对潜藏在其中的猎食者，它们群居在一起。在遇到危险时，它们已经开始懂得利用不同的声音来警示同伴、告知危险了。

皮尔劳尔猿会表达情绪。

▲ 皮尔劳尔猿在沟通

知识广泛传播

皮尔劳尔猿生活在树上，以野果为生，所以年迈的猿会教幼猿一些辨别野果是否有毒的技巧，这些技巧很可能是它们靠自己多年的经验积累下来的。皮尔劳尔猿如果长到一定的年纪，就会被驱逐，它们需要找到另一个新的族群加入，而且一旦加入了新的族群，也代表着它们会把自己已经掌握的知识传播开来。

◀ 河边的皮尔劳尔猿族群

我的地盘我做主

皮尔劳尔猿很早就具备了领地意识，对于新加入族群的成员，它们会有所警惕。因此，如果新成员没有一技之长，可不会轻易被接纳。据科学家研究，皮尔劳尔猿已经有了简单的情感认知，如果族群中有一个成员——特别是年纪较大者接纳了新成员，很可能会加快新成员融入族群的进度。

▼ 会识别果实的皮尔劳尔猿

皮尔劳尔猿辨别野果是否可以食用。

9

聪明的撒海尔人

　　地球从古到今发生过无数次气候变动，而每一次变动，对生命来说都是一场考验。因为板块碰撞，新的地质环境和气候产生，打破了皮尔劳尔猿原有的生活，一部分皮尔劳尔猿选择向更远的地方迁徙，寻找一处新的栖息地。这次它们的目标是森林较为广阔的非洲大地，在这里诞生了一种新的古人类——撒海尔人。据科学家研究，撒海尔人很可能是由皮尔劳尔猿进化而来的，所以它们也出现在了人类祖先的备选名单之中。

撒海尔人的前肢不仅能够攀爬，还十分灵巧。

它们也会寻找白蚁和甲虫。

水果、坚果、嫩叶等仍然是撒海尔人的主食。

利用一切资源

　　撒海尔人在非洲的森林之中，大部分时间都栖息在树上，但它们在地上活动的时间也更长了。它们同样具备直立行走的能力，但如果仔细观察就会发现，它们走路的样子是同手同脚的。撒海尔人的饮食结构从单一变得复杂，所以获取食物的难度也相应增加了许多。不过它们非常聪明，懂得借用外力来达到自己的目的。它们善于发现，并懂得如何利用，大自然中的一切资源都可能成为它们的工具。

在撒海尔人族群中，首领拥有很大的权力。

雌性成员

　　在撒海尔人的族群中，雌性成员担负着觅食和孕育后代的重任，因此族群中的雌性成员对甄别食物富有经验。同时，它们还会把获取食物和辨别毒性的方法毫无保留地传授给幼崽。

最早的政治思想

雄性撒海尔人依然是一个族群中的主导者。首领掌控着整个族群，任何事都需要经过首领的许可才可以进行。为了巩固自己的地位，首领会采用暴力手段来镇压一切在它看来不忠的举动。当然，它们也会使用"宫心计"笼络更多的拥护者，比如对表现好的青年人给予鼓励，以及对老人表示关心。现在看来，撒海尔人族群中已经有了最早的政治，只是它们自己并没有意识到而已。

族群间的"战争"

如果有外来族群"入侵"，撒海尔人首领会带着年轻力壮的雄性成员与外来族群的首领进行一场战斗。这期间，它们发现除了自己的拳头，还可以选择木棒、石头等武器。这种行为无异于早期的"战争"。最后，外来族群的首领如果被打败，它族群中的雌性成员很可能会被收留成为撒海尔人首领的伴侣。

▼ 撒海尔人的首领之争

11

南方古猿

1924 年，科学家在南非发现了一块似人似猿的南方古猿的幼猿头骨化石，自此之后，在东非和南非的许多地方也陆续找到了这一属的猿类化石。南方古猿的神秘面纱被揭开，科学家开始对这一猿属进行研究。

▲ 既能爬树又能直立行走的南方古猿

发现南方古猿

人类对祖先的溯源一直没有停止，继皮尔劳尔猿之后，在非洲大陆上又发现了一种距今约 370 万年的猿类——南方古猿。南方古猿包括湖畔种、阿法种、羚羊河种、非洲种、惊奇种以及源泉种等。南方古猿生活在非洲森林，已经熟练掌握了在地上直立行走的新技能，但也没有丢掉爬树这一基础技能。

▲ 正在进食的南方古猿

南方古猿主要以果子、嫩叶等为食，也会捡食猛兽吃剩的尸体。

南方古猿是从猿到人转变的一个阶段，它们失去了一些猿的特征，比如尖锐的牙齿和爪子。

南方古猿的生存法则

南方古猿以族群为单位共同生活，常以植物的块茎、野果以及野兽的尸体为食。其中雄性依然占据领导地位，雄性首领可以同时拥有两个以上的异性伴侣。在食物短缺的时候，首领以及它的伴侣享有优先支配权。南方古猿身体较为矮小，身高在 1.2~1.5 米左右。这样的身高在非洲草原上并不占优势，一不小心就会成为野兽的美餐。

拥有使用工具的意识

南方古猿在不断进化的过程中，发现了石头的作用，它们开始有意识地用石头来砸碎咬不动的食物，比如较硬的骨头，或者有硬壳的果子。此时的它们，还有了把吃不完的食物分成小份储存起来的基本意识，这证明它们的头脑正在一点点地变化。据科学家研究，南方古猿的脑容量已经发育到440~530毫升，最大可达700毫升。

南方古猿会使用简陋的工具。

▲ 会使用工具的南方古猿

向更复杂进化

因为生存环境的差异，不同种类的南方古猿朝着不同的方向进化。科学家研究发现，早期的南方古猿在上新世与更新世之间进化成了完全不同的两个类型。其中一支较为粗壮的类型在更新世中期就退场了，而另一支纤巧型则在不断地适应环境，提升自我，发展成了后来的能人。

小百科

1974年，在东非的埃塞俄比亚，科学家发现了一具女性的骨架，距今约350万年，后被命名为"露西"，属于南方古猿阿法种。如果你有幸到埃塞俄比亚的国家博物馆，就能看到这具骨架化石。

智人

能人可以制造石器和简单的工具。

直立人

▼ 由猿向人的演化

13

能制造工具的人

南方古猿中的一个分支最后发展成了"能人"，之所以称之为能人是因为他们能干且手巧。介于南方古猿与直立人之间的能人生活在距今约 250 万年前的非洲。20 世纪 60 年代，科学家发现了他们留存下来的化石，并对其展开了细致的研究……

走近能人

世界上第一批能人的化石是在 1960 年的坦桑尼亚奥杜威峡谷发现的，4 年之后，这批化石被命名为"能人"。当时出土的头盖骨和下颌骨属于 10~11 岁儿童的，其他还包括成人的手骨、足骨和锁骨。能人的出现标志着人属中一个新物种的诞生。人属是更接近我们现代人的一个类群，而能人则是人属中最具有代表性的一个成员。

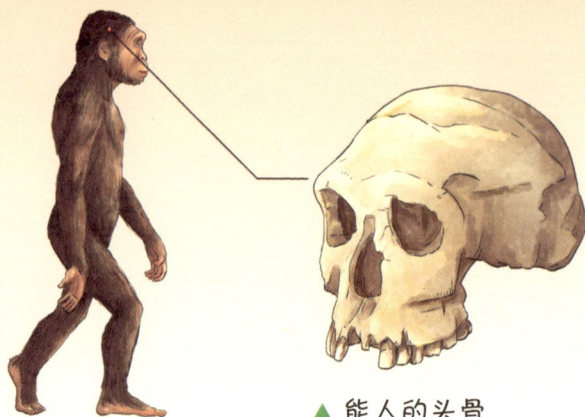

▲ 能人的头骨

能人在拉丁文中被称为"巧手的人"。

▼ 能人家族打制石器

能人是迄今所知最早的能制造石器的人属成员。

变大的脑容量

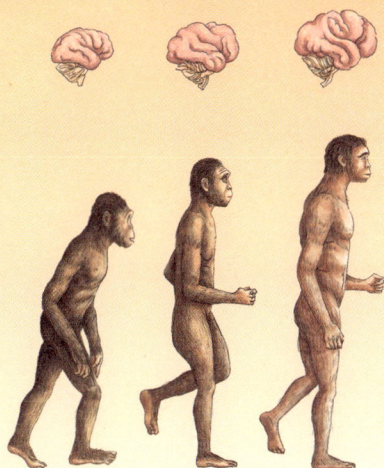

科学家通常会根据脑容量来区分人与猿。尽管另外一些科学家对这一判断标准持保留意见，但不得不承认，不同阶段的人、猿脑容量是不同的。南方古猿平均脑容量只有440~530毫升，而随着进化脚步的加快，不同属类的物种脑容量也在稳步增加。发展到能人时，他们的平均脑容量已经比南方古猿高出将近一倍，男性可以达到800毫升左右。因此，尽管他们的体形较之于生存空间内的大型猛兽并不占优势，但他们可以依靠智慧躲过一次又一次危险，从大型猛兽的口中存活下来。

▲ 猿人的脑容量越来越大

食物变多了

在能人生存的年代，食物的种类更为丰富，他们不再像以前的猿类一样单纯以植物或白蚁为食。相反，他们发现食肉不仅能使他们瘦弱的身体变强壮，还能更饱腹。于是他们开始主动猎取中小型动物，并在这一过程中，开发了一项新技能。

能人会用尖锐的石器砍砸。

▼ 能人合作使用工具捕猎

能人可能已经具备了奔跑的能力。

能人会集群捕猎。

能人还不会用火，所以会食用生肉。

制造工具

作为最早制造并使用石器工具的种族，能人在漫长的实践探索中发现石质工具比手、牙齿等先天工具更加好用。他们也许曾被尖锐的石头伤害，因此慢慢发现石头可以在撞击、摩擦中变得锋利，用来割开一些无法撕裂的物品。他们开始有意在周围收集符合条件的石头，制造出最简单的石斧、石刀等。

15

直立行走

在人类进化的过程中，每一次历史性的飞跃都会诞生一个更接近现代人的族群，比如已经基本能完全站直的"直立人"。从外形上看，他们的体态与现代人更接近，身材也更为高大，最高者或许能达到1.8米。这一时期的人还更有智慧……

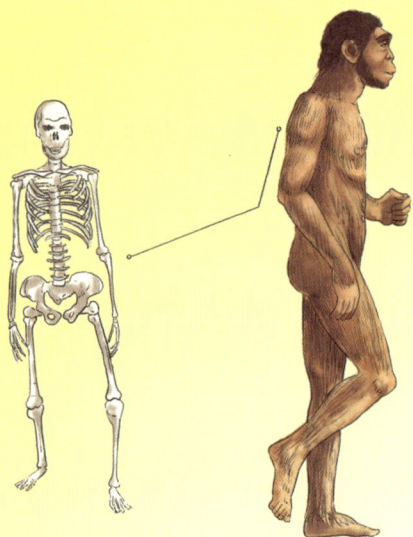

▲ 直立人及其骨骼

直立人可以用木头制作武器了。

复杂的大家族

19世纪90年代，在印度尼西亚的爪哇岛第一次发现了直立人的化石。科学家经过多年的研究，才将直立人确定为除能人之外的另一个人属直立人种。到了20世纪，科学家相继在亚洲、非洲以及欧洲的多个国家和地区发现了直立人的痕迹。于是，西方学者认为，直立人是第一批走出非洲大陆的人，他们到达不同的地方后继续演化、进步，其中就包括中国。中国是发现直立人化石最多的国家之一，中国有著名的北京人、元谋人、蓝田人等的化石。

直立人更有智慧

直立人的脑容量比能人更大，介于900~1200毫升之间。在非洲这片充满危机的大地上，直立人虽然没有野兽的尖牙和利爪，但是也依靠智慧存活了下来。直立人制作工具的过程更为精细，他们会先在脑海中绘制蓝图，再着手制作成刀或斧子。因为有了更为"高端"的工具，这时的直立人已经可以猎取体型更大的动物。同时，他们很可能还学会了利用动物的皮毛制作可以遮蔽身体的衣服。

▶ 穿着皮毛衣服的直立人

与火结缘

在直立人时期，火开始成为一种取暖或者烹饪的工具。而直立人具体是如何发现火的，过程不得而知。科学家推测有可能是火山喷发、雷电袭击之类的自然灾害，让直立人发现了火。直立人可能发现了火虽然可怕，但也带来了好运，比如被火烧死的动物异常美味，加上直立人本身拥有一定的智慧，他们逐渐意识到火能成为一种工具。据说，科学家在发现直立人化石的地方发现了一些烹饪之后遗留的灰烬，这充分证明直立人已经懂得利用火来取暖或者加工食物了。

直立人可能已经开始试着用木棍搭建棚屋。

直立人以狩猎、采集为生。

木制长矛

▲ 学会用火

直立人已经会使用火来加工食物。

有了情感认知

　　有学者认为，在直立人向智人过渡的时期，人与人之间已经可以用语言来交流和表达情感了。这时的直立人已经有了情感认知，特别是异性间不再单纯为了解决生理需要而寻找伴侣，在他们的心里生出了一种更深层次的情感，使得双方互相吸引，长期陪伴。与此同时，异性间也诞生了审美需求，所以女性直立人开始利用各种颜色和饰品来装扮自己，以此来吸引异性，或者维持"恋情"。

▼ 爱美的直立人

直立人用兽皮制作衣服。

人类演化的关键——海德堡人

　　1907年，德国的一个工人在海德堡附近的河床泥沙中发现了一块人类的下颌骨。这个新发现引起了科学界的强烈关注。海德堡人最初被归为直立人，后来被认定为智人的一种，是尼安德特人、丹尼索瓦人共同的祖先。

制作复合工具

　　从发现的海德堡人化石中可以分析出，海德堡人的平均身高在1.8米左右，而且他们拥有更大的脑容量，这就代表着他们更聪明。科学家发现，海德堡人时期已经有复合工具出现了，他们会把尖锐的石头与木棍组合成更有利于捕猎的石矛。科学家推测，当时的海德堡人可以通过合作方式狩猎体型更大的动物。

海德堡人很强壮，力气很大。

▲ 拿着工具寻找猎物的海德堡人

走出非洲的直立人

　　因为气候和环境等方面原因，许多具有冒险精神的直立人开始走出非洲，朝着亚欧大陆前行。因为距离的关系，不同地区的直立人开始出现区域分化，进而演化成了不同的古人类。其中，欧洲的直立人就演化成了海德堡人。

海德堡人会使用木叉和石器捕食猎物。

人们一般三五成群一起捕猎。

丹尼索瓦人　　　尼安德特人

▲ 海德堡人的后代

海德堡人的进化之旅

据科学家研究，海德堡人的进化关乎整个人类生命演变。大约70万年前，非洲出现了海德堡人，这些海德堡人又逐渐扩散到了欧洲以及亚洲。时间的车轮继续向前滚动，欧洲的海德堡人进化成了尼安德特人，北亚的海德堡人进化成了丹尼索瓦人，而非洲的海德堡人则进化成了晚期智人，也就是我们现代人的直系祖先。

海德堡人身体强壮，头脑聪明，已经是比较熟练的猎人。

▲ 海德堡人

海德堡人是早期可以捕食大型动物的人类。

◀ 用工具处理食物的海德堡人

亚洲的海德堡人

1929年12月，北京房山区周口店出土了闻名世界的北京猿人头盖骨。但是科学家研究发现，北京猿人并不能直接进化为智人，这其中出现了人类历史的断档。直到2018年在我国东北地区首次发现了海德堡人的头骨化石，人类发展演化史才有了新的研究方向。

智人近亲——尼安德特人

在距今约 25 万 ~20 万年前，早期智人——尼安德特人出现在了欧洲，他们是欧洲人祖先的近亲。那时他们几乎在整个欧洲、亚洲西部至东北部广泛存在。但是在约 3 万年前，尼安德特人却离奇地消失了。

西欧气候寒冷，尼安德特人会用兽皮御寒。

▲ 穿着厚实的尼安德特人

尼安德特人从何而来

1856 年，科学家在德国杜塞尔多夫尼安德特河谷附近的一个山洞里发现了一具人骨化石，但当时许多学者都没意识到这一发现的重要性。直到人们在欧洲甚至亚洲各地都陆续发现了同种类型的化石，尼安德特人才作为人属中的重要的一种，确立了在人类发展史上的重要地位。

尼安德特人可以用语言进行日常交流。

尼安德特人长什么样？

从科学家复原的尼安德特人面部图来看，他们的头显然比现代人要大些，平均身高在 1.6 米左右，有粗壮的四肢和发达的胸肌以及肩肌。如果你以为他们是头脑简单、四肢发达的一群人，那你就错了。实际上，尼安德特人的智力、身体协调性都与现代人相差无几，甚至体魄更为健硕。

▼ 尼安德特人与现代人对比

尼安德特人身体强壮，肌肉发达。

穴居的尼安德特人

大量的尼安德特人化石发现于一处山洞，这是不是表明，尼安德特人是生活在洞穴之中的呢？科学家经过研究之后证实了这一点。尼安德特人为了躲避野兽和其他危险，大部分选择住在山洞里，还利用岩石来封住洞口，只是偶尔会建造一个露天的小营地。这样看来，尼安德特人比我们想象的要聪明得多。

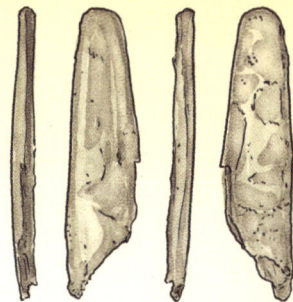

尼安德特人会使用火，并且会人工取火。

小百科

尼安德特人会用鹿的肋骨制成一种"磨光器"，用来熨平兽皮。

▼ 尼安德特人的生活场景

相比果实，尼安德特人更爱吃肉。

洞熊体型庞大。

"开发"新工具

　　尼安德特人使用的工具也更加多元，除了常用的石器之外，他们还会制作木制和骨制的工具，并利用树脂对它们加以组合。所以，别看他们身体不高，却也可以制服像猛犸象一样庞大的动物。我们必须承认，人类的智慧是无穷无尽的。

▼ 加工肉食的尼安德特人

无肉不欢

　　尼安德特人善于捕猎，也喜欢吃肉。科学家研究发现，肉是尼安德特人的主要食物，但这并不代表他们挑食。在研究尼安德特人的牙齿时，科学家也发现了植物的残留以及淀粉的痕迹。

◀ 尼安德特人合作猎熊

尼安德特人会用
矛刺向猎物。

尼安德特人与洞
熊搏斗可能是为
了争夺洞穴。

善待死亡

早在尼安德特人时期，就有了最原始的丧葬习俗。科学家在尼安德特人尸骨所在的大坑中，发现了人工挖掘的痕迹，证明这个坑并不是自然形成的，而是尼安德特人为了埋葬死者而制的。除此之外，同时期发现的动物骨骼很多有被啃咬的痕迹，可尼安德特人的却相当完整，这说明他们可能在死后就被埋葬，避免了暴尸荒野的惨剧。

▶ 埋葬逝者的尼安德特人

尼安德特人的消亡

头脑聪明、身体强壮的尼安德特人大约在3万年前突然间销声匿迹了。人们不知道他们没有存活至今的原因，但却有一些大胆的猜测。有的学者认为，一部分尼安德特人可能与智人和谐相处，然后被同化，完全变成了智人，而另一部分则可能受到地球环境的影响而死去。也有人说尼安德特人同丹尼索瓦人一样，在与智人争夺地盘时被消灭了。事实不论如何，我们都不能忘记，在人类进化的历史上，他们曾经书写过璀璨的篇章。

▼ 尼安德特人也会捕鱼

尼安德特人是"海鲜
爱好者"。

尼安德特人在湖泊、
河流和海洋中获取鱼
类等食物。

23

智人的进化之旅

智人分为早期智人和晚期智人，尼安德特人属于早期智人。现在的科学界普遍认为，智人是我们人类的直系祖先。

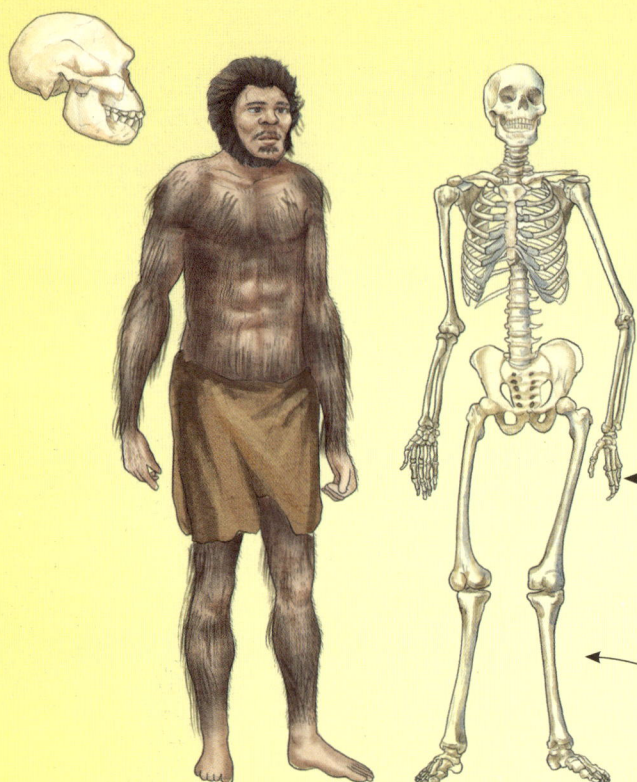

智人就是"有智慧的人"。

最古老的智人化石发现于非洲埃塞俄比亚。

▲ 智人复原图及骨骼

何为智人？

智人很早就已经开始在地球上生活了。为什么要称其为智人呢？主要是因为与其他古人类相比，他们更具有智慧。他们无论是在外貌、体型还是头脑方面都更贴近于现代人，而且善于思考，拥有强大的思维能力，所以才能发展至今成为地球的"主宰"。

混血儿

科学家在研究尼安德特人消失的原因时，提到了"他与智人融合"这一理论。事实上，经过长时间的研究与发现，这一说法有可能是正确的。虽然现代人被认为是智人演化而来的，但不能否认，我们每个人的身体里都拥有着1%~4%的尼安德特人基因，从某种意义上来说，我们也是"混血人"。现在常见的抑郁症、血栓和2型糖尿病，都是尼安德特人的基因在作祟。

▶ 智人与尼安德特人的斗争

智人拥有强大的杀伤力和环境适应能力。

▲ 智人的大脑　　▲ 尼安德特人的大脑

小百科

　　尼安德特人的脑容量比智人的更大，但是智人却最终成了地球上的"统治者"。所以科学家已经不再以脑容量的大小，作为选择人类祖先的依据了。

失败后的崛起时刻

　　尼安德特人存在的时候，分布极为广泛。或许在当时，非洲的智人也想去看看外面的世界，但不幸的是，他们的第一次出行就误闯了尼安德特人的地盘。因为当时的智人无论是体力还是脑力都不是尼安德特人的对手，所以就被尼安德特人打回了老家。被击退的智人痛定思痛，在他们进化得更强壮、更聪明时第二次走出非洲，报了当时之仇，从此便开始了他们的扩张。

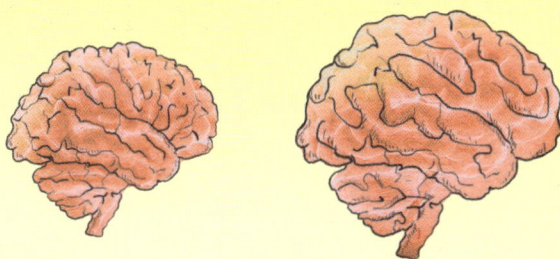

智人和尼安德特人可能因为领地而发生冲突。

尼安德特人和晚期智人是海德堡人的后代。

勇敢走出非洲

大约 7 万年前，智人尝试着走出非洲。这次他们有了强壮的身体、相对成体系的语言和较为先进的工具，从此在地球的各个地方开枝散叶，并且存活至今……

▲ 风雪中艰难寻找食物的智人

走出非洲的必要性

原始社会时期的非洲有着丰富的食物和水源，是个适合动植物生存的安乐窝。为什么智人放着好好的家园不要，非要走出去看看世界呢？可能并不只是出于单纯的冒险精神，而是赶上冰川时期，许多动物要么被冻死，要么就离开故乡，向别处迁徙。智人的食物骤然减少，为了生存，他们不得不外出寻找物产更丰富的地区生活。

智人已经可以制作较复杂的武器了。

有了出走的条件

智人想要走出非洲，除了要拥有坚忍的意志，还得有适宜的环境。在很早之前，撒哈拉大沙漠还是一片生机勃勃的绿洲，这就为智人迁徙提供了便利条件。于是从第一次走出非洲，再到第二次走出非洲，智人的脚步就这样迈向了全世界。

▶ 向远方迁徙的智人

高加索人种

尼格罗人种

▼ 智人迁徙到各地，进
而演化出各色人种

蒙古人种

澳大利亚人种

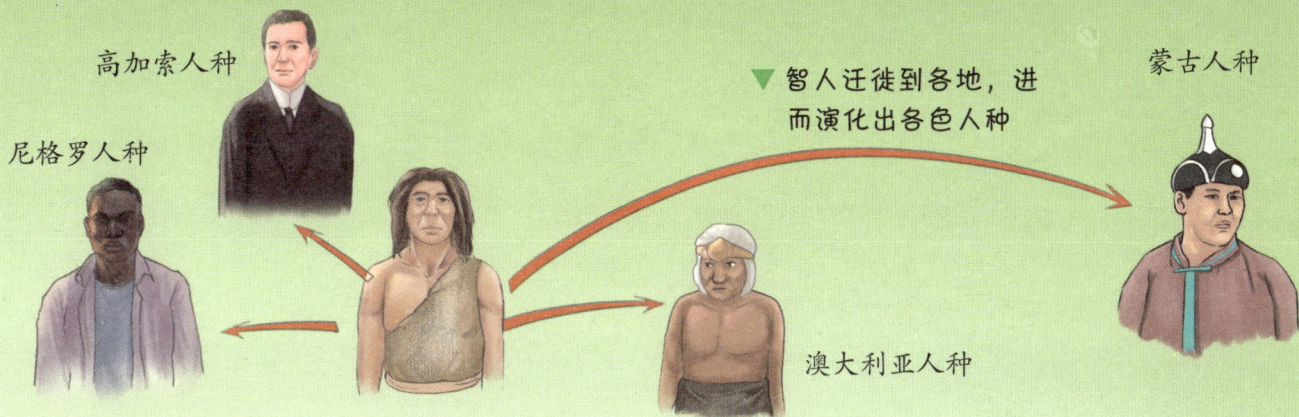

遍地开花的智人

智人自西奈半岛出发，途经亚欧大陆，在约5万年前到了澳大利亚，于是这个现在与其他大陆并不接壤的地方也有了智人的存在。约1.5万年前，一部分智人从俄罗斯出发，到达了阿拉斯加。此外，还有一部分智人的脚步自亚洲直接到达了南美。就这样，整个地球上凡是适宜生存的地方，都有了智人的影子。

智人人种的演变

智人经中东扩散，迁移到欧洲，一部分留在这里演变成了高加索人种，也就是白种人；另一些智人来到了东亚，逐渐演变为蒙古人种，最具代表性的就是现在黄皮肤的亚洲人；而到达澳大利亚的智人，则成了澳大利亚人种；那些留在非洲没有迁徙的智人，就成了后来的尼格罗人种，也就是现在的黑种人。

智人群体中已经有了阶级的不同。

智人发展出了丰富、实用的语言。

克罗马农人的智慧

克罗马农人是极具代表性的欧洲晚期智人，他们在冰川期时神秘出现，直到旧石器晚期又离奇谢幕。科学家用了很多年的时间才对克罗马农人有了较为深入的了解。

克罗马农人十分具有创造力。

壁画和雕塑可以反映克罗马农人的生活。

▲ 正在雕刻的克罗马农人

你好，克罗马农人

人类学家认为，大概距今在 3.5 万年前，一批智人迁移到了欧洲西部，并最终取代了尼安德特人，在这里生活繁衍。他们首次进入现代人的视野是在 1868 年，当时法国的多尔多涅区莱塞济附近的克罗马农山洞中的几具化石被发现，分别属于两名男性、两名女性和一个小孩。于是，以发现地命名的克罗马农人作为欧洲晚期智人的代表，开始成为科学家又一个新的研究课题。

▼ 克罗马农人围猎猛犸象

克罗马农人体格健壮，是狩猎的好手。

从游猎到定居

克罗马农人族群以狩猎为生，但冰川时期欧洲平原都被冰层覆盖，动物们居无定所，克罗马农人为了生存只能追随着动物的脚步游猎而居。直到他们到达靠近大西洋、黑海、里海的低纬度平原和丘陵，发现这里有着便于狩猎的天然屏障，才在这里的崖下和地下洞穴中定居下来。当时在这里与他们共享生存空间的有许多大型动物，比如猛犸象和乳齿象等。尽管它们体型巨大，但在克罗马农人的智慧面前也得甘拜下风。

28

克罗马农人在
居住的洞穴里
留下了壁画。

克罗马农人能够团结
协作杀死猛犸象。

克罗马农人的脑
容量很大，男性
约为1600毫升。

▲ 绘制壁画的克罗马农人

一个充满艺术细胞的族群

克罗马农人定居的地方有着丰富的动植物资源，他们不用为温饱而烦忧。随着人口的增加和生活水平的提高，克罗马农人在艺术方面的也更高了，他们的雕刻以及绘画技术水平与日俱增。他们会把石头制成一种体积很小、表面光滑平整、只有一头有锋利刀刃的雕刻工具。除此之外，随着审美水平的提升，他们还会制作各种各样的装饰品和工艺品，还有小针眼的骨针。对于克罗马农人来说，狩猎不再只是生存的工具，也变成了一种艺术素材，科学家在他们生活的地方发现了大量以狩猎为主题的壁画。

山顶洞人

晚期智人除了欧洲的克罗马农人之外，最具代表性的就要数山顶洞人了。说来也巧，就在北京猿人化石发现地的上方山洞中，考古学家发现了更像现代人的骨骼化石，也就是我们接下来要讲的山顶洞人。

山顶洞人头骨

◀ 周口店山顶洞人遗址

山顶洞人居住在洞穴之中。

人类探索史上的新发现

北京的周口店在世界上都享有盛名，这是为什么呢？因为这里不仅有闻名世界的北京猿人遗迹，还有中国北方晚期智人的代表——山顶洞人的生活遗址。1933 年，就在北京猿人洞的上方山洞中出土了一些人类的骨骼化石，它们后来被命名为山顶洞人。这一历史性的发现，可以说在人类起源的探索史上至关重要。

山顶洞人时期，女性在活动中起主导作用。

原始人也"爱漂亮"

考古学家发现了一些用动物骨骼、石头、贝壳等制作而成的饰品，这些饰品不仅制作精良，还染上了颜色。这说明山顶洞人已经开始使用多元化的工具了，不仅如此，也证明了他们当时的生活比较悠闲、富足，有充足的时间和精力去创造美好的事物。

山顶洞人有丰富的饰品。

▲ 骨针和饰品

穿上衣服才能走得更远

在直立人时期，人们已经开始用动物的皮毛制作一些可以遮蔽身体的衣物，而到了山顶洞人时期，人们基本上已经可以穿上像样的衣服了。考古学家在这里发现了一些骨针，打磨得非常光滑精致，这充分证明了我们的祖先不仅能利用兽皮制作服装，还会制造和使用较细的纤维。这些小小的骨针，标志着山顶洞人已经解决了保暖问题，此时的他们可以走出山洞，向着平原和寒冷的地方进发，去探索未知的世界了。

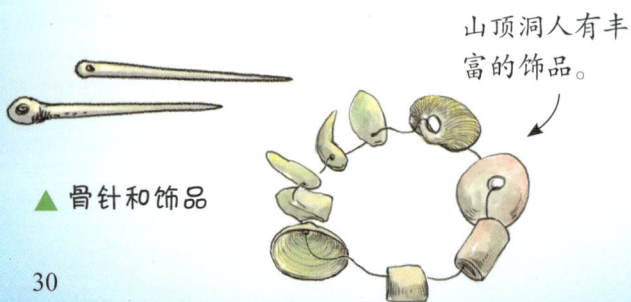

山顶洞人靠采集、狩猎为生，还会捕鱼。

山顶洞人会缝制衣物。

家族墓地的起源

埋葬族人时，山顶洞人还会放入陪葬品。

▲ 山顶洞人的日常生活

▼ 埋葬族人的山顶洞人

考古学家在山顶洞人生活的洞穴中挖掘出了一些人骨，分别属于一位年老男性、一位中年女性和一位青年女性。在人骨旁边还有一些兽骨和穿孔的贝壳，考古学家推测这很可能是用来陪葬的物品。看来，很早以前的人类对于丧葬就已经十分重视了。

认知革命

人类是唯一一种会"编故事"的动物。在距今约 7 万年～4 万年的时候，智人就已经学会了"编故事"，人们把这种新的思维方式和沟通方式，称作"认知革命"。

驱散黑暗与寒冷的火种

人类历史上的第一颗火种改变了人类的生活方式，加速了人类文明的向前发展，它就像一盏明灯，指引着人类前进的脚步。直到现在，人类依然离不开火。人类从发现到利用，再到创造火的每一次突破，都是智慧不断升华的体现。

▼ 自然的馈赠——火

最初的火来自天然火源，可能是雷击起的火或是植物等自燃出现的火。

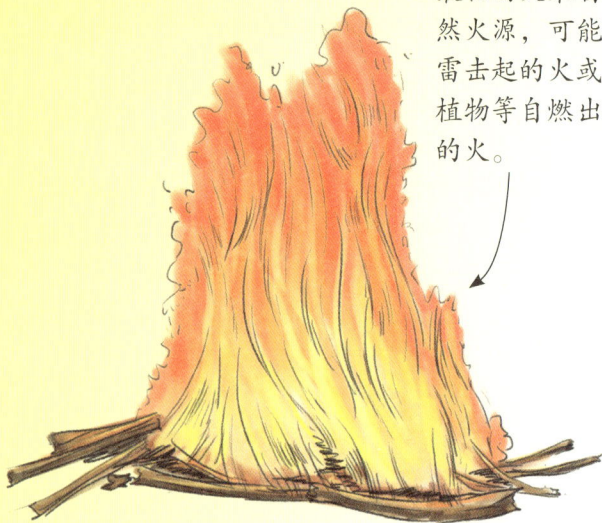

夜晚的那一束光

火是大自然对人类最好的馈赠。在那个茹毛饮血的年代，夜晚比白天更加危险，尽管人类拥有着无穷无尽的智慧，但对猛兽的利爪尖牙也有所忌惮。当黑夜突然被一种神奇的东西照亮，人类在害怕的同时，更多的是好奇。人类逐渐发现了这个新事物带来的好处，比如被烧死的野兽更美味、一直燃烧的木头可以取暖。

▼ 火的使用给原始人的生活带来了极大的改变

烤熟的食物松软容易咀嚼。

吃熟食提升了原始人的体质与智力。

火是好东西

火的出现，改变了人类的饮食习惯，人们发现烤熟的肉味道更好，更容易消化，在一定程度上也增加了人们的体力，甚至延长了寿命。而且，经历过一场大火之后，野兽开始惧怕这个能发光发热的新玩意儿，所以人们在夜晚点起火堆就不怕野兽的突然袭击了，寒冷的夜晚也不再那么难捱了。

在打制石器的过程中会发现，某些石块相击会产生火星。

保留和管理火种曾是原始人重要的工作。

通过摩擦产生的高温能让干木头燃烧起来。

创造火

从直立人开始，人类就已经会使用火了。但是自然条件下产生的火总是会熄灭的，所以保存火种成了当务之急。火种被保存下来，标志着火已经成为人类可控制的一种资源。但从控制火到能制造火，人类也经历了一段漫长的岁月。从旧石器时代晚期到新石器时代初期，人类终于学会通过木棒、石器等物体之间的摩擦和碰撞产生火花。从此，火就成了人类生活不可缺少的重要组成部分。

永不熄灭的火种

人类最初使用火解决了一些基本的生活需求。随着时间的推移，人们发现，被火焚烧过的土地更有利于植物的生长，于是刀耕火种的形式开始在人类的脑海中产生，这使得人类从游牧生活开始走向稳定的农耕生活，随之而来的是手工业和工业的兴起。直到现代，火已经成为一种能源，让人类走出了地球，走向了宇宙。

▼ 人工取火的方式

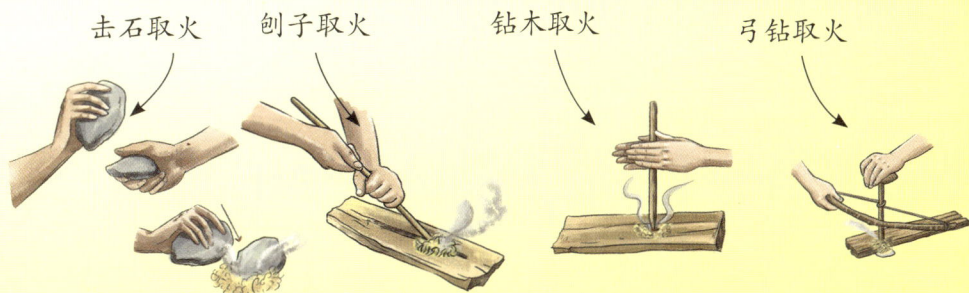

击石取火　　刨子取火　　钻木取火　　弓钻取火

用语言交流

现在的我们靠语言来表达意愿、与他人沟通和交往，但处于原始社会的人类怎样传递讯息、拉近彼此的距离呢？他们主要是通过手势、吼叫及面部表情。当然，这些只是最基本也是最简单的沟通方式，如果想要更细致地表达意愿，就得详细描述才行。语言让原始人类可以交流，随后不断发展，又促进了人类思维的进步，带着人类朝着更深层次的文明迈进了。

危险来临时，古猿会发出警示。

古猿依靠简单的叫喊或手语等肢体语言沟通。

▲ 古猿用吼声相互交流

喉头位置下降，声道拉长，舌头有更多的活动空间。

▲ 早期原始人用声音和手势沟通

最早的"语言"不仅属于人类

猿人可以靠不同的声音来表达不同的情境，比如皮尔劳尔猿就会用不同节奏的吼叫声来表示危险靠近还是解除。其实早期的原始人也是靠这种方法进行狩猎的，他们与猿在这方面几乎没有差别。起初他们可能会模仿动物的声音，以此来警示同伴，后来逐渐产生了表达情绪的感叹词。想象一下，现在我们常用的"呵呵""哦哦""嗯嗯""呜呜"可能就是很早以前原始人类的表达方式。

相比动物所使用的"语言"，人类的语言是独特的。

能听也能说

事实上，人用语言交流需要具备两个条件，一个是能说，一个则是能听。原始人类之所以开始有了语言，并且能使语言不断进化，都是因为他们具备了这两个条件。人类对于声音的敏感度高于黑猩猩和其他大多数猿类。除此之外，晚期智人由于口腔缩短，喉头部位下降，舌根的活动空间变大，能更加清晰地发出声音，于是语言就这样在人类间产生了。

到底是谁创造了语言

语言肯定不会凭空产生，到底是谁创造了语言呢？其实，从人类开始吃熟食后，大脑就开始迅速进化，人与人的交流从单调的叫喊声逐渐变成了固定的音调，这就是最早的语言。在之后的岁月中，随着人类的生理和心理不断进化，文化不断发展，语言进而发展成熟。

语言与思维并进

我们常说，会说话并不代表会表达，要想让语言清楚地表达自己的意愿，就需要拥有思维能力。语言与思维是密不可分的一个整体，人可以用语言描述客观需求，也可以表达感受、编造故事，这是因为人类拥有具象思维和抽象思维。而人类语言和思维的产生，都为后来人际关系、社会组织萌芽等的形成奠定了基础。

▼ 人们能够用语言表明自己的意愿

人与人之间的交流更加频繁，语言也更加丰富。

人在用口表述的同时，双手也会自觉配合，以表达得更清楚。

采集与狩猎

这世间唯有美食不可辜负。现在人们的食谱极为丰富，甚至足不出户就能享用到世界各地的美食。对于我们的祖先来说，原始社会的饮食条件是从单一逐渐变得多元的。

采集果实是相对安全的食物获取方式。

▶ 采集果实的原始人类

其他野兽吃剩的猎物也是原始人的食物来源。

挑食？那是不存在的

每个人都有各自的喜好，"挑食"是如今许多人都有的小毛病。但对于原始社会的人类来说，挑食？那是不存在的。为什么这么说？因为那时候食物较为单一。早期人类的食物大多靠采集得来，比如野菜、野果，只要是没有毒的食物都可以用来填饱肚子。当时的人类还没有能力到达食物链的顶端，甚至搞不好自己都会变成猎物。从能人开始，人类的食谱才变得多元起来。

▲ 正在处理猎物的原始人

木棍的一端捆绑着磨得锋利的石核。

从猎物变猎手

自然界危机四伏，凶猛的野兽有着强壮的身体、敏捷的身手，还有人类不能比拟的硬件，比如钢牙、利爪，哪怕是有了智慧的人类，也可能分分钟变成猎物。但是，这种劣势很快就被扭转了。从能人到智人，先是中小型动物，再到大型动物，人类的角色顺利从猎物转变为猎手。那时人类不光以采集为生，狩猎也成了常态。学会狩猎，意味着人类能够主动追捕和杀死动物来获取食物。这种能力使人类能够获得更多的蛋白质等营养，提供了更稳定和丰富的食物来源，也为人类提供了更多的能量，支持了大脑的进化和发展，促进了智力的提升。

武器得趁手

早期人类使用天然的石头和棍子之类的简单武器,这种情况下,打斗通常是短兵相接,胜算不大。后来,人类发现石头可以通过打磨制成锋利的工具,这种工具可以用来把木棍削尖,制成木矛,这在很大程度上提高了木棍的杀伤力。通过不断实战升级,人类对于工具的要求也变得更高,刮削器、雕刻器、石矛石刀层出不穷。聪明的人类还发明了磨制石器的方法,鱼叉、鱼钩、骨针等工具也开始大量投入使用。随着复合武器的广泛传播,人类的狩猎技术变得更为成熟了。

弓箭可以远距离射杀动物,大大降低了狩猎的危险性。

▲ 手拿武器的原始人

▼ 原始人用武器合作狩猎大型动物

人类采取围猎的方式猎取大型动物。

狩猎也得靠脑子

狩猎时的武器固然重要,但也要讲究方式和方法,这时人类的智慧就派上了用场。他们通常会成群结队,利用工具和大声吼叫,把受到惊吓的猎物驱赶到悬崖边摔死。到了旧石器时代晚期,利用陷阱捕捉猎物也成了常态。

原始人的主要狩猎工具是矛。

▼ 分享食物的早期猿人

早期猿人过着群居生活，共同劳动，分享食物。

生活"小团体"

虽然每个人都是独立的个体，但人类通常不会单打独斗，很早就形成了族群。人类是如何一步一步扩大自己组织的期间又有哪些组织形态的更新换代呢？

原始人的群居生活

早在猿人时期，它们就以族群为单位，过着群居的生活。早期人类也过着群体生活，那时人们分工合作。不同的族群会有各自的领导者，他需要合理地安排每个人的工作内容，对于收获的食物也要公平分配。

建立最早社会组织

随着生活水平的提高，人口逐渐增加，相互之间有血缘关系的人会自发地形成新的团体，也就是由血缘关系维系的最早的社会组织——氏族。氏族又分为母系氏族和父系氏族。早期因为群婚制的关系，人类只能确定母亲，所以就建立了以母亲为关系纽带的母系氏族公社。公社的成员会共同劳动，生产资料归公社所有且平均分配。这是最早的社会组织。

母系氏族中，孩子不清楚父亲的身份。

▼ 女性占主要地位的母系氏族

40

早期猿人常要面对其他强大的野兽，群居更有安全保障。

▲ 父系氏族中的父子关系明确

父系氏族的出现

　　新石器时代，第一次社会大分工出现，男子在农业、畜牧业和手工业中所占据的地位越来越重要，母系氏族社会自然过渡到了父系氏族社会，社会结构也朝着多层次的方向发展，人类开始按亲缘远近建立起多层次的父系家族组织。

▼ 男子的力量占主要地位的父系氏族

在父系氏族社会里，男人掌握了经济大权。

女人的工作重心渐渐从公共劳动转向了家庭事务。

从氏族到部落

　　在自然发展的过程中，随着人口的增加必然会产生新的氏族。为了使新老氏族和谐相处，就产生了一个新的组织——部落。部落拥有统一的名称，领地也更为广阔；部落中的人有共同的语言和文化；部落的领导者可以推选氏族中的领导者，也可以另换他人。部落的最高领导者就是酋长。通常情况下，各个部落相处融洽，但如果有野心勃勃的人想要侵占其他部落的领土，其他部落的人也会团结起来抵抗外敌。此时的人类因为有了共同的家园、共同的信仰，关系也就更为亲密了。

搭建"庇护所"

现代人的居住场所风格多样，室内装修极为舒适。比起我们，原始社会的人类显然没有这么幸运。为了生活，他们风餐露宿，有时一块岩石、一棵大树就是"家"，天然的山洞或突出的悬崖也可以成为"庇护所"。不过值得庆幸的是，我们的祖先靠自己的智慧和双手，搭建起了一个又一个避风港。

▲ 住在洞穴里的原始人

原始人类最初生活在天然洞穴中。

天然的家

受地域的影响，生活在南方和北方的原始人类有着不同的居住环境。早期的北方人类大多生活在山区，因此在狩猎的过程中会发现一些天然洞穴。这些山洞空间开阔，不仅可以遮风挡雨，而且相对隐蔽，可以躲过野兽的攻击，于是洞穴成了早期北方人类的理想居所。最有代表性的，就是北京人和山顶洞人的洞穴。

给自己造个家

随着生产力的提升，原始人类开始从山区走向平原，能找到的山洞就变少了，加上人类对居住地需求的提升，自己动手建造住处就显得迫在眉睫。于是，他们不仅学会了升级和改造，还学会了自己挖掘和建造洞穴。从最初的地穴到后来的半地穴，人类的居所日趋成熟。直到现在，你仍然可以在黄河流域发现许多人类穴居的痕迹。

黄土高原上的窑洞建筑，最早的雏形就是原始人的洞穴。

高高的房子离开地面，可以有效躲避湿气。

生活在南方的原始人正在建造房屋

高高的房子和半地穴式建筑

比起北方的居住条件，南方的原始人类似乎就没有那么多选择了。南方的环境相对潮湿，森林覆盖面比较广，拥有更多的热量和更高的湿度，因此他们的居住方式更加注重通风和防潮。在距今约7000年前的河姆渡时期，人们用木材和竹子等资源建造房屋，这些房屋部分埋入地下，部分凸出地面，这种结构可能是为了保持室内温度并隔绝外部环境。

半地穴式建筑在地上也有一部分。

茅草屋顶的下面由几根木桩支撑。

半地穴式建筑大半在地下。

人们在半地穴式建筑中生活

定居在某处

人类文明在发展进程中曾出现过无数高光时刻，而定居生活方式的出现无疑是最闪耀的时刻之一。那么，史前人类为什么要放弃一望无际的原野，选择定居在某处，过起了"日出而作，日落而息"的生活呢？答案或许要从一片麦田或者一条小河说起……

河姆渡时期水稻的产量并不高。

▲ 河姆渡人在农田中忙碌

以田为"轴"

很长一段时间内，史前人类依靠采集和狩猎获得食物。起初，小麦等农作物生长得比较分散，人们需要每天四处奔波才能填饱肚子。可是随着时间的推移，气候越变越暖，降水越来越多，农作物的生长环境得到很大改善，于是一片片的麦田开始出现了。后来，人们意识到采摘、运送粮食耗时又耗力，索性就将部落迁到了粮田附近，并在那里定居下来。

随水而居

光有粮食还不够，史前人类在选择定居的地点时，还会考虑一个非常重要的因素——水源。如果定居地距离水源过远，那么人们的生产和生活会变得很不方便。而且，当粮田干旱时，充足的水源比较方便人们引水灌溉。所以，通常只有那些有粮又有水或者离水源比较近的地方，才是人们的理想定居地。

河姆渡人会在屋里铺上芦苇编成的席子。

河姆渡建筑梁架的构筑中使用了榫卯结构。

野兽来袭？不怕！

最初，人们的武器和住所相当简陋，而且人们面对凶猛的野兽比较缺乏防卫经验，经常非死即伤。当时人们为了保命，通常会在相对安全、隐蔽的地方安家，以防野兽突袭。可是，随着人们的狩猎经验越来越丰富、武器越来越先进，他们已不必再东躲西藏了，而是可以随心选择地点定居。

如同建鸟巢一样在树上建房子，这就叫"巢居"。

房子建在高处可以躲避野兽的攻击。

▲ 部落中的守卫驱赶野兽

安定美好的定居生活

相较于居无定所的漂泊生活，择地定居为人们的生活带来了一系列重要变化：有了固定的住处，他们不必再受风吹日晒之苦；充足、稳定的食物来源，让人们不必整日为寻找粮食发愁；在此基础之上，他们开始研究、制造各种生活、生产工具，极大地促进了原始农业的发展。

▼ 河姆渡人的生活场景

河姆渡人一般生活在长江下游地区。

河姆渡人开始饲养牲畜。

河姆渡先民已经培育出了水稻。

垦田种粮

从与粮食结缘的那一刻起，人类的血液里就浸润着它的养分。哪怕世事变迁，粮食作为人类的挚友，始终陪伴在我们左右。一路走来，它见证了人类文明的蜕变和升华，无时无刻不充实着人们的物质和精神生活。

新的食物

自古以来，食物在人类的生活资料中一直处于首要地位。很早以前，人们就在采集食物的过程中发现了一些野生的粮食作物。随着时间的推移，我们的祖先不但意识到粮食可以"制造"粮食，还具有一定的生长规律。于是，不知从何时起，定期收粮成了人们日常生活的一部分。就这样，人与粮的故事悄然展开了。

野生的粮食

人们收集种子。

"驯化"种子

从过去到现在，人类始终都在思考怎样才能获得更多食物，以满足生存需要。这是早期人类关注的头等大事，毕竟，总依赖自然的馈赠也不是长久之计。很快，人们就发现了种子的奥秘，并开始付诸实践"驯化"它们，拓荒垦田，种植粮食作物。这些伟大的尝试让粮食越来越多，改变了人类历史文明的进程。

▲ 原始人发现了可食用的谷物

▼ 原始人开荒垦田

"刀耕火种"是最原始的农业生产方式。

人们用石斧砍树，将木头晒干，然后放火烧。

各种各样的农作物

人类最早开始种植农作物的时间可以追溯到新石器时代。据考古学家的研究，最早被人类采集和种植的农作物包括小麦、大麦、水稻、玉米、豆类等。在不同地区和时期，人类种植和食用的农作物有所不同。例如：在西亚地区，小麦和大麦是最早被人类种植和食用的农作物；在东亚地区，水稻是重要的农作物；而在美洲地区，玉米是最早被人类种植和食用的农作物之一。

▲ 原始人收获谷物

▼ 原始人种植水稻

原始人仍然通过狩猎获得肉食。

农业生产者

尽管最初人类的种植方式是"刀耕火种"，比较粗放，但对人类来说，这却是认识、改造世界的重要一步，具有划时代的意义。从此，人类由过去的采集者变成农业生产者，身份发生了根本性的转变。

"刀耕火种"的灰烬就是肥料。

早在7000年前，生活在长江流域的人们就已经开始种植水稻了。

把动物带回家

地球上的物种丰富多彩，不仅有人类，还有许多动物与我们共享着同一个生存空间。它们有的生活在野生的环境中，拥有更强的适应能力与野性本能；另外一些则与人有着千丝万缕的联系，它们被人类喂养，为人类贡献自己的力量，成为人类的伙伴。

最早驯化动物的人

在一万年前的亚欧大陆上，人类就已经开始了对野生动物的早期驯养。那时，不同的地域驯化了不同的动物，比如：中亚驯化了牛和马，两河流域的山羊、绵羊开始为人类所用，古埃及开始养驴，而东亚则是猪和鸡的主要驯化地。当然，除了亚欧大陆，美洲也有伴随着人类文明发展而被驯化的动物。

木栅栏可以防止牲畜到处乱跑。

小百科

人类最早驯化的动物是狗，早在农业革命之前，智人就已经把狗变成了家犬。

饲养的收获经常比打猎的收获还要可观。

48

驯化也要讲策略

聪明人肯定不会轻易挑战比自己强大的对象，所以原始人类在驯化动物这点上，自然也会讲策略。凶猛残暴的食肉动物显然不是用来调教的最好选择，于是相对温顺并且好喂养的猪、马、牛、羊就成了人类首先驯化的动物。

被驯化的牲畜变得温顺。

▲ 人类驯养羊

吃不下的"盘中餐"

在原始社会，人与动物似乎只有你死或我亡的固定结局，但随着人类生产和生活工具的与时俱进，人与动物的关系也随之改变。人们在捕获更多活着的猎物时发现，活着的动物要比动物的肉更好储存，于是，圈养动物就这么自然而然地出现了。对于原始社会的人类来说，"把吃不下的猎物圈养起来"这个意识的形成，经过了极为漫长的岁月。

敌人与朋友的转变

当原始人类发现被圈养了很长时间的动物似乎变得温顺时，人类的智慧开始工作。他们开始思考这一现象产生的原因，并加以利用。人们把捕获到的动物用栅栏圈起来，并且不给它们越雷池半步的机会。时间一长，它们就会忘记反抗，然后开始交配并产下幼崽，就这样一代一代，慢慢成了人类的伙伴。

▼ 原始人驯化牛、马等大型动物

驯养动物是一件艰难的工作，需要强壮的身体。

原始人穿衣服主要是为了御寒和遮挡身体。

人们用骨针缝制衣物。

野兽皮毛是最直接的御寒之物。

树叶服饰取材方便，制作也比较简单。

▲ 制作简单服饰的原始人

要吃饱，更要穿暖

人类祖先在与猿人分道扬镳后，用草和树叶遮盖身体，开启了漫长的文明探索之旅。当他们迈着艰难的步伐跨进文明时代的大门后，衣服的作用也从原来单纯的遮蔽身体和御寒增加了美化自身。人类在解决吃饭问题的同时，开始了穿暖、穿美的探索。

人们把衣服制作得越来越合身。

取暖工具

与大多数动物一样，猿类也依靠着一身皮毛来抵御寒冷的天气。而人类在与猿相揖别后，在进化的过程中逐渐褪去了一身皮毛，这意味着人类需要找寻其他取暖工具了。于是树皮、树叶以及兽皮开始被人类制成简单的衣服，用来遮蔽身体和御寒。

缝制工具的诞生

针、线对现代人来说是再常见不过的工具了，可对于原始人类而言却是个新奇玩意儿。想要把树皮、树叶串联起来，成为一件衣服，自然离不开缝制工具。早期的人们把动物的毛捻成线来捆绑，到了旧石器时代晚期，人类开始新的"头脑风暴"，于是骨针等缝制工具诞生，原始人类的服饰也变得多元起来。

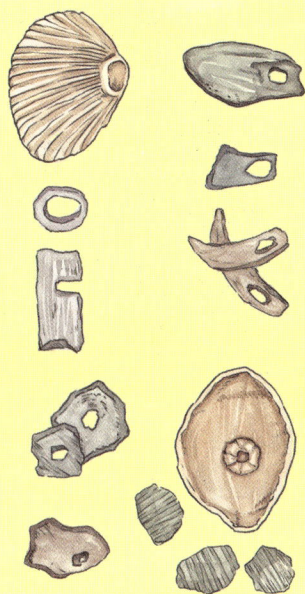

▲ 山顶洞人时期的装饰品

制衣材料的多元化

得心应手的工具，在某种程度上也激发了人类的创新意识。后来，贝壳、兽骨、竹片以及藤条都成了制作服饰的材料。服饰对于人类来说有了新的意义，它代表着人类在生活习惯、审美情趣等精神层面上有了新的进展。

纺织工具的革新

考古研究中发现，在新石器时代晚期，人类纺织的历史进程开始加速，这要归功于亚麻的诞生与纺织工具的进步。农业发展带来充足食物的同时，也改变了人类的其他生活条件，比如服饰。这时的人类已经开始利用自己种植的亚麻等材料织布制衣了。纺织工具的更新也提上了日程，比如原始织机，这可是旧石器时代不曾有过的新工具。人类在学会打磨石器后，发明了一种陶和石制纺轮，于是手搓绳这一技术面世了。

人们可以利用树皮、麻等植物纤维搓制绳索、线。

▼ 用原始织机织布的女人们

"踞织机"是古老而简单的织机。

大型野兽是人类的天敌。

▲ 原始人类常常在与猛兽对抗时丧命

一代又一代

充足的食物为人口数量的增长提供了必要条件。农业革命发生以后，分布在世界各地的人们不断繁衍生息，纷纷开启"膨胀模式"，越来越多的人口开始出现。在此基础之上，农业文明迎来一波又一波的发展高潮，人类社会前进的步伐也明显加快了。

自然界中的弱者

有一段时间，原始人的生产力水平极低，在自然界中几乎没有什么优势可言。论体力，他们根本不能和那些凶猛的动物相提并论，所以，双方搏斗的过程中，原始人往往处于下风，死亡率很高。加上当时缺衣少粮，又不存在所谓的"医疗"，很多人要么被动物所杀，要么被饿死，还有一部分则被疾病夺去了生命，那些能活下来的原始人只是少数。

更高的成活率

众所周知，人类属于哺乳动物，依靠乳汁哺育后代。早期缺少食物，且食物种类单一，母体营养比较匮乏，因此婴幼儿的成活率并不高。可慢慢地，人类不但不再风餐露宿，还掌握了种植粮食的方法，学会了驯养动物并获取动物奶。有了多种食物以及动物奶的帮助，更多孩子得以健康长大。

孩子们也会做些力所能及的工作。

▲ 原始人类的食物变得丰富

除了种植作物，也打猎和采集，人们各司其职。

自立门户

随着人口数量越来越多，考虑到土地紧张等因素，一些人选择离开故土以及父母、亲人，到适宜生活的地方自立门户，于是人口迁徙便出现了。越来越多的地方变成了人类的家园，更多的荒野被开垦成田地，农业生产技术以及不同的农作物被传播到更远的地方。

更多的食物和人口

自从学会种植粮食作物，人们的生活开始有了保障。之前，因为居无定所，人们几乎是整日饥肠辘辘，朝不保夕，可食物的增加让这一切都变得不同了。之前，人们即使翻山越岭也未必能采集到这么多食物，可现在，只需一小块地，就足以生产出养活一家人的口粮。粮食够吃了，人口数量自然会稳步增长。

原始社会对儿童实行公养公育。

◀ 安定的生活和丰富的食物让部落里的后代越来越多

收割粮食

饲养牲畜

制作装饰品。

用陶制容器煮食物。

磨面粉。

▲ 原始部落的生活场景

方便省力才是硬道理

有了安稳的生活，人们不再一门心思地研究怎样才能采集到食物，而是将更多的精力用在了发明创造上。智慧的人们让一些看似不切实际的想法变成了现实。慢慢地，人们发挥聪明才智掌握了先进的生产技术，有了省力、便捷的工具，创造出了各种各样的生活用品。

改良粮食品种

现在很多粮食品种都是我们的祖先通过一代一代改良发展出来的。早期，野生小麦的产量不高，小麦成熟后麦粒容易脱落，一旦风雨"光顾"，人们的努力就可能付诸东流。后来，人们不断实践，逐渐改良出了颗粒饱满且不易脱落的小麦品种，粮食产量提高了，人们开始充分享受丰收的喜悦。

技术在进步

能吃饱只是第一步，如何提升食物的口感也是不能忽视的一个重要问题。为此，人们特地发明了研磨技术。早在新石器时代，人类就已经学会用石头将小麦磨成粉状。当然这最初很有可能是一次"无心之举"，可是发展到后期就成为一种"专用技术"了。

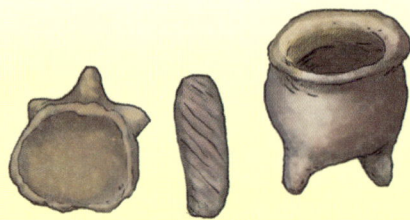

农具革新

农业发展起来以后，农具也在同步革新。农具渐渐分化出耕作、收割、加工等不同用途，较为精致的磨制农具走进了人们的生活，一些装柄的复合农具开始被应用到农业生产中。农具的制作材料来源逐渐扩大，不仅限于木头和石头。

收获野味。

▼ 使用农具进行耕作的原始人

原始农业时代，耕作方法并不成熟。

农业生产中用于翻整土地的石制耒耜

陶器用处多多

陶器易碎且不好携带，因而对于整日采集、狩猎的人来说意义不大。可是，人们开始定居生活后，陶器的作用就日益凸显出来了。人们可以用陶器来盛放液体，烹煮食物，平时还能用它们来储存粮食。后来人们发挥想象力，开始在陶器上绘制各种精美的图案，陶器又变成了艺术品。

▼ 部落中的人们正在制作陶器

在陶器发明之前，人们只能用石头等材料做容器。

制作陶器的黏土

话语权在谁手里？

人类文明这艘大船，在历史的长河中前进时并不是一帆风顺的。试想一下，同一族群的动物都会为了争夺地盘和配偶而亮出它们的尖牙利爪，更何况是人类呢？所以，尽管人类不断向更先进的文明迈进，还是无法避免暴力与冲突。

▲ 弱肉强食的自然界

▼ 原始人之间的争斗

不同部落之间会因为争夺地盘等原因发生争斗。

争夺从未停止

不论是动物界还是人类社会，因为食物、配偶、领地、工具等原因产生的冲突从未停止过。这时，武力强大的一方往往会掌握话语权。从某种意义上来说，自然界总有办法让人类意识到自身强大的重要性。

▼ 两个部落为各自利益发生了冲突

贪心不足蛇吞象

从什么时候起，冲突开始变多了呢？可能就是在人类解决了温饱问题之后。当人类还在温饱线上挣扎时，只有一个共同的目标，就是填饱肚子。而随着食物种类和数量的增加，人有了更多闲暇时间需要打发，于是，更高的物质和精神需求成了人与人之间暴力冲突的导火线。

一个部落如果缺乏战斗力，那它随时可能被别的部落灭掉。

阶级产生了

多年以前，人与人之间几乎没有太多阶级上的差别，大家有差不多的食物、相差无几的住所。但在经济发展的过程中，一部分人得到了比其他人更多的资源，于是打算享受人生，寻找一些食不果腹的人为自己打工，奴隶与奴隶主应运而生，随后就有了"阶级"之分。而当人与人之间的和谐平等被打破，冲突与战争就成了人类社会前进过程中无法避免的存在。

奴隶主占有着更多的生产资料。

奴隶的地位低下。

▲ 早期的奴隶主和奴隶

为信仰而战

氏族和部落等社会组织的产生，使生活在其中的人类有了共同的信仰，他们愿意为了自己的信仰付出努力，并且不能容忍别人的觊觎与亵渎。当群体与群体间的矛盾冲突显现出来时，战争就成了家常便饭，双方的实力差距就成了决定冲突结果的重要因素，这也在某种意义上促使着人类变得更强。

部落的战争推动了武器的进步。

石矛、木矛、石斧、石刀等是原始社会的武器。

艺术的萌芽

艺术来源于生活，人类最初的艺术就是从劳动生产以及其他一系列社会实践中产生的。虽然没有明确的史料记载，可是通过一些珍贵的历史遗存，我们依然能重现远古记忆，看到祖先灵动、智慧的一面。

▲ 原始人在石壁上绘画

颜料有红、黄、黑等颜色。

原始绘画

丰富的生产劳动实践渐渐赋予了早期人类艺术灵感。他们通过长期观察动物以及自身活动，创作出了许多栩栩如生的作品。在法国、西班牙等地的古老山洞里，我们能看到不少值得称道的艺术佳作：千姿百态的动物、惊心动魄的狩猎场景、简单又不失美感的图形……每一幅都蕴含时代印记，有着满满的生命力。

精美的几何纹饰

进入新石器时代以后，伴随技术的进步、生活水平的提高，人们的艺术观念慢慢发生了变化，几何造型的纹饰逐步发展起来。在中国半坡遗址的彩陶上，我们就能找到不少几何图案，这些图案反映了当时人类对于自然、资源利用以及人与动物的关系方面的观察和认知，承载着丰富的文化意义。

▼ 制作彩陶的原始人

▼ 陶器上绘制了漂亮的花纹

彩陶是中国原始时期卓越的工艺创造。

陶土可能经过了精细的澄洗。

陶器烧成后呈现为黄色或红色。

悦耳的音乐

考古学家对早期音乐的形成原因进行了推测和假设。早期音乐的出现可能源于自然声音，人们可能对风声、动物叫声等自然声音进行模仿，创造出原始的音乐元素；还有可能是原始人类意识到声音能够表达情感和传递信息，于是通过发出不同的声音来交流和建立社会联系，这些声音可能逐渐演化出节奏和音调，形成了基本的音乐元素。

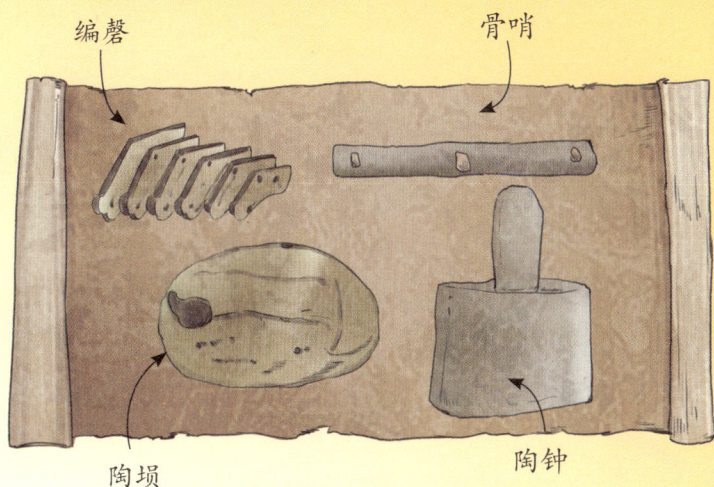

编磬

骨哨

陶埙

陶钟

▲ 古老的乐器

▼ 围着篝火跳舞的原始人

原始舞蹈简单但情感热烈。

动人的舞姿

作为人类重要的艺术表现形式之一，舞蹈在很早以前就出现了。原始的舞蹈大多是"模仿式"的。当时的人们为了举行庆祝仪式以及表达劳动热情，偶尔会跳起有规律的舞蹈。这些舞蹈要么是某些劳动动作，要么就是在模仿某些野兽。时至今日，我们在一些地方还能看到此类特别的舞蹈。

小百科

北美地区的印第安人在生活中就会时常跳起水牛舞、熊舞以及种植舞等。

国家和城市

第三章

随着文明的进步、社会的分工和阶层的分化，强制性的公共权力——国家应运而生，而城市则是与一个国家有着密切的关系。

正在纺织的
苏美尔人。

房子是平顶的，有
通道通向房顶。

苏美尔人建立了学
校，教育孩子。

▲ 苏美尔城邦

最早的国家

人类从诞生之日起，前后创造出了数
不清的事物。然而，从没有哪样能像"国家"
一般，可以在文明史册中留下如此深的烙
印。人们以它为单位建立秩序，保卫自身
安全，但也是因为它，彼此间爆发冲突、
矛盾，战争不断……不过，可以肯定的是，
国家的出现为人类文明的进步和科技的发
展奠定了坚实的基础。

国家的起源

一直以来，不少学者都探究过"国家起源"的
问题，然而时至今日也没有定论。但随着研究的
深入，人们渐渐发现，古老的苏美
尔文明中或
许蕴含着国家起源的蛛丝马迹。早在公元前
3500 年左右，两河流域就出现了由苏美
尔人氏族部落所建立的各种城镇。
后来，这些城镇渐渐发展成为
彼此独立的"城邦国"。它
们应该就是早期国家的
雏形。

古埃及王国

一些资料显示，由于各部落之间混战、兼并，
古埃及分成了两部分，分别是雄踞在三角洲一带的
下埃及政权，以及驻扎在尼罗河河谷南部的上埃及
政权。公元前 3200 年左右，由国王美尼斯领导的
上埃及成功征服下埃及，建立了世界上最早的大一
统国家。此后，法老们执掌的古埃及政权延续了约
3000 年之久。

阿卡德专制王国

苏美尔城邦时期，各城邦彼此斗争激烈。后期以萨尔贡为领导的阿卡德城邦异军突起，征服了各城邦，统一了苏美尔和阿卡德地区，于约公元前2340年建立了阿卡德王国。自此，苏美尔城邦时代正式宣告结束。随后，阿卡德王国巩固君主专制，制定了一系列的政治、经济和文化措施，使其持续繁荣了180多年。

青铜头像

眼睛中本来嵌有珍贵的宝石，现已遗失。

▲ 阿卡德国王头像

古巴比伦王国

阿卡德王国灭亡后，两河流域曾先后出现乌尔第三王朝、伊辛第一王朝等重要政权。公元前19世纪，阿莫里特人部落首领苏木阿布建立了古巴比伦王国，这是最早的奴隶制国家之一，拥有高度繁荣的文明，文化、科技水平出现了高峰。

古巴比伦城是当时世界上最繁华的城市之一。

▼ 古巴比伦城

古埃及古王国时期的作品

▲ 古埃及那尔迈调色板

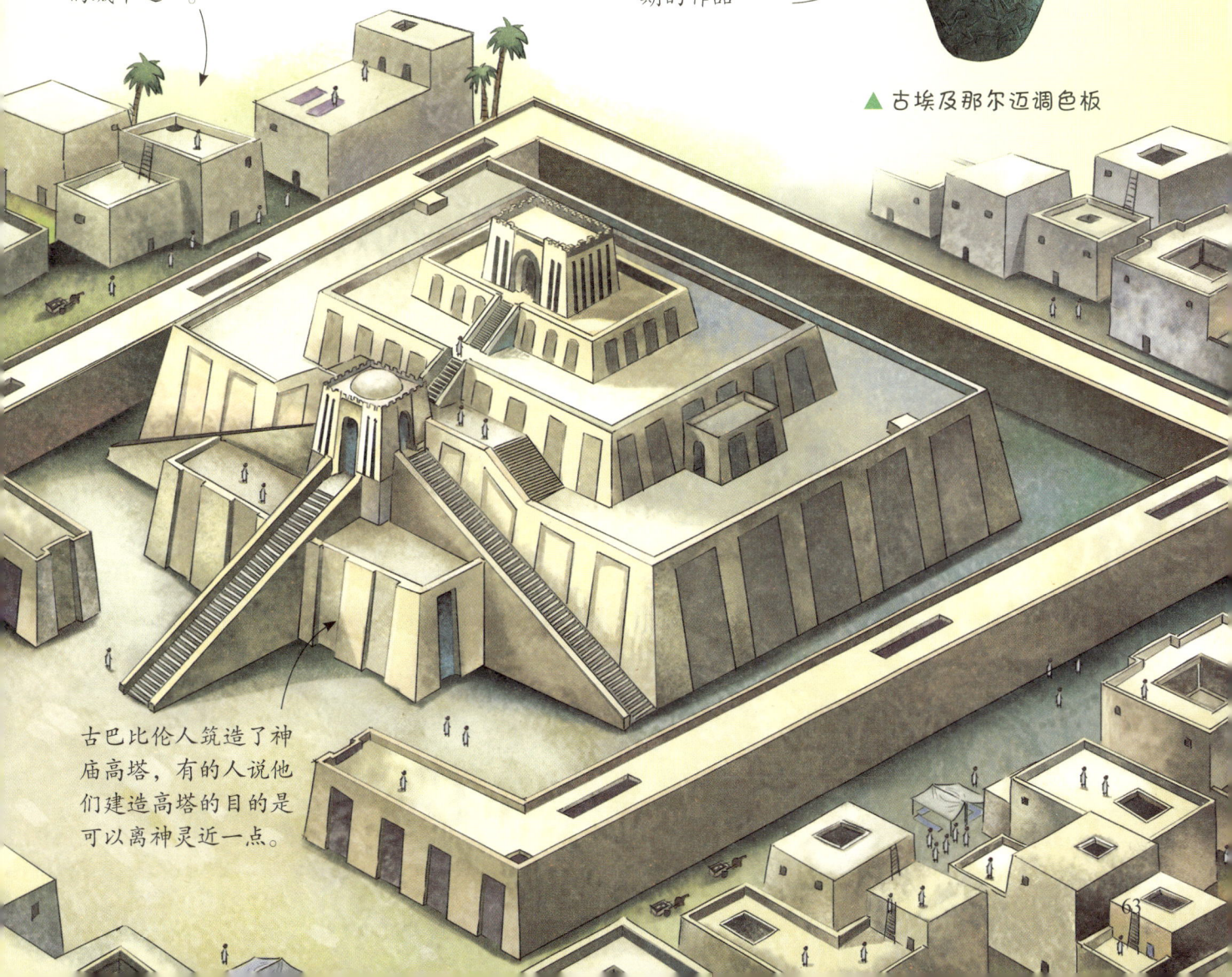

古巴比伦人筑造了神庙高塔，有的人说他们建造高塔的目的是可以离神灵近一点。

最早的城市

城市的产生与人类社会的发展有着必然联系，它标志着人类文明发展到了新的历史阶段。伴随着城市的产生，人类在政治、经济、文化等诸多方面都发生了巨大的变化。那么，人类历史上的早期城市是缘何产生？第一座城市又出现在哪？

▼ 原始的部落

城市的形成

当原始人类告别居无定所的生活后，在水草肥美、物产丰富的地方定居的人，为了抵御野兽以及其他人的掠夺，会在居住地周围建上篱笆，早期的村落便逐渐成形。随着第一次社会大分工，也就是畜牧业从农业中分离出来，社会生产开始有所剩余，部落之间的商品交换开始产生。原始社会瓦解时期，发生了第二次社会大分工，也就是农业与手工业的分离，加速了奴隶社会的形成。这时期，人类社会的经济达到了空前繁荣，剩余资源和剩余劳动力增加，于是发展出了早期的城市。

因城而市与因市而城

一座城市的形成往往需要很多因素。那么是先有城，还是先有市呢？其实，人类文明在发展的过程中避免不了冲突的出现，城市建立最初，就是以防御为目的。不过战争不是家常便饭，和平的日子依然很多。在城郭之内，人们为了更好的生活努力奋斗，把剩余资源或劳动力交换成自己更需要的东西，这一交易过程就是"市"。另一方面，为了能更好地交易，人们开始在固定的地方售卖和交换，当这个地方的人口越来越多，经济腾飞，也就形成了一座繁盛的城市。

在早期的集市上，人们以物易物。

世界上已知最早的城市

▶ 乌尔城复原图

乌尔城原本是个繁忙的港口。

世界上的第一座城市

大约在公元前 3000 年时，人类历史上第一座城市——乌尔城出现了。它由苏美尔人建造而成，当时拥有 3 万多居民。乌尔城外有一片广袤的农田，那里还有约 20 万村民。尽管当时的房屋多由芦苇搭建而成，但仍然不影响人们纷至沓来。

中国的早期城市

在我国湖南常德澧县车溪乡境内，发现了我国目前年代最早且保存相对完整的古城遗址——城头山遗址。追溯它的建造历史，大约在新石器时代，距今约 6600 年～4200 年。生活在这里的先民靠澧水而居，建造了坚固的城墙，种植了大片水稻。

▼ 人类早期的集市

人们用剩余的物资交换自己所需要的物资。

动物皮毛、盐、武器等是集市中常流通的商品。

不同的阶级

自然界其实并不平等，阶级这个词也不是凭空产生的。事实上，在人类社会中，阶级是普遍存在的，只不过，它在初期很少被人注意到。直到文明进化到一定的阶段，它才被人们定义，成为一个标志。

掌握更多生产资料的人拥有更高的地位。

人们在衡量羊能换几个坛子。

▲ 部落中形成了阶级

熟悉而陌生的阶级

当人类还处在猿人的阶段时，一个族群中就有了阶级之分。猿人的族群中有首领，决定着族群里的大小事务，并且享受着事事优先的待遇。当人类脱离猿类，拥有更高的智慧后，受当时生活条件的限制，人们发现只有平等的合作才能使自己顺利地活着，于是人与人之间都相互尊重。阶级看似消失，实际上，它不过被忽视了而已。

有了剩余就有了阶级

在原始社会，人类把吃饱穿暖当作一生的奋斗目标。原始社会末期，粮食的产量增加，大家手里的剩余资源变多，私有制的种子便在人类的心中生根发芽。在一些拥有大量资源的人和没有生产生活能力的人之间出现了一道沟壑，贫富分化自此产生。原始社会的人人平等思想，被奴隶社会的阶级分化所取代。

被迫接受的现实

伴随着国家的产生，人与人之间的不平等现象似乎变得合理了。一些生活在金字塔顶端的人，比如最高统治者——国王，成了阶级的领头羊；生活在最底层的奴隶，因为生活所迫，无奈地接受了自己所处的地位；除此之外的大多数人，也墨守成规地接受了现状。

国王是国家最高的领导者。

贵族享受着权力，占有着大量财富。

官员也是奴隶主阶级。

平民

饱受剥削的奴隶

▼ 猎物归个人私有

小百科

列宁是这样定义"阶级"的："所谓阶级，就是这样一些大的集团，这些集团在历史上一定的社会生产体系中所处的地位不同，同生产资料的关系（这种关系大部分是在法律上明文规定了的）不同，在社会劳动组织中所起的作用不同，因而取得归自己支配的那份社会财富的方式和多寡也不同。所谓阶级，就是这样一些集团，由于它们在一定的社会经济结构中所处的地位不同，其中一个集团能够占有另一个集团的劳动。"

一国之君

在古代，国王是国家最高统治者，拥有至高无上的权利。他掌握着一国所有事务的大权，可以说，其意志就代表着法律，不容置疑。在许许多多的古代国王中，尤以古埃及国王——法老最具代表性。

法老是古埃及最大的奴隶主。

奴隶处于社会的最底层。

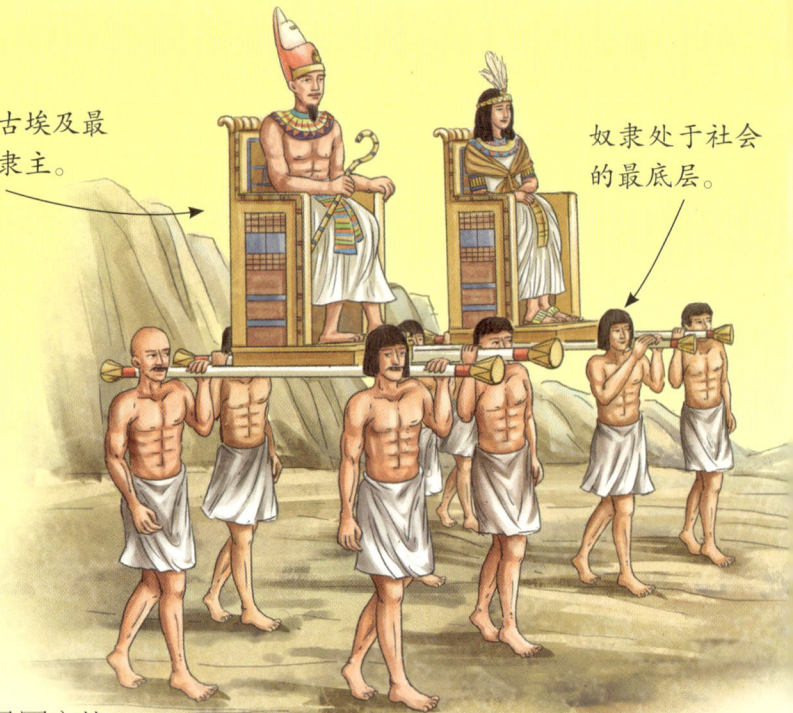

神一样的存在

古埃及人认为，法老支撑着整个国家，是国家的象征，是神在人间的化身，维持着宇宙和人间秩序的平衡，如果没有他，整个世界都将陷入混乱之中。此外，法老还被认为拥有一切神奇的力量，如保证国家繁荣、军队强大、土地肥沃等。所以，法老的决定就等同于神的决定。

▲ 地位尊贵的古埃及法老

▶ 拉美西斯二世接见来自赫梯的使者

管理国家

法老统治着古埃及几百万的子民，掌握着全国的军政、司法、宗教大权。不过，法老毕竟精力有限，所以还是会将一部分行政权力赋予最高阶层的官员——维西尔，并设有财政、司法、军事、祭祀和水利等部门。

赫梯是小亚细亚地区的奴隶制国家。

◀ 维西尔

维西尔是古埃及中央机构中最重要的职位，相当于宰相。

小百科

拉美西斯二世在位期间，曾与赫梯国王哈图西利斯三世签订了和约，这项和约被认为是历史上第一个军事和约。

分配财产

可以说，法老是整个古埃及最大的财主，因为无论是国家土地还是国家的财富都归他所有。不过，法老不会将财富全部据为己有。古埃及有一套特定的分配系统，具体的分配工作也是由专职人员完成的。

▼ 古埃及的祭司

祭司肩负着服务众神、与神沟通的职责。

罗印·克罗斯是一种腰衣。

拉美西斯二世

若说起古埃及最伟大的法老，不少人会第一时间想到第十九王朝法老拉美西斯二世。他所领导的古埃及曾无比强盛，而这位法老本身也颇具传奇色彩。拉美西斯二世在位 67 年，不但进行了一系列远征，战功赫赫，还热衷于修建神庙，使古埃及各地都有他的遗迹。

古埃及人的衣服以亚麻织物为主，多为白色。

悲惨的奴隶

原始社会解体之后，人类步入了奴隶社会。无论是东方还是西方，人类在奴隶社会都经历了一段漫长的岁月，特别是对处在食物链底端的奴隶来说，除了暗无天日的劳作，就是吃不饱、穿不暖的生活。但是，时代的马车总是向着前方行进，哪里有压迫，哪里就有反抗，奴隶制度自然也会被历史淘汰。

▼ 被驱使和压迫的奴隶

奴隶备受压迫，很多还会因此丧命。

奴隶从何而来?

进入奴隶社会的标志，就是出现了压迫、剥削别人的奴隶主和被压迫、剥削的奴隶这两大阶级。那么，这些奴隶是生而为奴的吗? 当然不是。一部分奴隶是战争的俘虏。试想一下，你会善待曾经伤害过自己和家人的敌人吗? 还有一部分奴隶，则是受家庭条件的限制，被迫卖给了奴隶主，从而陷入了水深火热的生活中。

▶ 古埃及奴隶正在修建金字塔

斜坡上有木制轨道。

第一个奴隶制国家

说到世界上第一个奴隶制的中央集权国家，当然是古埃及了。当时古埃及的奴隶来源主要是战俘，他们常为国家所用，被派遣到采石场、灌溉工程或者归国家所有的手工作坊之中劳作。为了笼络下属，法老还会给神庙祭司和其他达官贵族赏赐奴隶。

奴隶用滚木运送巨石。

▲ 奴隶正在营造宫殿

中国的奴隶制社会

中国历史上第一个奴隶制王朝就是夏朝。到了商周时期，我国奴隶制度开始与早期封建制度并存。公元前221年，秦统一六国，建立了中国第一个大一统的封建王朝，于是中国完成了从奴隶社会到封建社会的过渡。中国进入封建社会的时间要比西方国家早近千年。

小百科

西周时期建立了严密的等级制度。天子是最高的统治者，接下来依次为公、大夫、士、皂、舆、隶、僚、仆和台九个等级。

金字塔是法老的陵墓。

一块巨石大概有数吨甚至数十吨重，需要许多人才能拉得动。

奴隶拉着巨石等建筑材料从斜坡运到金字塔顶。

税收制度的建立

税收是政治和经济发展到一定阶段的产物。作为人类社会不断前行的标志和历史文明进步的缩影，税收也经历了一个从简单到复杂、由低级到高级的过程。那么，税收是怎样的呢？让我们一起来了解一下！

税收的产生

在国家出现之前，氏族部落出于某种公共需要，会在分配劳动成果时从成员们的成果中抽取一部分作为"公共资金"。不过，这种征收形式还不具备税收的性质，只能算一种"税收萌芽"。直到国家出现以后，税收才开始真正出现。

古埃及的税收制度

古埃及是最早拥有税收制度的国家之一。他们的税额是按土地、牲畜多少等因素计算出来的。古埃及人不但要用粮食、牲畜、亚麻等实物来缴税，还需要服劳役，例如参与国家工程修建等。此外，古埃及人的税收还包含银子等货币形式。

古埃及会征收人头税、家畜税、土地税、关税等。

▼ 古埃及税吏正在收税

税收主要用来维持战争支出以及法老和贵族的开销。

当时，税收以征收实物为主。

纳税人几乎囊括所有自由民阶层。

▲ 神庙接收来自各地的税

神庙经济

有关史料记载，两河流域的税收历史也十分悠久。当时人们的纳税形式同样比较简单朴素，都是些农产品、牲畜、贵金属之类的东西，品类繁多。有意思的是，还有大部分财物是贡献给神庙或神灵的。如果我们能穿越到那时，想必一定会在神庙门口看到长长的纳税人的队伍吧。

夏朝的税

夏朝是中国历史上第一个奴隶制国家。如今，我们通过研究《史记》《尚书》可以发现，早在那时，税收制度就已存在。那时的税收被称为"贡"。农民耕种这些土地需要按照"五十而贡"的标准缴纳粮食。

▼ 夏朝人缴纳粮食作为贡税

据文献记载，夏朝税收政策是"民耕五十亩，贡上五亩"。

73

A BRIEF HISTORY OF HUMANKIND FOR CHILDREN

人类简史

少年简读版 ②

张玉光 ◉ 主 编

青岛出版集团 | 青岛出版社

图书在版编目（ＣＩＰ）数据

人类简史：少年简读版 . 2 / 张玉光主编 . — 青岛：青岛出版社，2024.1
ISBN 978-7-5736-1557-2

Ⅰ . ①人… Ⅱ . ①张… Ⅲ . ①社会发展史－少年读物 Ⅳ . ① K02-49

中国国家版本馆 CIP 数据核字 (2023) 第 201088 号

RENLEI JIANSHI（SHAONIAN JIANDU BAN）

书　　　名	人类简史（少年简读版）
主　　　编	张玉光
出 版 发 行	青岛出版社（青岛市崂山区海尔路 182 号）
本 社 网 址	http://www.qdpub.com
责 任 编 辑	梁　娜　李康康　程兆军　刘　怿
封 面 设 计	刘　帅
排　　　版	青岛艺鑫制版印刷有限公司
印　　　刷	青岛新华印刷有限公司
出 版 日 期	2024 年 1 月第 1 版　2024 年 1 月第 1 次印刷
开　　　本	16 开（889mm×1194mm）
印　　　张	20
字　　　数	400 千
书　　　号	ISBN 978-7-5736-1557-2
定　　　价	136.00 元（全四册）

编校印装质量、盗版监督服务电话　4006532017　0532-68068050

前言
PREFACE

    我们生活在信息爆炸的时代，科技的边界在不断拓展。人类不仅要向前走，还要向后看，看看历史留给我们的财富。古人说"以史为镜，可以知兴替"，历史中有跌宕起伏的故事，有薪火相传的文明，也有世事变迁的规律，更有激励人们向前进的力量。

    人类从哪里来？

    人类是如何走到今天的？

    ……

    人类在有历史记录之前就存在了。几百万年前，人类的祖先离开了森林，那时的它们还很弱小，相比威风凛凛的虎、狮子和大象，并没有什么战斗力。直到智人学会使用火和工具，人类的文明才拉开了帷幕，逐渐居于食物链顶端。随着工具和技术的快速发展，出现了语言和文化，人类的发展进入了"快车道"。不同地域、不同种族的人们不约而同地在世界上创造了各具特色的璀璨文明，焕发出耀眼的光彩。

    《人类简史》以宇宙大爆炸为开端，从采集狩猎的史前时代到人类文明大发展时代，再到近现代，在有限的篇幅里，勾勒出人类发展的主要线索。本书将波澜壮阔的历史用简洁而详实的文字叙述出来，用精美而多彩的画作描绘出来，希望读者掌握人类历史的大致面貌，在历史的脉络中更加了解人类的发展，汲取智慧。

目 录
CONTENTS

第三章
帝国时代大发展

第一章

人类活动与秩序

人类的文明持续发展。货币出现后，人类生活发生了翻天覆地的变化，贸易活动打破了地理的限制，开展到各地。当城市与国家出现后，统治者为了维护社会秩序，法律与军队应运而生，社会阶层的分化愈加明显。

五花八门的货币

人类历史上经历了以物易物和以货币为中介的买卖形式。货币也经历了从实物货币到金属货币，再到虚拟货币的发展历程。货币的每一次更新换代，都代表着时代的进步。

最早的贸易形式——以物易物

原始社会后期，随着物质资源越来越丰富，人们的需求也在不断提升。如果有一个人吃够了自家的小麦，想尝一尝牛肉，刚好隔壁邻居有多余的牛肉不知道如何处理。然后两家人一商量：可以将小麦和牛肉互相交换，这样双方意愿都得到了满足。一来二去，家家户户都用这种交换实物的方式得到了自己所需要的东西。最初以物易物的贸易形式，就顺理成章地出现了。

货币呼之欲出

虽然以物易物的方式简单便捷，但有时也不能满足人类的所有需求。比如，你想用苹果换牛奶，可有牛奶的人偏偏要吃鱼。这该怎么换呢？先用苹果换鱼，再用鱼来换牛奶虽然是个办法，但很烦琐，且不容易实施。于是就需要一种可以与多种物品交换的中介，货币应运而生。世界上最早的货币是由苏美尔人创造的。当时，小麦是一种可以与所有物品进行交换的统一货币，被称为"麦元"。但后来事实证明，麦元并不是最理想的货币，于是颜色鲜艳、质地坚固且容易携带的贝壳货币成了在非洲、大洋洲以及东亚、南亚等地流通的主要货币。

▼ 原始社会时期的集市

人们在集市上可以交换到自己所需要的物品。

宋朝的商贸集市十分繁荣。

宋朝时，人们不仅可以在白天开市，在晚上也可以继续买卖。

◄ 物物交换

金属货币取代贝壳

随着人类对货币需求量的增大，加上地理条件的限制，贝壳货币也逐渐退出了历史舞台。铜铸货币开始流通，不过铜铸货币虽然容易保存，但却不方便携带。于是，人类又铸造出了金、银材质的货币，并且在很长一段时间内，金、银货币成了全世界的通用货币。

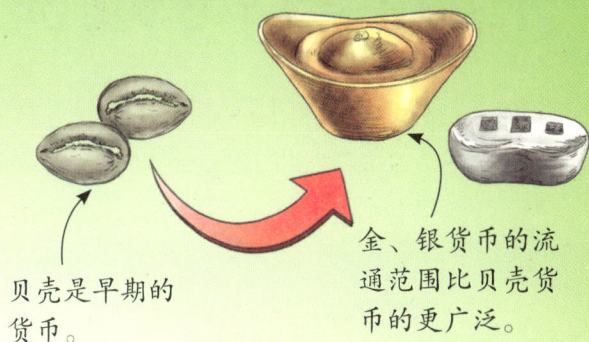

贝壳是早期的货币。

金、银货币的流通范围比贝壳货币的更广泛。

▲ 从贝壳货币到金、银货币

最早的纸币

金、银货币在相当长的一段时间里占据着主要货币的位置。但因金、银货币受原材料不足、铸造时间过长等因素的影响，纸币应运而生。北宋时期，我国出现了最早的纸质货币——"交子"。尽管后来因为信用危机，纸币不如金、银币使用广泛，但它依然是人类智慧的代表之一。

小百科

世界上最早的硬币是吕底亚人发明的。这些由金或银铸成的钱币有着标准的重量，在当时是相当权威的货币。

▼ 宋朝的集市

宋朝官府对商人收取的赋税较低

集市之上，应有尽有。

交子

漂洋过海做生意

人类自远古时代起便临水而居。然而那时的海洋在人类的眼中，是一道难以逾越的障碍。不过，人类还是靠着智慧不断地开发和利用海洋。随着经济的发展，贸易也不再被海洋所限制。人与人、国与国的贸易也变得越来越方便。

▼ 原始部落之间乘坐小船进行贸易

船是沿海地区的人外出贸易的重要工具。

顺流而下的部落贸易

人类进入农耕时代之后，开始了定居生活。海岸线附近的部落依然延续着狩猎和捕鱼的生活方式。来自内陆部落的贸易者会带着上好的物资，来与沿海部落的居民交换鱼干、木制品或者其他生活必需品。当然也有其他沿海地区部落的使者乘船而来进行贸易。

夏季时，处于石器时代的人类会在茂盛的森林中采集果实，或划着独木舟在海上捕捞各种鱼类，或在海边收集贝壳。到了冬天，他们就会返回到内陆居住，然后用贝壳去其他的部落交换各种自己需要的生活用品。

海岸成了商贸活动的主要集聚点。

▼ 沿海部落的商品集市

赶集有固定日期。

腓尼基港口

腓尼基人拥有高超的航海技术。

腓尼基的奴隶备受压迫。

▲ 进行沿海贸易的腓尼基商人

腓尼基人的贸易商品有玻璃器皿、木材、布匹和象牙等。

腓尼基人的贸易

最擅长海上贸易的当属公元前 3000 年左右居住在地中海东岸的腓尼基人，他们生活在山脉与大海间的狭长地带。受地理条件的影响，这里没有丰富的食物。迫于生计，腓尼基人开始向海洋扩张。他们建造了相当坚固的船只，凭借丰富的航海知识，在顺着地中海沿岸航行的途中，建立了各种集市，用来销售颜色艳丽的纺织品和精致的手工艺品。他们不仅促进了经济的发展，也担任了文化传播大使的角色。

港口与码头

海岸附近海水较浅的地方被称为"天然港口"。来自其他部落的船只可以在这里顺利地靠岸，进行自由贸易。自石器时代到青铜时代，港口在海上贸易中的地位越来越重要。后来，人们开始用木头、碎石建造起供大型船只停靠的专用码头。在这里，来自其他地方的冒险家们的船只可以随时停泊。

▼ 沿海城市的码头

商船

码头是船船出港、靠泊以及装卸货物的场所。

5

法律的约束

▼ 乌尔·那穆

《乌尔·那穆法典》残片

法典用楔形文字刻在泥板上。

人类的社会组织形式从原始社会中的居民点到村落、城市，最后发展出了具有稳定社会秩序的国家。人类社会踏着文明的台阶一步步登高，法律也在这个过程中出现了。但法律作为维护稳定秩序的必要手段，也经历过迷茫。值得庆幸的是，它最终带来了一片光明。

世界上最早的成文法典

由乌尔第三王朝的创始人乌尔·那穆颁布的《乌尔·那穆法典》是世界上已知最早的成文法典。它的条文以楔形文字的方式刻在泥板上。现存的部分泥板经过岁月的洗礼，上面的文字变得模糊难以辨认。尽管如此，我们依然可以从现存的文物残片中得知：这部法典对奴隶制、婚姻、家庭、继承和刑罚等方面做出了详细规定。它颁布的主要目的是为了推动奴隶制的发展，方便奴隶主镇压奴隶。

▼ 《汉谟拉比法典》

法典被刻在一根约两米高的黑色玄武岩石柱上。

《汉谟拉比法典》

《汉谟拉比法典》是公元前18世纪古巴比伦王国国王汉谟拉比颁布的一部法典。该法典通过制定明确的法律来维护社会秩序、保护弱者的权益。《汉谟拉比法典》的一个重要特点是"以眼还眼，以牙还牙"的原则，即以同样的伤害作为惩罚。它还体现了社会等级的差异，法典规定不同社会阶层的人拥有不同的权利。

◀ 李悝和《法经》

《法经》是一部保护封建制度的法典。

《法经》

　　我国的奴隶制度在春秋战国时期开始瓦解，封建制度逐渐登上了历史舞台。这时新兴的地主阶级为了维护自身的利益以及彻底废除残余的奴隶制，迫切需要一部完善的律法。战国初期，魏国著名的政治家李悝编写了我国历史上第一部较为系统的封建成文法典——《法经》。这部综合了各诸侯国法律的法典包含了《盗法》《贼法》《囚法》《捕法》《杂法》和《具法》6部篇目。《法经》直到秦汉时期都一直被奉为法律界的典范，它为中国古代封建法制的发展奠定了基础，具有极其深远的影响。

汉谟拉比是古巴比伦王国第六任国王。

▲ 汉谟拉比正在询问一名医生

长矛是最基本的近战武器，可以戳、刺，也可以投掷。

当时的士兵并没有防护装备。

军官的权杖是地位的象征。

组建军队

最早军事组织的建立可以追溯到原始社会末期，它的建立与当时社会政治需求密切相关。早期军事组织的主要目的是保卫领土、进行征服。通常来说，正式军队的建立会涉及组织和武装士兵，制定战略和战术，从而保护国家的安全和利益。

有了国家就有了军队

国家伴随着人类文明的发展而产生。通常来说，国王是国家的最高统治者。为了巩固政权，保护自己的地位，国王就需要建立一支完全听命于自己的军队。所以那时军队成立的主要目的就是为了维护政权稳定，防止人民反抗。古埃及、古印度和古巴比伦等地区的早期国家都有自己的军队。

▲ 乌尔军旗

从民军到雇佣常备军

奴隶制国家初期的军队大多为民军。民军按财产标准划分为 3 个等级，分别为富有奴隶主编制的骑兵，较多土地的奴隶主编制的重装步兵以及无权利者、随军仆役等组成的轻装步兵。后来，随着国家扩张的需要和时代的发展，各国的民军开始被雇佣常备军所取代。

安内与攘外

国家建立军队的目的有两种：安内与攘外。国家只有保持内部稳定和谐才能谋求发展，如果总有一些不安分子想要谋反篡位，国家内部硝烟不断，相信过不了多久，这个国家就会消亡了。另外，有了军队后，国家不仅可以抵抗外族的入侵，还可以扩大本国领土。所以出于这两个目的，建立军队是国家存续与进步的保障。

▼ 中国封建王朝的骑兵

最初的盔甲是皮甲，后来发展成金属甲。

盔甲可以在战争中保护身体。

战马是当时士兵最重要的帮手。

盔缨

神秘的仪式

自然界中的所有生物都有自己的生死规律，但只有人类会用特有的方式来安葬死者，表示哀思，这就是所谓的丧葬意识。伴随着丧葬意识会产生一系列的礼仪制度。直到今天，我们依然保持着对死者的敬畏之心和应有礼仪。

▲ 原始人对生命有所思考

人与动植物一样，都有生长和死亡。

生与死的初步思考

考古学家认为原始人类对死亡可能具有某种程度的认识。然而，我们无法准确地了解他们对死亡的理解方式，因为这些认识无法直接被考古证据所证实。在早期人类社群中，存在一些与死亡相关的仪式和符号，这些暗示着他们可能认识到死亡是一个重要的生命事件。

葬礼从何时开始

大约在旧石器时代中期，原始人类开始对"灵魂"产生了意识上的萌芽，这可能起源于他们的梦境。当时人类苦于不了解自己的身体构造，无法科学地解释梦境，只能依靠"灵魂"观念来解释。于是，人类开始崇拜和敬畏死者，并且按照自己的意志"研发"了一套安葬死者的礼仪。

▼ 原始人类为死者准备墓穴

山洞是人类最初的居所，承载着人类的生老病死。

人们甚至会将不少"珍贵之物"作为给死者的陪葬物。

殓葬行为对于人类精神文明的进步有重要意义。

对于族人的离去，同族其他人十分伤心。

▶ 埋葬死者

早期的丧葬形式

土葬是原始人类最初的也是最常见的丧葬形式。为了表示对死者的尊重和缅怀，原始人类常常把墓穴建造在自己生活的山洞中。有些族群已经开始有意识地用兽骨、石头等工具挖掘墓穴来安葬死者了。我国作为早期使用土葬的国家之一，我们一直保持着"入土为安"的思想。随着时代变迁，人类的丧葬形式也逐渐多元化。

小百科

大约 3 万年前，生活在现俄罗斯松希尔的原始智人建造了一处墓群。考古学家在这里发现了一位大约 40 岁的男性墓主人，他的墓穴中有 3000 颗象牙珠、12 颗狐狸牙齿和 25 只臂环。考古学家猜测，这位墓主人很可能是一位部落首领。

兵马俑原本是五颜六色的，出土后其表面的彩绘迅速氧化失色。

▼ 秦始皇陵中的兵马俑

陪葬品与社会地位的关系

大约 13 万年前，在今以色列的一个洞穴中，一个原始人类被安葬在这里，与他共同入土的有各种陪葬品，考古学家认为这可能是他生前曾经使用过的物品。这样看来，生活在这个时期的原始人类已经开始为死者放置陪葬品了。随着时间的推移，陪葬品的等级渐渐与墓主人的身份地位产生了关联。

11

祭祀

祭祀是一种人类特有的信仰活动。从原始社会至今，祭祀活动一直存在。祭祀的起源与发展，体现了人类社会的不断进步和文化的传承。不同地域、国家几乎都拥有本地特有的祭祀活动。

祭祀是一种信仰活动，是人类敬畏自然、敬仰祖先的表现。

▲ 祭祀鬼神的原始人

祭祀的来源

在原始社会，人类的认知还不足以解释某些自然现象，比如风雨雷电、星体运行以及冷暖交替。于是，"鬼神"的概念开始出现在人类的脑海里。那时的人类认为，在自然界有一个看不见、摸不着却能洞悉一切的"主宰者"在掌控着这些自然现象。为了能够与之和平相处，过上安稳太平的日子，人类选择用祭祀的方式祈求获得安稳的生活。

与自然和谐相处的天地信仰

在当时人类的认识中，天地信仰也是一种自然崇拜。虽然大自然给了人类丰富的食物和肥沃的土地，但偶尔也会发点"小脾气"，给人类的生活带来一些灾难。于是人类便想把自己觉得贵重的东西奉献给天地，以求得心理和现实生活中的安定。

祖先信仰

原始人类在有了生死观之后，就演变出了一系列祭祀先祖的活动，也就是另外一种信仰——祖先信仰。这是生者的精神寄托，是生者对逝者的怀念以及希望其能在"另一个世界"好好生活的美好祝愿。祭祀先祖的目的还包括求得祖先的庇佑。

图腾崇拜本质上是人类对自然的崇拜。

▲ 原始部落的图腾崇拜

祭祀品的更迭与进化

原始社会时，生产力低下，物质资料匮乏，祭品也相对简单。随着生活条件的提高，祭品也变得多种多样。民以食为天，食物成为人们进行祭祀的首选物品，特别是肉类食物。后来随着铁器、陶器以及玉器的出现，各种质地的手工艺品也加入了祭品的行列。除此之外，焚香、烧纸等祭祀形式中因焚烧产生的烟雾被人们认为代表着缭绕的仙气，可以到达神明所在的高空，所以这些形式也非常兴盛。

祭天活动一般有特定的时间。

▼ 古代君主带领臣子祭天祈福

古代的君主被认为是"天子"。

13

辉煌灿烂的文明

人类以勤劳勇敢的品质和卓越的智慧推动着历史一步步向前发展。不同地域、不同种族的人们在世界各地创造出了各具特色的璀璨文明，并形成了自己独特的文化和传统，在人类发展史上留下了众多辉煌灿烂的文明。

文明开拓者

苏美尔文明是人类历史上最早产生的文明之一。让我们跟随历史的车轮，回到公元前4000年的美索不达米亚平原。勤劳又充满智慧的苏美尔人民，在这片土地上创造了一个又一个"世界之最"。直到今天，苏美尔文明依然是人类文明发展史上重要的里程碑。

种植与发明工具同步进行

在底格里斯河与幼发拉底河周围的肥沃土地上，苏美尔人种植了大量的农作物，包括大麦、小麦和黍等。他们发明了一种新式的农业生产工具——犁，苏美尔人的农耕效率因此变得更高。他们还善于利用自然资源，比如底格里斯河和幼发拉底河的溢流、淤泥。同时，他们还发明了一套完善的灌溉系统。

亲手创造的新生活

当世界上其他地区的人类还处于手动制陶的时代时，苏美尔人已经发明了一种轮制工具来制作陶器。当陶器在苏美尔城邦普遍使用后，绘制彩色陶器也成为苏美尔陶工的拿手绝活儿。伴随着冶金业的兴起，苏美尔出现了专门的冶金工匠。陶器、石器与亚麻等手工制品的制作工艺也越来越精湛。

▼ 苏美尔城市尼普的市场

苏美尔男性大多留着胡须。

熙熙攘攘的市场

服饰的长短可以体现人的地位。

首创文字与数学

苏美尔人创立文字的初衷是为了登记仓库中累积的货物。他们在泥板上绘制不同的图画代表不同的物品，这些图画渐渐被简化为各种符号。因为它们大多呈楔形，所以被称为"楔形文字"。除了文字之外，苏美尔人还首创了数学的60进位制。现在我们熟知的1分钟等于60秒，1小时等于60分钟，也是源于苏美尔人的计数系统。

文字刻在泥砖的坯块上。

▲ 苏美尔人正在刻写楔形文字

小百科

苏美尔人的发明创造数量惊人。这个神秘的民族最早创造以及记录的发明有近30项。

战车由驭手驾驶。

当时，驴拉战车是新锐装备。

武器箱用于放置长矛。

▲ 苏美尔战士驾驶驴拉战车

布匹面料为亚麻或羊毛，有多种颜色。

直筒长衫

发明进行时

发明创造好像是苏美尔人与生俱来的天赋。他们受圆形陶轮的启发，利用轮动原理发明了车轮，这是世界上最早的车轮。苏美尔人强大的发明创造力可能与他们重视教育有关。据记载，苏美尔人建立了世界上最早的学校，拥有最早的图书目录和爱情歌曲。

尼罗河的赐礼

黄河滋养了中国，恒河哺育了古印度，幼发拉底河和底格里斯河浇灌了古巴比伦的空中花园，而因为尼罗河的泛滥，古埃及的灿烂文明才得以闻名于世。希罗多德曾在《历史》一书中撰下名句——古埃及是尼罗河的赐礼。

◀ 尼罗河上的古埃及人

神明的恩赐

地处沙漠的古埃及很少得到雨水的滋润，他们的农业之所以能够发展，是得益于尼罗河极有规律的泛滥。每年6到10月，尼罗河中下游进入泛滥季，为人们留下了肥沃的淤泥。

尼罗河泛滥时正值农闲，退潮时又将要播种，水与土这两个农业生产要素在尼罗河潮起潮落间实现完美配合。古埃及人不知道尼罗河为什么会定期泛滥，于是他们将之归结为神明的恩赐。

古埃及的农业

长久的耕种劳作，让古埃及人学会了与尼罗河相伴时如何趋利避害。他们筑坝开渠，不但成功防止了洪水的侵袭，还实现了有计划地引水灌溉。政府每年也会派出专业人员修护水坝、测量水位，指导各地的生产建设。在完善的水利设施的应用下，古埃及的农业得以长足发展。

古埃及人主要种植大麦和小麦，用它们来酿酒与制作面包。他们还种植洋葱、扁豆、萝卜、大蒜等多种蔬菜，也有葡萄、橄榄、石榴、无花果等各种水果。此时，桔槔、木犁、镰刀、锄头、筛子等工具都已经被广泛应用于生产中。

尼罗河是古埃及的母亲河。

敲打麦穗脱粒。

▼ 麦田大丰收

18

在架高的杆子上吊一只水桶，把桶挂到高处，用于灌溉。

桔槔是井上汲水的工具。

播种

古埃及人用牛耕地。

▲ 古埃及人应时耕作

寻找季节规律

为了预测尼罗河的汛期，古埃及人开始通过观察天相寻找规律。他们发现：一旦天狼星与太阳同时出现，尼罗河水就将泛滥。于是古埃及人选择将这一天作为一年的开始，并将 12 个月划分为 3 个季节：泛滥季、播种季和收割季，这就是太阳历。虽然这个历法并不准确，但比较实用。

小百科

尼罗河发源于布隆迪高原，由南向北流经现在的卢旺达、布隆迪、坦桑尼亚、肯尼亚、乌干达、刚果（金）、苏丹、埃塞俄比亚和埃及等国家，最终注入地中海。尼罗河全长 6671 千米，是世界第一长河。

古埃及人运送小麦。

尼罗河定期泛滥，淤泥为人们农业生产提供了肥沃的土壤。

金字塔的内部有墓室。

角锥体的金字塔表示人们对太阳神的崇拜。

巨石被一级一级地运到金字塔顶端。

工匠们要把表层的石块打磨光滑。

建造金字塔的人大多数是奴隶。

宏伟的建筑

古埃及的建筑享誉世界，其技艺之精湛，规模之宏大，千百年来为人称道。这些伫立在黄沙中的宏伟建筑，向我们展示着那个古老而神秘的文明。

▼ 哈夫拉金字塔狮身人面像

狮身人面像被认为是法老的肖像。

金字塔前的"守望者"

埃及最大的狮身人面像高约 20 米，全长约 73.5 米，由一整块巨石雕刻而成，其头部塑有国王头饰，前额雕有象征王权的蛇像，下颌有胡须。如今，饱经风霜的石像颜色已经脱落，精雕细琢的圣蛇和下垂的长须也不翼而飞，就连鼻子都下落不明。不过，这并不妨碍其形象的威严。如今，见证过古埃及兴亡的狮身人面像依旧静静地卧在金字塔前，庄严地履行着自己的职责。

雄伟的金字塔

金字塔是法老的陵墓，也是古埃及文明的象征。最大的吉萨金字塔群由胡夫金字塔、哈夫拉金字塔和孟卡拉金字塔及大斯芬克斯像等组成，距今已有 4500 多年的历史。

其中，胡夫金字塔是现存古埃及金字塔中最雄伟的一座，它现高约 137 米，塔基呈正方形，每边长约 230 米。胡夫金字塔由 230 万余块巨石组成，而且未使用任何黏合剂，石块之间贴合得非常紧密，甚至连能插入刀片的缝隙都没有。

献给太阳神的礼物

卢克索神庙中的方尖碑是古埃及帝国权威的象征，也是法老献给太阳神的礼物，它们是卢克索神庙中最高的建筑。方尖碑是古埃及的又一杰作，是古埃及人崇拜太阳的纪念碑。

方尖碑由花岗岩雕成，碑身刻有象形文字，呈方柱形。塔顶与金字塔相似，常以金、铜包裹。每当太阳升起，一缕阳光照射其上，碑顶便会熠熠生辉。它就像太阳一样，默默呼应着古埃及人虔诚的信仰。

即便在劳作，古埃及人也光着脚。

方尖碑是一种装饰性的巨大石柱。

▼ 卢克索神庙的方尖碑

方尖碑通常用整块花岗岩凿制而成。

21

璀璨的古代文明

与古埃及悠久的历史相伴而生的是其灿烂的文明。不论是文字、数学，还是手工艺、医学，或是神秘的木乃伊，都为世界文明史的发展做出了巨大贡献，对古希腊、古罗马等文明产生了巨大影响。

▼ 古埃及人与象形文字

古埃及文字由表意符号、表音符号和限定符号构成。

象形文字通常刻在庙墙、陵墓、雕像等石质材料上。

书写之神的恩赐

公元前3500年，古埃及人发明了象形文字，这并非单纯的表意文字，而是使用大约700个日常事物的图形来代表动物、人的身体部位和植物等，组合后表示整体的单词、音节或简单的字母。古埃及人相信，是书写之神托特神赐予了他们这份礼物。象形文字在不断简化中又出现了便于书写的僧侣文字，最后演变成大众化的书写文字。可惜它在4世纪时失传了，直到1822年才被法国学者商博良破译。

文字的伴侣——莎草纸

与象形文字相伴而生的还有用于书写的莎草纸，制作的材料就是尼罗河两岸茂盛的纸莎草。制作时将切成细条的纸莎草茎一层一层垂直排列起来，修剪整齐后压实，再敲打成薄片。晾干后用一块石头进行磨光处理，这样一张莎草纸就完成了。后来，莎草纸还传到了欧洲，一直使用到8世纪左右才逐渐被其他纸取代。

水生植物纸莎草

纸莎草的茎秆被切割成40厘米左右的小段，去掉外皮。

▶ 古埃及人用纸莎草造纸

了不起的数学

古埃及人在数学方面取得了相当高的成就。从考古发现的《莱茵德纸草书》和《莫斯科纸草书》等古籍上可以了解到，古埃及人的数学知识已经涉及算术、代数和几何 3 个方面。他们掌握了加法、乘法和分数运算，能够运用简单的等差、等比数列，还解决了一元一次方程的特殊问题。

在几何方面，考古学家推测古埃及人可能已经可以求出正四棱台的体积，计算等腰三角形、长方形、梯形和圆形的面积等。尤其是在计算圆的面积时，古埃及人计算的结果相当于用 3.1605 作为圆周率。当然，当时还并没有圆周率的概念。但是这在古埃及文明时代，实在是了不起的成就。

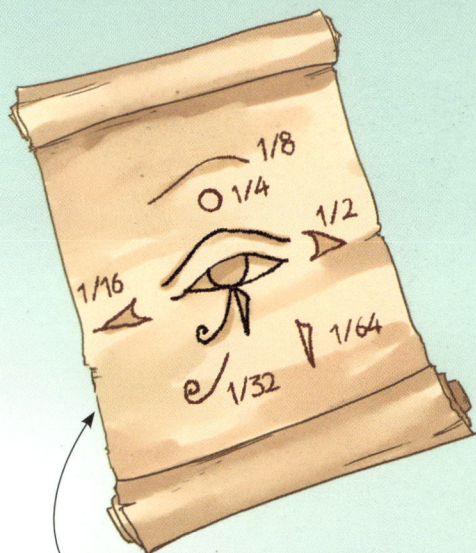

荷鲁斯之眼具有神圣的含义，而且它包含特别的数学知识。

▲ 古埃及人用荷鲁斯之眼来计数

纵横交错的草茎薄片叠放在一起，压实挤掉水分。

莎草不仅能制纸，还能用于搭建草屋、制造船只。

古埃及的陶器

古埃及的制陶工艺产生于新石器时代，当时多为黑胎粗陶。公元前40世纪中期，各种薄胎细陶才相继出现，其中最具代表性的"黑顶陶器"造型简洁大方、古朴典雅，代表了古埃及早期制陶工艺的面貌。之后，古埃及陶器多以泥灰做主要原料，陶轮的使用进一步提升了制陶水平，彩绘陶器出现了。著名的鳄鱼纹彩陶钵就是这个时期的作品。

网纹装饰带

▲ 鳄鱼纹彩陶钵

古埃及制陶多以泥灰作为主要原料。

医学的发展

古埃及人在医学理论和实践方面取得了重要的成就。他们设立了专门的医疗机构，如庙院，用于医疗服务和培养医生。古埃及已经有了专科医生，比如眼科医生、牙科医生、妇科医生和外科医生。而最令人惊叹的则是《艾德温·史密斯纸草文稿》的发现，它是最早的神经外科文献，其中出现了"脑"的概念，并细致到脑膜、脊髓及脑脊液等。

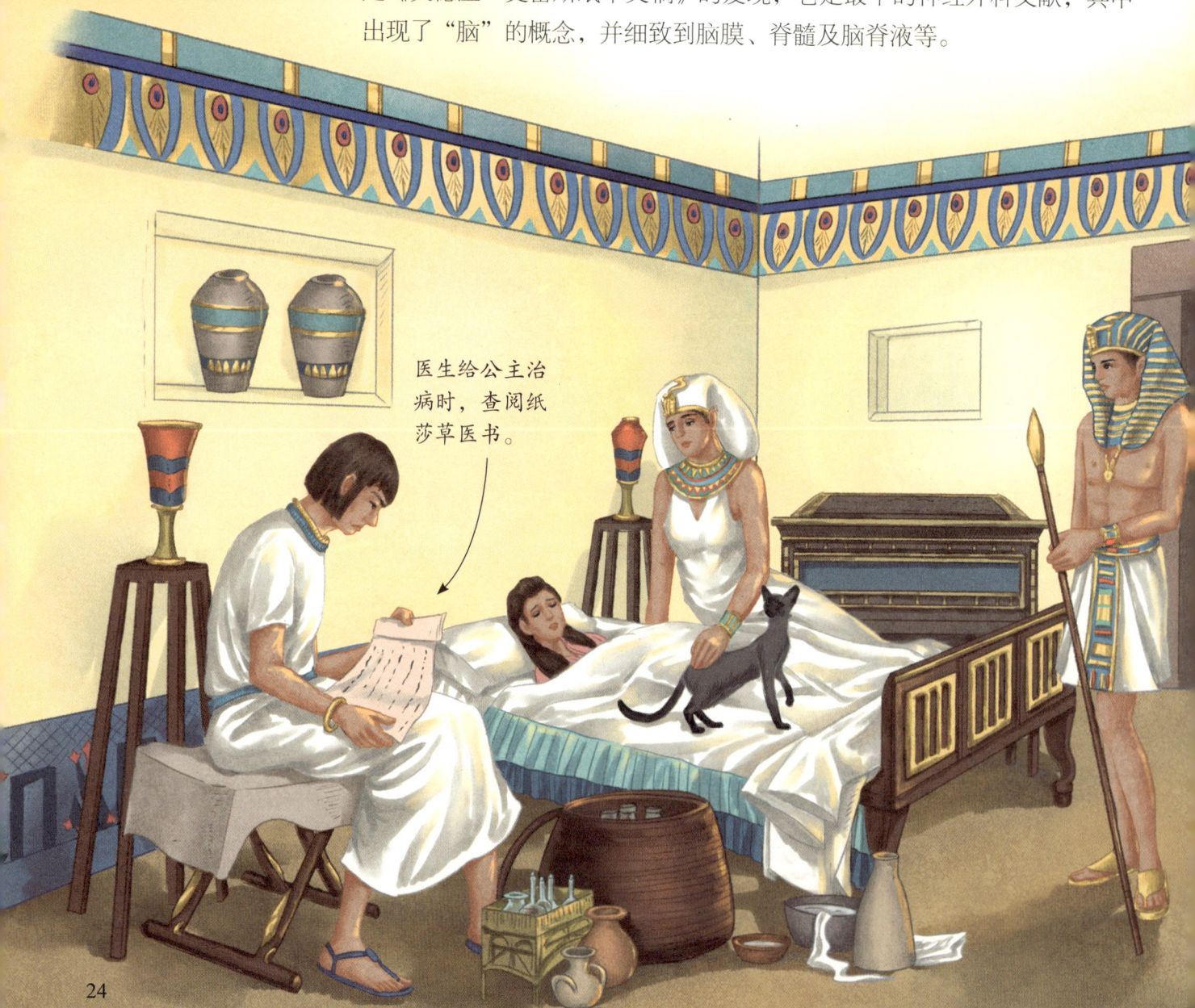

医生给公主治病时，查阅纸莎草医书。

永恒的灵魂

古埃及的人们相信人拥有灵魂，灵魂在人死后也不会消亡，仍旧会依附在尸体或雕像上，所以法老死后，人们将其制成木乃伊。他们先把尸体解剖，去除内脏和骨髓，在腹腔内填入香料，外面涂上树胶，再用布将尸体严密地包裹起来，经久不腐的"木乃伊"便制成了。

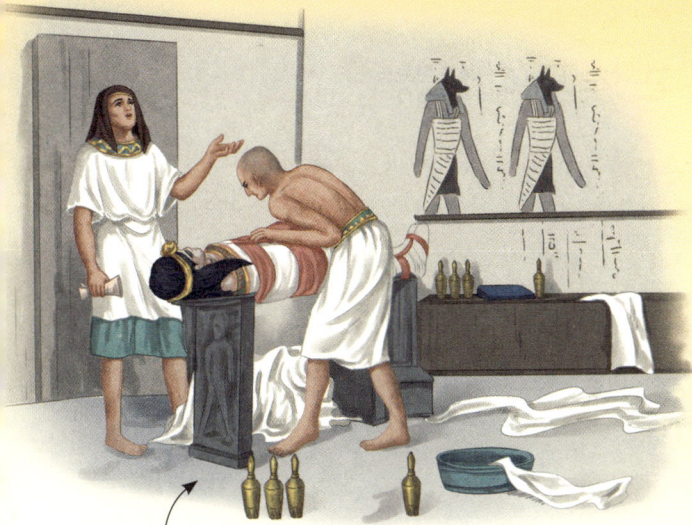

古埃及人最早使用防腐技术保存尸体。

▲ 制作木乃伊

古埃及木船是一种木质船身，带有横帆的小船。

▲ 尼罗河上的古埃及木船

尼罗河沿岸气候炎热，容易滋生各种细菌。为避免虱子和跳蚤，古埃及人都习惯剃光头，但会佩戴假发。

制木成船

法老为了兴建金字塔和城堡，需要大量的工具来运输材料，这促进了古埃及造船业的发展。船只也逐渐从纸莎草船演变成了木船。古埃及的木船采用壳式结构和榫接技术，船体由多块经过加工的木料对接而成，用绳子捆扎以增加船体坚固性。船上配备了帆和桨，不论顺风还是逆风都可以快速航行。

随着造船技术不断发展，古埃及的船也越造越大。最著名的就是法老托勒密四世下令建造的一艘"托勒密巨舰"。

25

哈拉帕文明的建筑是用烧制的砖块建造的。

印度河上的赞歌

古印度作为人类起源地之一，早在旧石器时代就拥有了一批居民。古印度并不单纯地指现在的印度，它涵盖的区域包括现在的印度、巴基斯坦、孟加拉国等在内的整个印度次大陆。自公元前 3000 年起，生活在印度次大陆的人在这里创造了印度河流域的文明以及对后世影响深远的哈拉帕文明。

▼ 摩亨佐·达罗城一角

城市中具有规划完善的排水系统。

哈拉帕文明的起源

人们常说，水是生命之源，这是因为大多数文明都以水源地为起源。印度河流域有充足的水源、肥沃的土地，这为人们提供了得天独厚的农业生产环境，使人们不必费尽心力就能收获大量的庄稼。但与之相伴的还有不定期的河水泛滥成灾。于是，这里的居民自发地靠拢、组织、建立了一些村镇。大约公元前 2500 年，在印度河流域形成了早期文明，这就是哈拉帕文明。

城市的形成

在哈拉帕文明时期，国家是由多个城市组合而成，其中最具代表性的城市就是哈拉帕城和摩亨佐·达罗城。规模最大的摩亨佐·达罗城与其他大多数城市布局一样，也由卫城与下城组成。厚而高的城墙、塔楼保护着卫城，内部浴池、谷仓、会议大厅等一系列公共建筑布局合理且规模宏大。下城内合理分布的居民区以及整齐的街道也极具代表性。我们可以根据房屋的建筑材料轻松分辨出哪里是贫民区，哪里是富人的聚集地。

◀ 印度河沿岸的早期城市

城市建在河流两岸。

▲ 哈拉帕文明的印章文字

哈拉帕文明的农业与畜牧业

生活在这里的人们，除了种植大麦、小麦之外，还种植了胡麻、棉花、豆类等各种各样的农作物。与农业共同发展的还有畜牧业，猪、马、牛、羊，甚至是骆驼和大象，都成了重要的家畜。

▼ 古印度的平民区

穷人的住房低矮简陋。

文字的出现

公元前 3000 年左右，生活在印度河流域的人们创造出了印章文字。我们从那些陶、铜、象牙质地的印章上的符号中可以追寻到早期文字的蛛丝马迹。但直到今天，学者们还没能破译出这些"文字密码"。

27

文学与艺术的发展

古印度文明中的文学作品具有很高的艺术价值。其中，著名的《吠陀》《摩诃婆罗多》等文学作品在古代印度文学史上占有相当重要的地位。与文学同步发展的还有古印度的造型艺术，其中雕刻艺术、绘画艺术、石窟艺术以及犍陀罗艺术等都体现着古印度人民的创造力。

▲ 古印度的绘画艺术

小百科

犍陀罗艺术，以佛像的创造而闻名于世，艺术风格在古印度艺术中独树一帜。

▲ 古印度人善于交流与思考

古印度人主要穿由当地种植的棉花制成的衣服。

几乎每位古印度的统治者都拥有大象，并将它们用于军事。

自然科学的突出表现

古印度人的强大智慧还体现在天文历法、数学、医学等方面。早在吠陀时期，他们就开始观测天体，并且不断完善天文历法。在数学方面，他们发明的数字符号以及定位计数法在中亚地区得到了普及，后由阿拉伯人加以修改和传播，最终发展为现在通行世界的"阿拉伯计数法"。古印度的医学同样发达，最早的阿育吠陀医学体系以及著名的大医学家遮罗迦、妙闻都推动了古印度医学向前发展。

雅利安人的征服

就在哈拉帕文明不断发展的时候，一批原本生活在中亚的游牧民族开始了他们的征服之旅。雅利安人自中亚而来，于公元前1500年战胜古印度的土著居民，成为印度次大陆的新的统治者，并于公元前1000年初建立起奴隶制国家。

雅利安人养马，还组织了骑兵。

盾牌

▲ 雅利安人士兵

▼ 孔雀王朝国王出行

从分裂到统一

在波斯帝国对印度河流域多番扩张的影响下，古印度的政治和文化中心逐渐转移到恒河流域。印度次大陆上出现了一系列独立的国家，它们相互竞争、对抗，也建立联盟。这就是古印度历史上的"列国时代"。

数个国家的纷争十分激烈。经过多次战争的洗礼，摩揭陀国脱颖而出，并且很快在公元前4世纪统一了恒河流域，成为印度次大陆上的第一强国。然而，由于统治者的暴政，摩揭陀国难陀王朝很快被推翻。随之建立起的孔雀王朝，结束了列国纷争的时代，使印度次大陆完成了历史上的第一次统一，而古印度文明从此进入了一个崭新的阶段。

▲ 费斯托斯圆盘

米诺斯文明

人类最初的文明在两河流域和尼罗河流域形成后，地中海东部地区也出现了杰出的爱琴文明。统治着克诺索斯的米诺斯人登上了爱琴文明的历史舞台，成就了一个熠熠生辉的人类文明——米诺斯文明。

米诺斯文明

在以克里特岛、迈锡尼城为中心的爱琴海区域，诞生了古老的爱琴文明。其中克里特文明作为爱琴文明的早期阶段，极具代表性。特别是米诺斯王在位时，克里特文明发展到了鼎盛时期，所以人们常常将克里特文明称为"米诺斯文明"。

克里特文明的进化发展

公元前 2000 年，克里特岛从金石并用的原始时代，迈入了青铜器时代。在此后的 600 年里，克里特文明经历了古王宫、新王宫两个时期。在公元前 2000 年到公元前 1700 年间，也就是克里特文明的早期发展阶段，手工业从农业中分离出来，并且达到发达水平，除了彩绘陶器之外，还有许多规模宏大、颜色艳丽的王宫建筑以及壁画。

克里特文明的鼎盛时期是公元前 1700 年到公元前 1400 年间的新王宫时代。这时农业工具——犁普遍被使用，农作物的种类丰富多样，海外贸易也繁荣起来。

米诺斯王宫内部结构错综复杂，如同迷宫一般。

▲ 米诺斯人的跳牛运动

米诺斯人跳上牛背，展现各种杂耍般的动作。

业余生活

米诺斯人的农产品、手工艺品可以被远洋贸易船只带到世界各地。除了劳作和战斗，米诺斯人也有丰富的业余生活，比如各种体育赛事。米诺斯人会表演一项非常有趣的运动——跳牛。

米诺斯王宫

著名的米诺斯王宫是一个占地2公顷的巨大建筑群。它恢宏大气，不仅有完善的供水、排水设施，而且布局也十分奇特。米诺斯王宫打破了以往对称式的常规建筑布局，它的内部结构错综复杂、迂回曲折，因此被称为"迷宫"。

▼ 米诺斯王宫遗址复原图

米诺斯人用石头和砖块建造房屋。

宫殿中有许多廊道。

米诺斯王宫规模宏大。

▼ 王位的传承
中国古代王位的继承由禅让制转变成世袭制。

华夏文明的曙光

世界四大文明中延续时间最长的当数我们的华夏文明。作为四大文明古国之一，中国的文明发展史既没有断代也没有被消灭。伟大的华夏人民用自己的双手，描绘出了一幅多姿多彩的历史画卷。

有文字可考的时期

约公元前 1600 年，夏朝最后一位君主被商部族的首领汤所灭，从此中国进入了商朝的统治时期，这也是我国奴隶制社会的发展时期。其中，最为重要的标志就是文字的出现。与西方国家记录文字的载体不同，我国最早的文字是刻在龟甲、兽骨上的，所以这样的文字也被称为"甲骨文"。

家天下的传统

约公元前 2070 年，中国历史上的第一个王朝——夏朝建立了。我们都知道，在部落时期，尧、舜、禹以禅让制的形式选贤为主。禹死后，他的儿子启继承了王位。从此，"父传子，家天下"的世袭制成了王位的继承方式。

▼ 商朝人用龟甲进行占卜

甲骨文因书写于龟甲、兽骨之上得名。

商朝的贵族男子往往头戴高巾帽。

商朝人用火将龟甲烧裂，然后根据龟甲上出现的纹路进行占卜。

人们用来耙翻地。

▲ 夏商时期的农田

灿烂的青铜时代

夏朝时，人们已经开始制作简单的青铜器了。虽然这时的青铜器款式简单、胎质轻薄，但制作技术已经相当成熟。青铜时代的鼎盛时期要属商朝，那时青铜主要用来制作礼器，纹理繁杂、款式多样、制作精良。其中最为著名的要数商朝的司母戊鼎。

▼ 司母戊鼎

青铜器其实主要是金色的，因为氧化才变成青绿色。

自己动手，丰衣足食

我国是建立在农业基础上的国家。在氏族社会时期，人们种植了种类繁多的农作物。到了夏朝，农业、手工业以及畜牧业持续进步，农业方面一直稳步发展。夏商时期，逐渐有专人从事畜牧业。牲畜除了可以供人食用，还被用于祭祀。夏朝，陶器是人们生活中使用的主要器具，样式简单。到了商朝，陶器手工制品比之前更为精致漂亮，也出现了比陶器更经久耐用的釉陶。

▼ 商朝时期的君臣关系

平民或奴隶穿麻布或葛布制成的服饰。

商朝的贵族可以穿较高级的染织品。

33

朝代更替下的文明

▼ 春秋战国时期不同诸侯国的文字

齐 楚 燕 韓 趙 魏

商朝在统治了 500 多年后，最终因商纣王的残暴而被推翻。华夏文明虽然经历了朝代更替、群雄争霸的局面，但其进程并没有因此而减速。无论是政治、经济还是文化，华夏文明在朝代更替中不断发展，取得了相当亮眼的成就。

战国时期，众多诸侯国各自为政，文字也逐渐不同。

文字的发展演化

商朝时，人们在甲骨上刻上了中国历史上的第一种成熟文字。但这种文字也随着朝代的更替，不断地进化与完善。西周后期，汉字演变为以大篆为主流文字。但到春秋战国时期，各诸侯称霸，各自为王，文字也就逐渐分化成不同形态了。

铁器的兴起

考古学家常以青铜器的使用作为划分文明进程的标志。战国以前，青铜制品还在人们的生活中占有一席之地。但冶铁业兴起之后，铁器逐渐取代了青铜和石制工具，尤其是铁农具的使用，大大促进了农业的发展。

▼ 热火朝天的冶铁现场

冶铁现场温度很高。

工匠将铁矿石放在炉中加热。

小百科

西周时期已经
出现了学校，当时
能上学的贵族要学
习包括礼、乐、书、
数、射、御在内的
六项技艺。

整个城市由宫城和
郭城两部分组成。

▲ 春秋战国时期的城市

郭城内有市，是由官府
管理的特定的商业区。

礼乐盛世

西周时期，社会等级制度森严，不同阶级的人要严格遵守社会既定秩序。当时周武王的弟弟姬旦按照贫富、贵贱、长幼制定了一套礼乐制度，其中包括祭丧、婚嫁、朝见等礼仪，以及不同阶级所匹配的舞乐规模。这套礼乐制度对中国后期的社会发展影响深远。随着春秋战国时期诸侯的崛起，礼崩乐坏，中国文明进入了新的发展阶段。

科技的万丈光芒

春秋战国时期虽然时局动荡、纷争不断，但百家争鸣为各学科的发展提供了一片沃土。春秋时期，我们有了最早关于哈雷彗星的记录，这比西方国家早了600多年。现在我们常用的二十四节气，早在战国时期就基本定型了。除了天文历法，春秋时期的建筑与医学也取得了令人瞩目的成就。那时的建筑工匠已会建造两三层的楼房。著名的工匠鲁班被称为"建筑界的祖师爷"。

制作铁器需要多次锤炼。

战国时期，冶铁技术相当发达。

35

古巴比伦的繁荣

古巴比伦文明是两河流域文明的重要组成部分，承载了一段辉煌灿烂的历史。如果有幸能到古巴比伦的遗址，手抚那些断壁残垣时，我们依然可以感受到那段不平凡的历史。现在让我们一起揭开那段尘封的岁月吧！

新王国的建立

公元前 2300 年左右，阿卡德人来到苏美尔地区定居，这其中就有一个名为巴比伦的小城。那时的巴比伦还名不见经传，直到公元前 2000 年初，一群阿摩利人征服了这座城市。他们骁勇善战，不断扩张领土。公元前 19 世纪，苏美尔人的乌尔第三王朝陨落在阿摩利人的武力之下，随后一个新王国建立起来，它就是历史上的古巴比伦王国。

商人们牵着骆驼来到集市。

▼ 汉谟拉比接待大臣

汉谟拉比自称"世界四方之王"。

缠绕式长袍

繁荣的经济

古巴比伦人已经普遍使用青铜器具，用于农业生产的工具五花八门。当时，城市中自主经营的手工业者比比皆是。从制砖、织布到造船、建房，各行各业的手工业者都在为这个王国创造着财富。

汉谟拉比统治下的古巴比伦王国

古巴比伦王国成立之初，疆域只涵盖了巴比伦城及周边的部分地区。第六任国王汉谟拉比继位后，开始南征北战，很快就统一了两河流域，使古巴比伦王国成为真正意义上的强大国家。无论是农业、手工业，还是商业，都发展得十分迅速。

小百科

古巴比伦时期，在农业生产中，人们已经普遍使用一种可以进行播种的楼。它由两头牛牵引，同时配备三个人，分别牵牛、扶犁以及往谷斗中放种子。

▼ 古巴比伦时期繁华的商品市场

古巴比伦人的衣服颜色鲜艳。

古巴比伦人喜欢穿用
皮革制成的凉鞋。

古巴比伦的灭亡

汉谟拉比在位共 42 年。在他的统治下，古巴比伦王国建起了无数高大的神庙、华丽的宫殿、熙攘的市场。但这种繁荣景象随着汉谟拉比的离世成了过去。古巴比伦王国先是被赫梯人所灭，后来建立的王国也没能重新带领古巴比伦人找回昔日繁荣，反而最终被亚述帝国征服。

▼ 古巴比伦王国的毁灭

国家的内乱和外敌的入侵导致了古巴比伦王国的毁灭。

新巴比伦王国的崛起

在古巴比伦被亚述帝国吞并后，迦勒底人取得了巴比伦的控制权，并一步步地消灭了亚述帝国，建立起新巴比伦王国。新巴比伦王国在国王尼布甲尼撒二世统治时创造了许多建筑奇迹，国家实力也达到了巅峰。

▲ 尼布甲尼撒二世视察空中花园

空中花园的奇迹

说起新巴比伦时期的著名建筑，大家脱口而出的第一个词就是"空中花园"。相传，这是尼布甲尼撒二世为他的王妃所建。据史料记载，这座建筑高 20 多米，平台上种有许多形色各异的花草，同时具备完善的浇灌和防渗漏设施。据说，当时许多人都慕名远道而来，想要一睹这座建筑的风采。

▼ 空中花园图

花园平台上种植了许多奇花异草。

空中花园的围墙以砖砌成。

设有灌溉用的水源和水管。

巴比伦城

虽然空中花园被视为古代世界七大奇迹之一，但其实它也只不过是巴比伦城中的一个小的组成部分。尼布甲尼撒二世在位期间，巴比伦城的规模相当壮观，包围着城市的宽厚城墙不仅有近20千米长，还极为宽阔，可以容纳4匹马在上面并列行走。壮观的巴比伦城，不仅外观上富丽堂皇，同时还配备了一套水利系统，可以说这座城市本身就是一个奇迹。

巴比伦城是当时世界上最大的城市之一。

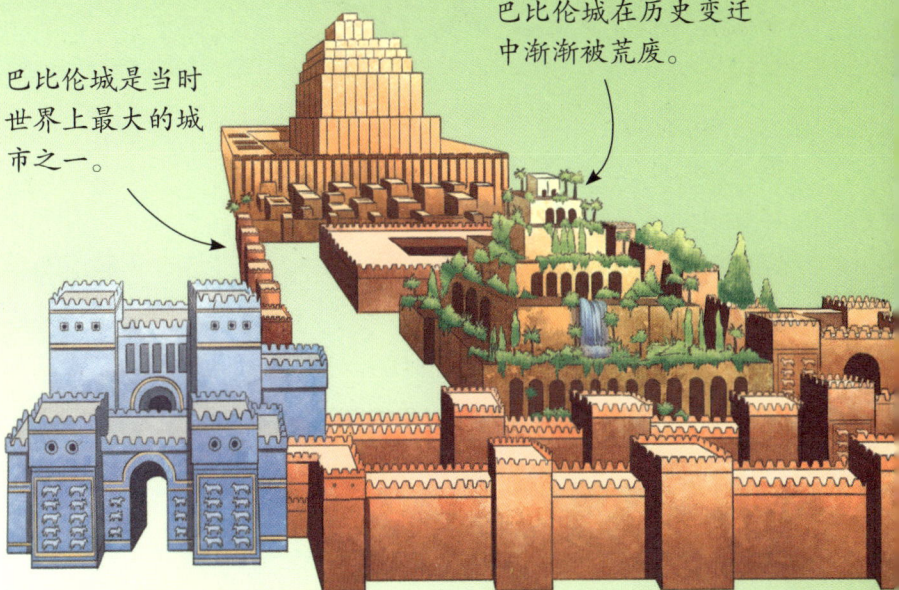

巴比伦城在历史变迁中渐渐被荒废。

▲ 巴比伦城

▼ 通天塔

空中花园采用立体造园手法，将花园建在平台之上。

通天塔的故事

西方一直流传着一个关于通天塔的故事。据《圣经·旧约》记载，人类经历了毁天灭地的洪水之后，幸存下来的人类都讲同一种语言。他们在两河流域肥沃的土地上扎了根，建了城，还要建造一座通天塔。因为语言相通，大家齐心协力，开始建造一座直插云霄的塔。但这被上帝发现了，上帝勃然大怒，认为人类在挑战他的权威，于是悄然改变了人类语言并使其区别开来。人们彼此不能沟通，通天塔的搭建也就无疾而终了。

在许多文献中，它被称为"天堂之门"。

39

迈锡尼文明

迈锡尼文明是爱琴文明的后期，自约公元前 1600 年开始到公元前 1100 年结束。迈锡尼文明以克里特文明为发展基础，但有着自己独特的风格。在 18 世纪之前，迈锡尼还只存在于《荷马史诗》中。直到 1870 年，德国的考古学家海因里希·施里曼才让这座《荷马史诗》中的"黄金之城"重见天日。

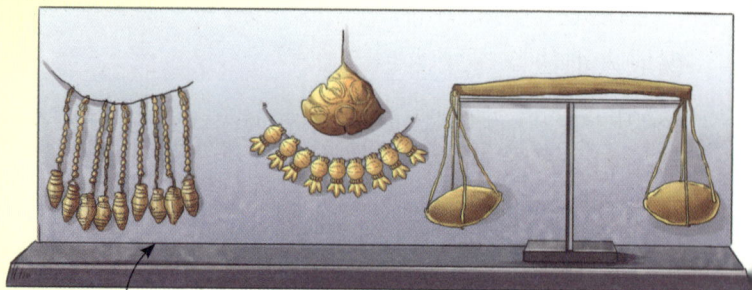

迈锡尼文明时期的墓葬中有大量的黄金饰品。

迈锡尼文明的开始

公元前 1650 年前后，来自北方的阿卡亚人自巴尔干半岛侵入希腊半岛。他们在这里创造了极具民族特色的迈锡尼文明。公元前 1450 年，阿卡亚人占领了克里特的克诺索斯王宫，结束了克里特文明的时代。从此，爱琴文明进入了以迈锡尼文明为主的新阶段。

"巨人肩膀"上发展而来的文字

迈锡尼人进入克里特岛后不久，这里出现了一种新的线形文字，被考古界称为"线形文字 B"。20 世纪 50 年代，人类成功破译了这种文字密码，同时也证实它就是现在的希腊文。学者猜测这很可能是在克里特的"线形文字 A"的基础上发展而来的。

古希腊人在2000多年前就已经掌握了基本的造船技术。

迈锡尼文明时期，造船业十分发达。

迈锡尼的手工制品

在克里特文明的基础上，迈锡尼人很快掌握了大量制作手工制品的技术，其中不乏制作金银制品和各形各色的陶器的技术。在埃及、腓尼基、塞浦路斯以及特洛伊等地，都能发现迈锡尼人制作的陶器。

迈锡尼的城市建筑以巨石为主要材料。

迈锡尼的城墙壮观而牢固。

迈锡尼建立了富裕而繁荣的城市。

▲ 迈锡尼人的城市

迈锡尼文明的消亡

克里特岛上的迈锡尼人建立稳定的政权后不久，比迈锡尼人更加粗犷、野蛮的多利亚人入侵了迈锡尼的各个城邦。他们不仅摧毁了迈锡尼文明，还让希腊半岛的发展进程退回了原始社会。这成为人类历史上一段相对落后的"黑暗时代"。

小百科

迈锡尼阿卡亚人崇拜宙斯以及奥林匹斯的各种神明。这些以征服者身份出现的神明，大多拥有一个共同的特点，就是从不进行生产活动。神明的主要任务只有战斗和享乐。

▼ 造船场景

青铜制的撞锤可以撞击敌船。

奥尔梅克文明

很早以前，考古界一直认为美洲最老的文明是玛雅文明。发现了奥尔梅克文明之后，人们开始意识到，在玛雅人之前，一个神秘的民族就已经开始在大西洋的另一边繁衍生息。古老而又神秘的奥尔梅克人用自己的智慧和勤劳灵巧的双手，创造了一个新的人类文明。

精湛的雕刻技术

在墨西哥湾附近的沼泽湿地，奥尔梅克人的组织形式从村落一点点进化，发展形成了奴隶制国家。奥尔梅克人在这片土地上修建了大量的建筑，创造了许多大小不一、形象各异的雕像。奥尔梅克人有着精湛的雕刻技艺，既可以把整块大的玄武岩雕刻成栩栩如生的人物头像，也能把翡翠雕刻成精美的小型人像或者各种饰品。

▼ 奥尔梅克人运输巨石头像

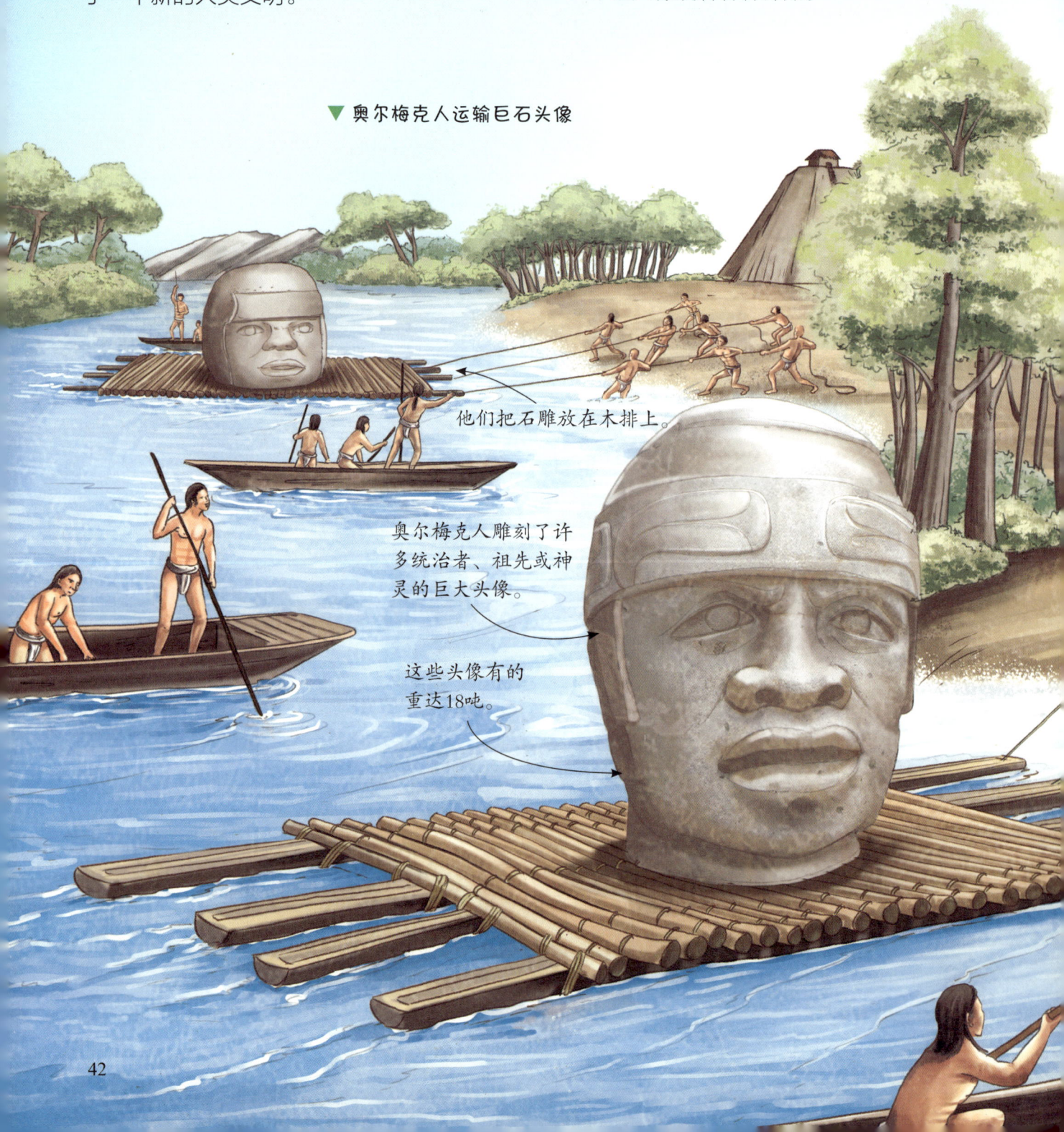

他们把石雕放在木排上。

奥尔梅克人雕刻了许多统治者、祖先或神灵的巨大头像。

这些头像有的重达18吨。

最早种植玉米的人

肥沃的土壤、大量的雨水让奥尔梅克人意识到了种植显然要比游牧更适合。在刀耕火种的时代，奥尔梅克人最先种植了玉米、马铃薯等农作物，玉米在其中占有非常重要的地位。据考古学家考证，公元前800年左右，玉米已经成为整个美洲的主要农作物，奥尔梅克人因此成为最早种植玉米的人。

与华夏文明的渊源

考古学家在挖掘研究奥尔梅克遗迹的时候，发现了许多长着东方面孔的小雕像。此外，在众多奥尔梅克的文物上还发现了上百个甲骨文。这一系列重大的发现，似乎都在证明奥尔梅克文明与华夏文明之间有着千丝万缕的联系。可直到现在，考古界依然没有得出确切的结论。不过我们要相信，这段神秘的人类历史以及两个文明之间的关系一定会在不远的将来揭晓。

青铜器物

▲ 奥尔梅克人修建祭祀坑

河岸边的人拉着绳索把石像运到岸上。

神秘的历史遗留问题

奥尔梅克文明于公元前400年左右神秘地消亡。奥尔梅克文明作为"玛雅文明之母"一直是一个神秘的存在。直到现在人们也不能确定奥尔梅克人起源于何处，也不知道这段文明消亡的真实原因。但奥尔梅克文明无论是文化、经济，还是艺术，都代表着美洲大陆上人类历史的发展历程，是人类历史重要的组成部分，值得我们不断探索……

第三章 帝国时代大发展

帝国是古代历史上浓墨重彩的一笔。那些伟大的帝国国王，帝国辽阔的版图和气吞山河的军事力量，都令我们神往不已。直至今天，"帝国"一词仍被不断地用在政界、商界、影视和游戏当中来表示气势之鼎盛。那么，过去的帝国是何般模样呢？

骁勇善战的民族

亚述帝国时期是亚述人在美索不达米亚平原上发展的第三个阶段。在此之前还有早期亚述时期与中期亚述时期。亚述帝国以残酷的军事扩张而著名。对于它，专家学者们褒贬不一。但无论是赞美还是批判，亚述帝国是真实存在于历史上的，有些谜团仍等待着我们去探索与发现。

▼ 亚述帝国的骑兵

亚述人善于狩猎，以勇猛为荣。

亚述帝国率先大规模使用骑兵。

马背上的战斗民族

亚述帝国成立了世界上最早的骑兵战队。亚述人长期生活在两河流域北部的草原上，有着丰富的驭马经验。后来，亚述人创造出了马鞍、马缰等装备，这都是他们建立骑兵战队的优越条件。早在建立骑兵战队之前，亚述人就已经从赫梯人那里学会了战车建造技术。亚述人将两者巧妙结合，就有了当时世界上最早的车兵部队。

小百科

亚述帝国时期就有了由国家供养的正规常备军，并且划分出了不同兵种。

铁兵器时代

亚述帝国时期，亚述人已经熟练掌握了冶铁技术，进入了铁器时代。用铁铸成的兵器，在面对以软兵器为主力的军队时，可以达到横扫千军的效果，这也是亚述人战无不胜的重要原因。当然，铁器也不只服务于军队。各种铁制农具的出现，也提高了农业生产效率。充足的粮食，可以为出征在外的战士提供源源不断的力量。

闪电战和突袭战是亚述军队常用的战术。

亚述士兵配备着短剑和长矛。

金属头盔

战争之外的文明

可能有人会说，亚述人留给世人的除了军事技术之外，别无他物。如果你也这么想，那就错了。亚述人喜爱并且善于创作浮雕，他们可以把各种动物雕刻得栩栩如生。另外，他们还建造了许多图书馆用来存放记载着政府档案、天文和医学知识、文学作品等内容的泥板，并且保存得相当完好。

猎杀狮子的场面

▲ 亚述浮雕

军事帝国的覆灭

古语有云："得道者多助，失道者寡助。"亚述帝国一直奉行的铁腕政策以及对于战败国人民的残酷虐待，使帝国一直游走在危险边缘。人类文明的进程大多是人心凝聚的进步，而非武力的推动。众多受到压迫的人们也不会放弃任何反抗的机会。公元前 612 年，新巴比伦的军队攻陷了亚述帝国的首都，当时的君主被迫自尽。至此，这个人类历史上充满血腥暴力的帝国覆灭了。

▼ 亚述士兵用战车攻城

战车兵

伊特鲁里亚从希腊引进了葡萄，并会用葡萄酿酒。

宴会、酒会在伊特鲁里亚人的日常生活中占据着重要地位。

▲ 伊特鲁里亚领主欣赏歌舞

伊特鲁里亚文明

公元前 8 世纪，意大利半岛上兴起了一个名为伊特鲁里亚的文明，它用了不到百年的时间便迅速占据了整个意大利。然而，它的消失也和它的兴起一样快，几百年后便在古罗马的征服下销声匿迹了，只在历史上留下浅浅一笔。

领主文化

伊特鲁里亚并不是一个统一的王国，它在鼎盛时期也只是由十几个城邦式的自治市组成的松散联盟。它的社会阶层分化明显，顶层是"领主"，处于统治地位。领主们拥有土地的所有权，并且控制交通要道和商业活动。领主们几乎总是在不断作战，在保护自己领土的同时，也不停向外扩张。

精美的金器

除了战争外，伊特鲁里亚的领主们也喜欢享受浪漫的生活。他们十分讲究生活品位，而这带来的就是奢侈品的兴起。伊特鲁里亚的金匠技艺高超，是当之无愧的行业标杆。他们将黄金造粒工艺和金银丝工艺相结合，制作出的饰针、项链和手镯均为不可多得的精品。

伊特鲁里亚人热爱歌舞和音乐。

▲ 伊特鲁里亚的黄金饰品

小百科

黄金造粒工艺源于公元前3000年的美索不达米亚，这种工艺十分精巧，可以将黄金微粒镶嵌在珠宝上，但后来却失传了。直到19世纪的维多利亚时期，一些手艺精湛的意大利工匠才结合考古发现重新将这种手艺复刻出来。

墓葬文化

伊特鲁里亚人不仅会享受当下的生活，也相信人死后会超生。因此，他们会将骨灰瓮制作成死者生前居住的房屋的样式。他们也会仿照自己房子的样子建造坟墓，并对内部进行精心的设计，装饰精美的绘画，还会将生前使用的各种物品一同陪葬。坟墓中放置与人身体一样大小的石棺，棺盖上雕刻着死者的肖像。

伊特鲁里亚人相信人死后会到另一个世界生活，并依然保留生前的习惯。

▼ 伊特鲁里亚的墓室

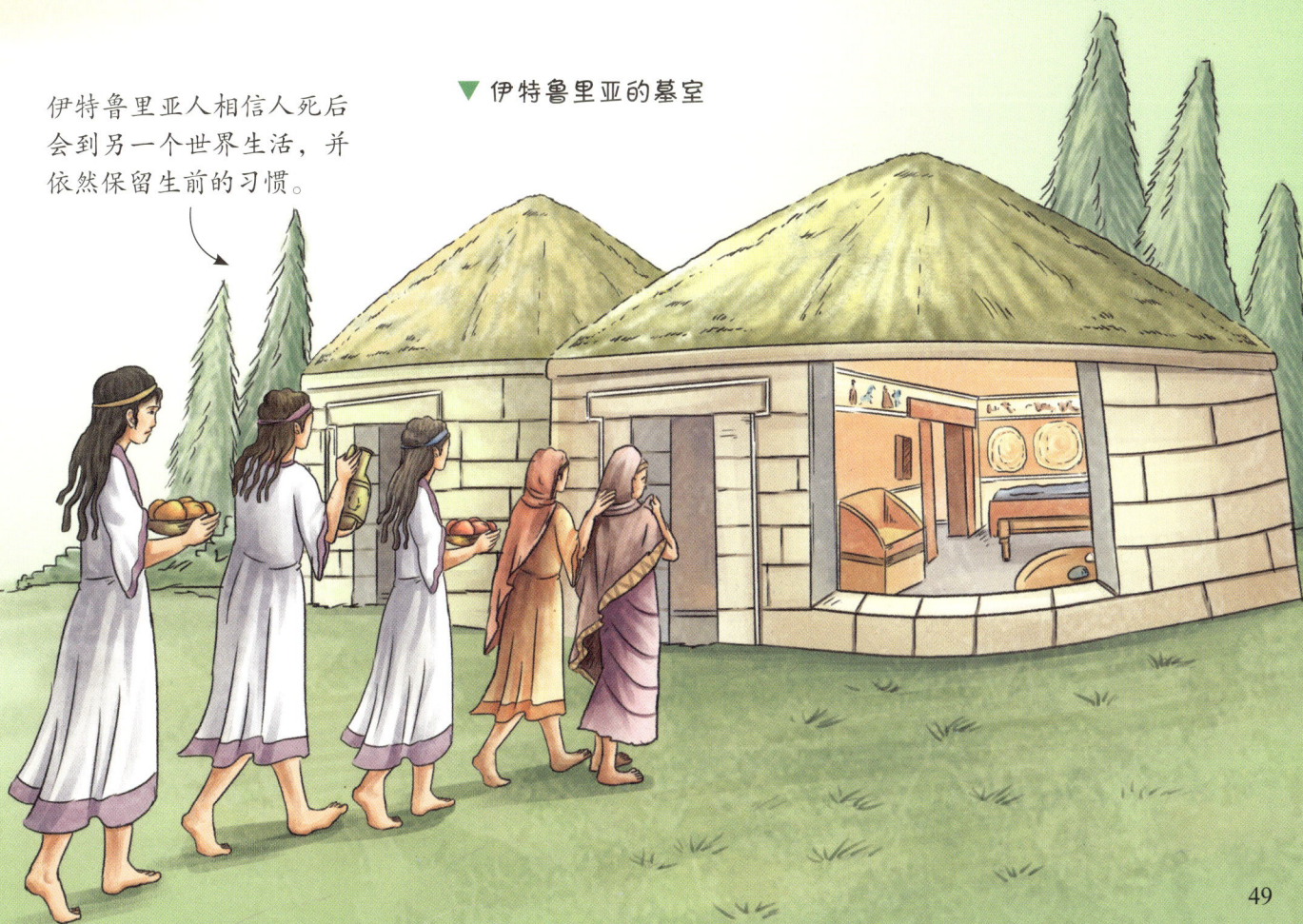

古希腊文明

古希腊文明包含文学、哲学、自然科学与神话等诸多方面。按时间顺序可将古希腊文明划分为荷马时代、古风时代、古典时代和希腊化时代4个阶段。光辉璀璨的古希腊文明不仅是西方文明的瑰宝，也是人类历史长河中的耀眼明珠。

赫耳墨斯是众神的使者。

从史诗到寓言

作为古希腊文明中最高的文学成就之一，《荷马史诗》记录了一个时代的变迁。它把优美的神话故事与文学艺术巧妙结合，创造出了一个古代史诗的典范。与它地位相当的还有《伊索寓言》，《伊索寓言》并不是由伊索独立完成的，它集合了古希腊人民群众的共同智慧，代表底层民众的思想，体现着劳苦大众不屈不挠的精神和人生智慧。

阿芙洛狄忒是爱与美的女神。

炉灶女神赫斯提亚

赫拉是神后，是婚姻和家庭女神。

宙斯是奥林匹斯十二主神之首。

寓言是用比喻性的故事来寄托意味深长的道理，给人以启示的文学体裁。

神人合一的古希腊神话

古希腊神话大多先在部落间口口相传，后来被荷马、希西阿德等文学家吸收后进行加工创作，成了我们所熟知的经典故事。古希腊神话分为神与英雄两个部分，人们按照神与人共同的特点创作出了一个个英雄传说。古希腊神话与宗教神学的本质区别在于它没有把神放在一个绝对崇高的位置，没有忽略人类的自主意识，所以希腊神话更具有现实性与进步性。

▲《伊索寓言》中用动物形象讲述故事

火神赫菲斯托斯

战神阿瑞斯

海神波塞冬

雅典娜是智慧和战争女神。

太阳神阿波罗主管着光明、预言、音乐和医药。

阿耳忒弥斯是狩猎女神。

得墨忒尔是掌管农业、谷物和丰收的女神。

▲ 奥林匹斯山上的12位主神

悲喜交加的古希腊戏剧

古希腊戏剧是古典时期希腊文学的主要成就，它分为悲剧与喜剧两种戏剧类型。埃斯库罗斯、索福克勒斯与欧里庇得斯是著名的三大悲剧家。埃斯库罗斯和欧里庇得斯都出身于贵族家庭，而索福克勒斯出生于武器作坊主家族。他们的悲剧作品都以神话故事为基础，反映了各自所处时代的社会现实问题。与悲剧不同的是，喜剧大多带有讽刺意味。阿里斯托芬是古希腊最为著名的喜剧作家，他一生中写了44部喜剧，分别反映了战争、贫富差距等方面的社会问题。阿里斯托芬被恩格斯称为"喜剧之父"。

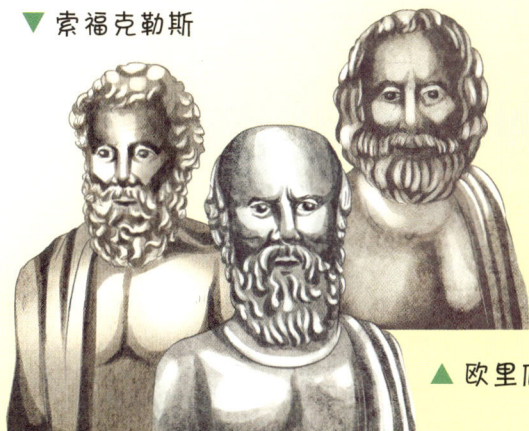

▼ 索福克勒斯

▲ 欧里庇得斯

▲ 埃斯库罗斯

51

西方哲学的基石

古希腊的哲学思想几乎是家喻户晓。从古希腊第一个唯物主义哲学家泰勒斯到辩证法奠基人之一的赫拉克利特，从提出原子唯物论的德谟克利特到唯心主义代表苏格拉底、柏拉图，再到游走在唯物主义与唯心主义之间的亚里士多德，古希腊时期的哲学成就奠定了西方哲学发展的基础。古希腊也成为天文、地理、生物、物理等众多自然科学的摇篮。

小百科

柏拉图建立了欧洲哲学史上的第一个唯心主义体系。他是苏格拉底的学生，也是亚里士多德的老师，更是古希腊唯心主义哲学的集大成者。

▼ 米隆和他的雕塑作品《掷铁饼者》

《掷铁饼者》

米隆被认为是希腊艺术黄金时期的开创者。

建筑与雕刻艺术

古希腊的建筑与雕刻依然没有脱离"神"。最具代表性的建筑艺术体现在神庙的建造上。那时神庙建筑多用圆形环廊。希腊后期的建筑开始往公共建筑方面转型，如竞技场、图书馆、城市园林等。

古希腊的雕刻艺术大多展示的是人物，无论是神像还是人像，都是以写实为基础。3位著名的雕刻家米隆、菲迪亚斯以及普拉克西特列斯，都是古希腊时期雕刻的代表人物。

攀登自然科学的高峰

古希腊的自然科学与哲学关系密切。为什么这么说呢？因为许多学科的领军人物都是哲学家。比如天文学方面，最早研究星象学的人就是著名的哲学家泰勒斯，同时他还是古希腊第一个数学家。与泰勒斯一样多方面发展的人才还有亚里士多德，他在物理学和生物学方面都有成就，他还编写了大量的著作，都是留给后人的知识财富。除此之外，古希腊的伟大哲学家还分别在植物学、医学等方面有所建树。可以说，古希腊人是最早尝试攀登自然科学高峰的人。

苏格拉底是古希腊哲学的创始人之一。

奥林匹克的诞生

奥林匹克寄托了古希腊人民对和平的希望。传说在南希腊的奥林匹亚丛林中，古希腊人为伟大的天神宙斯建造了一座神殿。起初，人们通过体育竞技的方式来祭祀宙斯。后来，饱受战争之苦的人们为了祈求和平，开始举行全希腊的体育竞赛。现在，世界各国的人们秉持着"友谊第一，比赛第二"的原则团结在一起，共同参与这场盛会。这是古希腊人民为人类文明发展做出的伟大贡献。

▼ 古希腊时期的体育竞赛

比赛胜利者会被认为是英雄。

各个城邦都会培养专业的运动员来参加比赛。

53

军事强者斯巴达

公元前 11 世纪，多利亚人毁掉了原有的城邦，于公元前 9 世纪末建立新城邦。他们崇尚武力，骁勇善战，曾击败雅典，称霸希腊，最终覆灭在亚历山大大帝的马其顿帝国之下。这个城邦就是斯巴达。

▲ 奴隶们轮流受到鞭刑

从俘虏到黑劳士

斯巴达人连年征战，他们在征服拉科尼亚南部海岸的黑劳士城时，将其居民全部变成了自己的奴隶，称他们为"黑劳士"。俘虏们代替斯巴达人从事艰苦的劳动，过着牛马不如的生活，还要被迫做战争中的敢死队。斯巴达规定黑劳士是国家财产，个人虽然无权买卖，但可以任意伤害黑劳士。

残酷的教育

斯巴达人不但对奴隶非常残忍，对待自己的孩子也十分严格。斯巴达的孩子从出生那一刻起便要经受严酷的考验。新生儿会被送到元老那里去接受检验，如果元老觉得他不够健康，就会被直接抛弃。斯巴达有一种独特的仪式，年轻的斯巴达男孩要遭受鞭打以证明他们的勇气和耐力。

铁铸成的短剑
科林斯式头盔
圆盾
斯巴达重装步兵
皮质凉鞋
胫甲

军事化训练

斯巴达人崇尚武力，整个斯巴达就像是一个严格管理的大型军营。青少年时期的男孩要到军营去接受严格的军事训练，他们练习跑步、投标枪、拳击以及搏斗。女孩们也并不学习纺织，而是学习跑步和摔跤。斯巴达人认为：只有健壮的母亲才能生出强壮的孩子。在这种措施下，斯巴达拥有了一支希腊世界中战斗力最强、纪律最严明的军队。

▼ 斯巴达的青少年训练

青少年要做到对训练官绝对服从。

温泉关战役

公元前 480 年，波斯国王薛西斯一世亲率大军，再次入侵希腊。斯巴达国王列奥尼达率领几千名希腊联军，奔赴温泉关御敌。可是波斯军队在希腊叛徒的引导下，由小道绕过了关口。列奥尼达见势解散了希腊联军，只留下 300 名斯巴达勇士死守。结果，列奥尼达与 300 勇士全部阵亡。这场战役成功阻挡了波斯军队前进的脚步，在人类历史上留下了一首传唱千古的英雄史诗。

▼ 温泉关战役

波斯军队的人员组成复杂，武器装备五花八门。

居鲁士二世统一了
古中东部分地区。

▲ 居鲁士二世接见将领

波斯帝国的繁盛

公元前 6 世纪，世界上第一个横跨亚洲、欧洲、非洲的奴隶制帝国——波斯帝国建立了。它原本只是伊朗高原上的一个弱小国家，后来不断壮大，成为鼎盛一时的波斯帝国，改变了世界历史的发展进程。在今天的伊朗，你依然可以找到古老的波斯帝国遗迹。波斯帝国促进了人类文明的大融合，推动了人类文明前进的脚步。

人类文明的大融合

波斯帝国疆域辽阔，在它的版图上可以寻找到西亚文明、古埃及文明、古印度文明以及部分爱琴文明的印迹。这是人类历史上的第一次文明大融合，它掀起了世界历史上的第一次留学高潮。西方学者纷纷前往此处，特别是古希腊的学者，他们来到古埃及、波斯、古巴比伦等地进行学习与研究，并创造了古希腊的"黄金时代"。

波斯帝国的崛起

公元前 6 世纪，波斯兴起于伊朗高原的西南部。时势造英雄，公元前 558 年，一个能改变历史的人——阿黑门尼德氏族的居鲁士二世，在波斯即位，定都帕赛波里斯。居鲁士二世在 8 年后举起了反对米底王国的大旗并成功推翻了米底王国的统治，随之建立了历史上伟大的波斯帝国。

第一部世界史的诞生

波斯帝国虽然不像斯巴达那样崇拜军事，但同样具有很大的政治野心。公元前5世纪，希腊与波斯进行了世界上著名的希波战争。这段历史被希罗多德记录在了自己的著作《希腊波斯战争史》中。这是历史上第一部真正意义的世界史著作，它不仅完整、详细地记录了希波战争，还向世人展示了当时亚洲、欧洲、非洲的文明状况，介绍了波斯帝国以及古希腊的历史发展、地理概况以及民族风俗等。希罗多德被誉为"历史之父"。

退出历史舞台

波斯帝国看似强大，实则政权极不稳定、社会经济发展不平衡，特别是波斯帝国的国王大多好战，大大削弱了本国的国力。于是许多原本被征服的国家纷纷通过武装斗争脱离了波斯帝国的统治。另外，波斯帝国统治阶级内部总有一些不安分的人想要夺取政权。在这种困境下，公元前334年，来自马其顿的亚历山大入侵波斯，加速了波斯帝国的瓦解。

▲ 希罗多德

▼ 亚历山大率兵侵略波斯

骑兵军官

骑兵更加机动灵活。

长矛是马其顿军队的王牌兵器。

雅典的剧场和神庙

雅典文明是古希腊文明的重要组成部分，它与斯巴达文明一起组成了古希腊文明的两大支柱。雅典文明之繁荣，世所不及。雅典发达的哲学、数学、建筑学等，使它成为爱琴海之滨的一颗明珠。

神庙用大理石
建成。

▲ 厄瑞克修姆神庙
它坐落于雅典卫城。

"希腊的眼睛"

传说中，海神波塞冬与智慧女神雅典娜为争夺雅典展开了一场争斗，结果雅典娜获胜，雅典娜神庙便与卫城一同建立起来，但被入侵的波斯军队毁灭了。伯里克利执政期间，开始重新修建卫城，为后世留下了古希腊建筑中最伟大的杰作——帕提农神庙、厄瑞克修姆神庙和雅典娜胜利神庙。

在雅典城，公民大会
一年会举行40多次。

▼ 帕提农神庙

帕提农神庙坐落在雅典卫城的最高处。

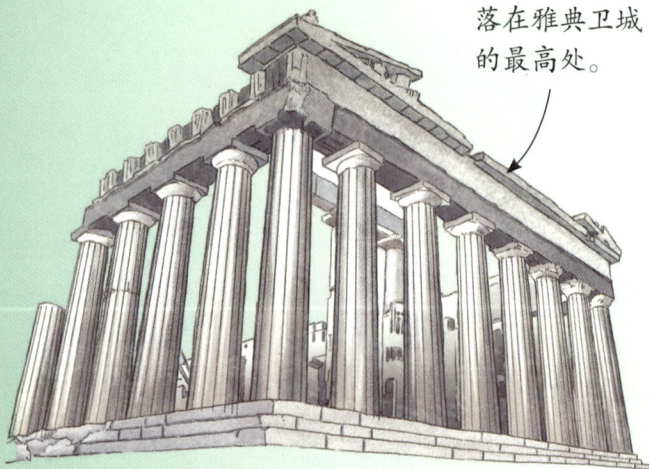

帕提农神庙

帕提农是雅典娜的别称。这座神庙东西两端各有8根多立克式柱，其立面的高宽比十分接近黄金分割比。帕提农神庙的设计代表了全希腊建筑艺术的最高水平，但它的历史却十分曲折，它先后被改为基督教堂、清真寺与军火库，后来在一场爆炸中被严重损毁。

中心是表演场或演讲地。

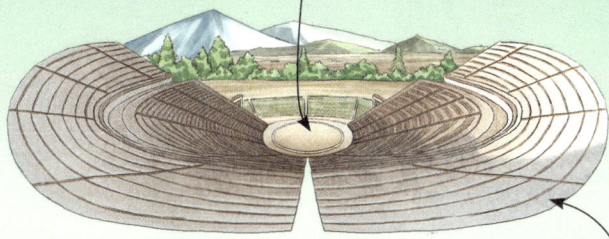

▲ 埃庇道鲁斯剧场

一层层的看台

雅典剧场

能够与神庙相媲美的就是雅典的剧场。埃庇道鲁斯剧场是世界最著名的剧场之一，能容纳 1.5 万余名观众。它坐落在埃庇道鲁斯东南的斜坡上，依山而建，是传统的圆形露天剧场，由环形的观众席和圆形的舞台组成。由于精妙的建筑设计，埃庇道鲁斯剧场的音响效果极好，即使坐在后排，也可以听见舞台上演员的声音。

民主政治

伯里克利执政期间，雅典的民主政治发展到了顶峰，它建立在公民大会、500 人议事会和陪审法庭三大主要机构的基础上。国家的一切权力属于全体公民，一切官职向广大公民开放，官员也由抽签产生，各级公职人员实行"公薪制"。虽然雅典的民主政治只是狭隘的奴隶主民主政治，但这仍是人类历史上关于民主政治的一次伟大尝试。

▼ 雅典的公民大会

演讲人

公民大会拥有城邦至高无上的权力。

雅典公民针对雅典的重要事情投票。

吹响罗马帝国的号角

历史学上一直将古罗马视作近现代西方世界的源头之一。公元前27年，罗马帝国在屋大维的运筹帷幄下建立起来。进入帝国时代的罗马更强大，它吹响了人类文明的号角。

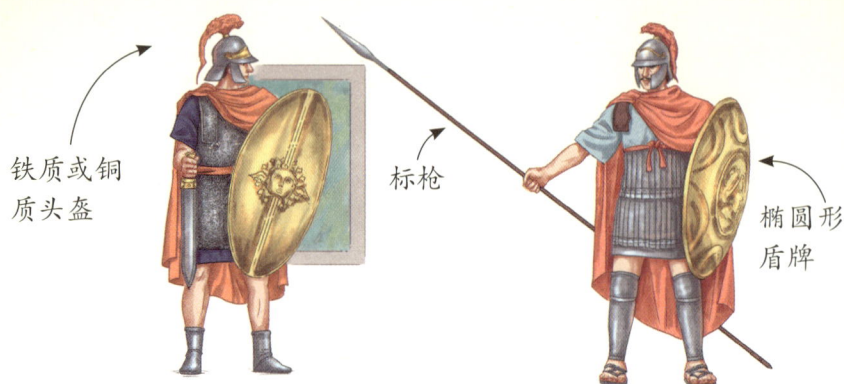

铁质或铜质头盔

标枪

椭圆形盾牌

▲ 罗马帝国的士兵

强大的军事力量

公元前753年左右，古罗马城建立。后来，古罗马逐渐统一了意大利各民族，把地中海收入版图之内，成为历史上第二个横跨亚、欧、非三大洲的强大帝国。这一切都离不开罗马帝国强大的军事实力。屋大维统治时期，罗马帝国有约28个正规军团，还配备了精良的武器，这使得罗马军队几乎战无不胜。

罗马帝国制造的商船十分实用。

▼ 罗马帝国的港口

货物包括农产品、矿物等。

大海的馈赠

罗马帝国扩张道路上成就的取得，首先得益于海洋。那时罗马帝国到各个国家进行贸易和文化交流的船只，在海上军舰的保卫之下，都能顺利返航。为了方便海上贸易，罗马帝国建立了许多港口。这既使得国内的人们可以获得世界各地丰富的物资，也使得罗马帝国本土的特色产品可以畅销到各地。

牛是非常重要的耕作牲畜。

▲ 罗马人在耕种

罗马帝国财富的另一来源——农业

除了海上贸易，罗马帝国财富的另一来源就是农业。罗马帝国的农民既是农业的主要生产者，也是财政税收的主要承担者。除了主要的粮食作物小麦之外，葡萄和橄榄也为罗马帝国带来了经济财富。

古罗马人利用天然水道，发展海上贸易。

千年传奇的鼎盛时期

伟大的屋大维建立了罗马帝国，但帝国的鼎盛时期却是由国王图拉真创造的。国王图拉真在位期间，征服了许多地区，让罗马帝国拥有了有史以来最广阔的疆域。这时的罗马帝国，不论是政治、经济还是文化水平，都得到了显著提升。

古罗马人的航海技术源自腓尼基人。

▼ 屋大维

屋大维是罗马帝国的第一位元首。

他是元首制的创始人。

丰富多彩的古罗马文明

　　每个国家的文明都有它独一无二的特点。古罗马文明也相当丰富多彩，无论是衣食住行，还是娱乐休闲，都十分丰富。你对古罗马的文明又知道多少呢？接下来就让我们一探究竟吧！

▲ 孩子们接受教育

古罗马的家庭教育十分严格。

学习的少年

　　在古罗马时期，孩子 7 岁时就可以进入学校，学习读、写、算等课程。普通人家的孩子只能用蜡版和一种尖锥笔写字，而贵族家庭的孩子则可以使用昂贵的羊皮纸。除了学习，孩子们还有许多休闲娱乐的玩具。古罗马时期已经有用木头或碎布制作而成的玩偶了。除此之外，木车、铁环也能成为孩子们的玩具。

▼ 古罗马时期的贵族住所

墙壁或柱体通常用大理石建造。

贵族的"别墅"

海上的繁荣贸易让生活在上层社会的贵族，可以轻易地享受到来自遥远国度的不同物品。富贵家族的住所也更为高端，贵族大多生活在别墅中。古罗马时期已经有别墅了，这种拥有很多房间、占地面积更大的房子，通常会选用优质的材料来建造，同时还会用大理石、各种壁画来装饰。可以想象出，古罗马贵族拥有十分惬意的生活。

古罗马竞技场

公元 1 世纪时，一个专门供奴隶主、贵族娱乐消遣的重要建筑——古罗马竞技场建成了。这里常常上演各种斗兽、奴隶角斗等项目。这个圆形的建筑物可以同时容纳约 5 万人，并且融合了多种建筑风格。现今，我们仍然可以透过这座饱经风霜的遗迹，感受到当时角斗士们的悲惨命运。

古罗马会专门培养角斗士。

古罗马公民在这里观看角斗表演和斗兽表演。

▶ 罗马竞技场中的角斗

古罗马的"浴室文化"

罗马帝国最具综合性功能的建筑就是浴室。罗马帝国的居民可以在综合浴室中享受舒服的水疗按摩，也可以与朋友打趣聊天。同时，这里还是业务交谈的良好场所。浴室周边还有售卖各种食物、生活用品的店铺。可以说，古罗马人围绕浴室发展出了一个商业链条。

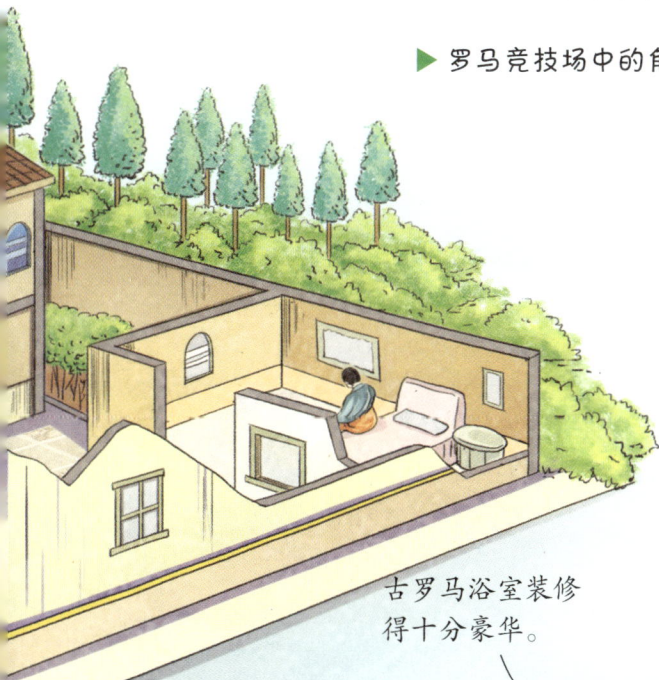

古罗马浴室装修得十分豪华。

光顾浴池的不仅有贵族，还有平民。

▶ 古罗马时期的大型浴室

大秦王朝

东周末年，礼崩乐坏，社会动荡，天子大权衰落，各地诸侯并起。战国时期，天下形成齐、楚、燕、韩、赵、魏、秦七国争雄的局面。秦国统治者任用商鞅实施变法，发展农业，整饬律法，使秦国成为最强大的诸侯国。

秦灭六国

在有了强大的政治经济基础后，秦国的统一大业势在必行。秦国采取远交近攻的策略，分化瓦解，各个击破，相继灭掉东方六国，成功建立起了中国历史上第一个封建王朝。嬴政成为中国历史上第一位皇帝，自称"始皇帝"，史称"秦始皇"。

监工的兵士

修建长城的劳动力是从各地征来的农民。

▼ 秦始皇

嬴政13岁继承王位，22岁亲理朝政。

大一统的帝国

秦朝是我国历史上第一个大一统的封建王朝，对中国历史产生了深远的影响。秦朝统治者废除分封制，实行郡县制，首次确立了中央集权制度，确定了中国 2000 余年政治制度的基本格局，奠定了中国大一统王朝的统治基础，故有"百代都行秦政法"一说。

修筑长城

早在周朝时，为了抵挡北方游牧民族的袭击，统治者就曾下令修筑过长城。春秋战国时期，秦、赵、燕三国和强大的北方游牧民族毗邻，于是就在北部修筑了一段长城。秦朝建立以后，为了抵御外族入侵，公元前 214 年，秦朝统治者动用百万劳动力，筑起了西起临洮、东至辽东的长城。

长城的城墙上端呈凹凸形的短墙，被称为"垛口"。

▲ 秦朝征召徭役修筑长城

修建长城是为了防止外族入侵。

统一货币和度量衡

秦始皇废止战国时各国形状、重量、材质各不相同的货币的使用。全国统一改为以黄金为上币，以镒为单位；以秦国的圆形方孔铜钱为下币，有半两重，史称"秦半两"。除货币外，秦始皇用商鞅变法时制定的度量衡标准器来统一全国的度量衡，还用法律规定了度量衡器误差的允许限度。货币和度量衡的统一，为秦朝的经济发展提供了保障。

▼ 秦始皇统一货币

燕　齐　赵　魏　韩　楚　秦

统一文字

战国时期，各国文字虽然基本结构相同，但字的笔画繁简和偏旁部首却有差异。秦始皇统一全国后，为巩固统治，任命李斯主持统一文字的工作。李斯以秦国文字为基础，参照其他六国文字，整理出了后世所流传的小篆，并写成范本在全国推行。

▲ 小篆体

重农抑商

秦国经历了商鞅变法才变得富强，而商鞅变法中的一个重要措施便是重农抑商，因为当时认为农民在固定土地上生活劳作，而商人则要四处行走经商，商人过多就会影响社会治安，减少国家农业生产劳动力。秦始皇也延续了相同的政策，不但大幅提升关税和市场租金，还规定商人若破产，只能被收编成国家苦役。这一举措使商业发展受到了极大的限制，也基本确定了中国古代农业经济的主导地位和士农工商的社会阶层的差异。

秦始皇兵马俑被誉为"世界八大奇迹"之一。

士兵形态各异。

▼ 焚书坑儒

焚书坑儒

　　为了巩固刚刚建立的大一统国家，秦始皇认为必须改变春秋时期百家争鸣的局面，建立思想上的大一统。因为有一些儒生常引用儒家经典议论朝政，于是，秦始皇听从丞相李斯的建议，下令焚烧统一前的列国史籍，以及百姓私藏的《诗》《书》等，只留下医学、卜筮之类的书籍。次年，秦始皇又下令在咸阳坑杀了460余名儒士。

　　秦始皇不仅在生前拥有一支强大的军队，在死后也带走了一支"军队"，这就是举世闻名的兵马俑。兵马俑规模庞大，数量极多。数以千计的陶俑、陶马都经过精心制作，形态十分逼真。

▼ 兵马俑

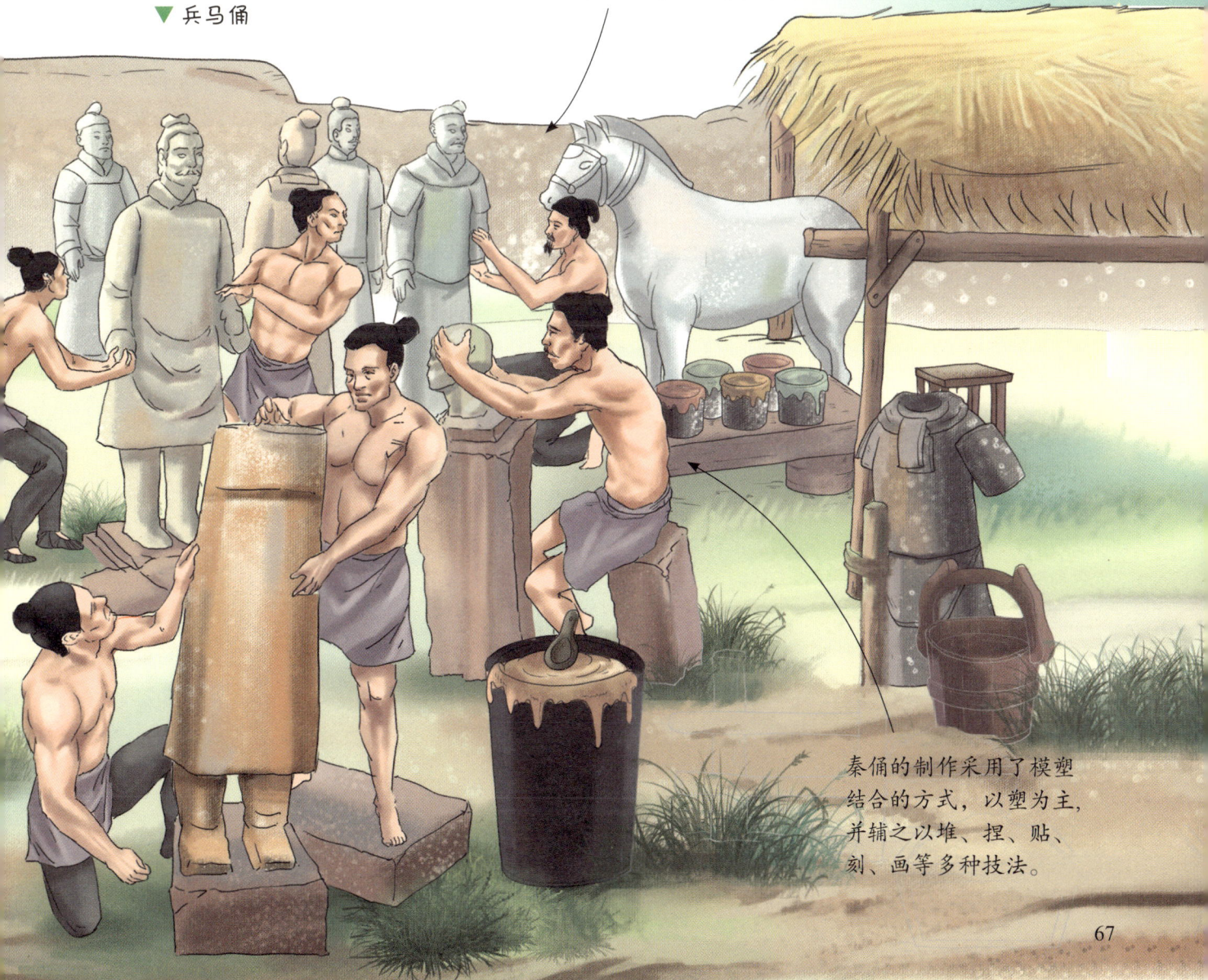

　　秦俑的制作采用了模塑结合的方式，以塑为主，并辅之以堆、捏、贴、刻、画等多种技法。

丝绸之路和造纸术

汉朝是继秦朝之后的又一个大一统王朝，分为西汉和东汉两个时期，共存在 405 年。汉朝国力鼎盛、人口众多，在贸易、科学、农业、文化等领域都取得了相当高的成就。

汉代的男子成年后喜欢腰挂佩剑。

▲ 丝绸之路上的汉朝商人与西域商人

丝绸之路

汉武帝时，张骞出使西域，获得了西域诸国的大量资料，并将各国使臣带回了汉朝。从此，西域诸国与汉朝的来往日益密切，丝绸之路逐渐形成。汉明帝时，班超再次出使西域，巩固了东汉在西域的统治，保证了丝绸之路的通行安全。这条通道把中国的丝绸、陶瓷带到了西方，也将西方的香料、种子带回了中原，大大促进了中西方经济贸易的发展和文化的交流。

踏上科学新台阶

汉代的数学成就集中体现在《周髀算经》和《九章算术》两本数学著作上。《周髀算经》详细介绍了勾股定理，《九章算术》则提到了方程和盈不足的问题。

天文学上，汉朝有中国第一部较为完整的历书《太初历》和世界上最早关于太阳黑子的记录。东汉的张衡对月食做了最早的科学解释，发明了世界上第一台地动仪。

在医学上，东汉名医华佗十分擅长外科手术，他发明的"麻沸散"是世界上最早的麻醉剂。

丝绸之路是一条商贸之路，促进了经济与文化的交流。

华佗首创用全身麻醉法施行外科手术，被后世尊为"神医"。

华佗编排了一套健身操——五禽戏。

骆驼是丝绸之路上重要的交通工具。

▲ 华佗

发展中的农业

汉朝时的炼铁技术进一步提高，铁农具和牛耕得到了进一步推广，这使农业的生产效率大大提高。除此之外，各地纷纷修建水利设施，汉武帝和汉明帝也都曾派人治理黄河，这都为农业的发展提供了保障。这一时期还出现了《氾胜之书》和《四民月令》这样的农学专著。

▼ 纸的制造

1.切麻　　2.洗涤　　3.浸灰水

4.蒸煮　　5.舂捣　　6.打浆

7.抄纸　　8.晒纸　　9.揭纸

蔡伦与造纸术

东汉时期，蔡伦总结以往人们的造纸经验，采用树皮、破麻布、破渔网等更为廉价和常见的原料，经过不断试验，最终造出了轻薄柔韧、价格低廉的纸。造纸术被列为"中国古代四大发明之一"。蔡伦改进的造纸术还沿着丝绸之路传入了西亚和欧洲，最后传遍了整个世界，很好地推动了世界文明的传承和发展。

拜占庭帝国

公元 395 年，原先的罗马帝国分裂为东罗马帝国与西罗马帝国。以君士坦丁堡为首都的东罗马帝国，也被称为拜占庭帝国。拜占庭帝国在历史上存在了千年之久，它促进了东西方文明的再次融合，也继承并发展了古希腊文明及古罗马文明，富有文化底蕴和内涵。

拜占庭帝国位于亚欧交界处，海上贸易发达。

庞大的拜占庭帝国

公元 330 年，在这个由古希腊移民组成的城市拜占庭，新的罗马帝国建立起来。罗马大帝君士坦丁将其改名为"君士坦丁堡"。后来罗马帝国分裂，东罗马帝国就以此为都，故又名"拜占庭帝国"。它的领土以巴尔干半岛和小亚细亚为中心，包括亚美尼亚、叙利亚、巴勒斯坦、美索不达米亚和埃及。

繁荣的经济基础

拜占庭帝国除了稳定发展的农业，还有高度繁荣的商业、手工业及制造业。拜占庭的农业发展不再单纯依靠剥削奴隶的劳动价值，而是以农民为主要生产者，这大大缓和了社会的阶级矛盾。拜占庭帝国的首都位于黑海与地中海的交通要塞，是东西方贸易的中转地。来自印度、埃及等四面八方的商品汇集于此，然后行销各地。外地商人顺便带走了拜占庭帝国的丝织品和金银制品。这使得商业贸易成了拜占庭帝国重要的经济来源之一。在如此繁荣的经济基础之上，拜占庭帝国的国力日渐强盛。

▼ 拜占庭帝国皇室服装

拜占庭的织物
色彩丰富。

饰品中使用了
大量的黄金。

多元融合的拜占庭文明

在查士丁尼时代，文史、建筑与艺术水平十分高超。当时普罗科匹厄斯是文学与史学方面的杰出代表，还留下了《查士丁尼战争史》《秘史》《论建筑》3部著作。另外，拜占庭的建筑与艺术也是在古希腊文明的基础上延伸而来的，具有代表性的建筑就是圣索菲亚大教堂。

拜占庭文明贯通古今，它既将古希腊和古罗马元素融入其中，也创造了自己的特色。它自身的文明没有像其他国家的文明那样在新旧文明交替时消失殆尽，相反，它平和的过渡方式受到了其他各国文人学者的认可。

玛雅文明的繁荣

公元前 10 世纪，在美洲热带丛林里兴起了一个具有神秘色彩的文明，这就是玛雅文明。玛雅文明基本上属于新石器时代，在文化、农业、艺术等方面都有较突出的成就。

玛雅人的出现

文明的出现地大多依山傍水，自然物产丰富。但是有这样一个文明，神秘地出现在了美洲中部的热带丛林里。公元前1000 年左右，有一群玛雅人在这里定居下来。他们培养野生植物，发展手工业与贸易。公元 4 世纪至公元 9 世纪前后，这些人创造出了举世瞩目的玛雅文明成就。

金字塔是蒂卡尔城建筑的主要成就。

农业种植的能手

玛雅人强大的智慧最先体现在农业种植上。当时美洲大陆上有许多野生植物，在玛雅人民的手中，它们都变成了可以饱腹的美味食物。那时玛雅人还会使用简单的农业工具，他们种植了大量的玉米、西红柿、南瓜以及各种豆类，甚至还有可可。

▼ 种植农作物

高水平的文明成果

玛雅人创造的文明成果，在我们今天看来都觉得超乎想象，不可思议。他们创造了以 365 天为 1 年的太阳历。玛雅人运用自己创造的象形文字书写了神话故事、诗歌戏剧以及各种天文知识和历法。他们比阿拉伯人更早使用了数字"0"这个概念。这些高水平的文明成果体现着玛雅人的智慧。

▼ 玛雅人创造的象形文字

玛雅人建立的城市曾经
非常繁华，其中建有大
型的皇宫和金字塔。

蒂卡尔城内有规模宏大
的宫殿、庙宇、石碑、
金字塔等。

▲ 玛雅人建立的蒂卡尔城

用石头堆砌成的建筑

公元 4 世纪至公元 9 世纪是玛雅文明最辉煌的时期，这时在尤卡坦建立起许多玛雅城市。这些城市内的建筑大多由石头建成，其中最为著名的是蒂卡尔城与科潘城。公元 5 世纪至公元 6 世纪，玛雅人又建立了拥有众多庙宇、王宫的城市奇琴伊察。在没有金属工具以及便利运输条件的情况下，他们建造了一座约 30 米高的阶梯金字塔——库库尔坎神庙。

▼ 库库尔坎神庙

库库尔坎神庙有9
层平台。

人类简史

少年简读版 ③

张玉光 ◎ 主 编

青岛出版集团 | 青岛出版社

图书在版编目（CIP）数据

人类简史：少年简读版 . 3 / 张玉光主编 . — 青岛：青岛出版社，2024.1
ISBN 978-7-5736-1557-2

Ⅰ . ①人… Ⅱ . ①张… Ⅲ . ①社会发展史—少年读物 Ⅳ . ① K02-49

中国国家版本馆 CIP 数据核字 (2023) 第 201089 号

RENLEI JIANSHI （SHAONIAN JIANDU BAN）

书　　　　名	人类简史（少年简读版）	
主　　　　编	张玉光	
出 版 发 行	青岛出版社（青岛市崂山区海尔路 182 号）	
本 社 网 址	http://www.qdpub.com	
责 任 编 辑	梁　娜　李康康　程兆军　刘　怿	
封 面 设 计	刘　帅	
排　　　版	青岛艺鑫制版印刷有限公司	
印　　　刷	青岛新华印刷有限公司	
出 版 日 期	2024 年 1 月第 1 版　2024 年 1 月第 1 次印刷	
开　　　本	16 开（889mm×1194mm）	
印　　　张	20	
字　　　数	400 千	
书　　　号	ISBN 978-7-5736-1557-2	
定　　　价	136.00 元（全四册）	

编校印装质量、盗版监督服务电话　4006532017　0532-68068050

前 言
PREFACE

　　我们生活在信息爆炸的时代，科技的边界在不断拓展。人类不仅要向前走，还要向后看，看看历史留给我们的财富。古人说"以史为镜，可以知兴替"，历史中有跌宕起伏的故事，有薪火相传的文明，也有世事变迁的规律，更有激励人们向前进的力量。

　　人类从哪里来？

　　人类是如何走到今天的？

　　……

　　人类在有历史记录之前就存在了。几百万年前，人类的祖先离开了森林，那时的它们还很弱小，相比威风凛凛的虎、狮子和大象，并没有什么战斗力。直到智人学会使用火和工具，人类的文明才拉开了帷幕，逐渐居于食物链顶端。随着工具和技术的快速发展，出现了语言和文化，人类的发展进入了"快车道"。不同地域、不同种族的人们不约而同地在世界上创造了各具特色的璀璨文明，焕发出耀眼的光彩。

　　《人类简史》以宇宙大爆炸为开端，从采集狩猎的史前时代到人类文明大发展时代，再到近现代，在有限的篇幅里，勾勒出人类发展的主要线索。本书将波澜壮阔的历史用简洁而详实的文字叙述出来，用精美而多彩的画作描绘出来，希望读者掌握人类历史的大致面貌，在历史的脉络中更加了解人类的发展，汲取智慧。

目 录
CONTENTS

第一章 文明与黑暗交织的时代

中世纪时期是古典文明与近现代文明承前启后的时期，是欧洲社会变革的重大时期。在近千年的时间里，欧洲充斥着野蛮与黑暗，文明陷入了停滞，但新思想也在悄悄萌芽。在遥远的东方，古老的华夏文明一脉相承，蓬勃发展，书写着灿烂与辉煌。

唐宋盛世

隋朝末年，天下大乱。617年，唐国公李渊于晋阳（今太原）起兵，次年称帝，建立唐朝。唐太宗李世民即位后，开创"贞观之治"。唐玄宗时，唐朝的政治经济达到全盛，史称"开元盛世"。在此之后，唐朝由盛转衰，安史之乱和黄巢起义更是大大削弱了唐朝国力。907年，朱温逼迫唐哀帝退位，大唐灭亡。

诗仙李白

诗圣杜甫

▲ 才华横溢的诗人

科举制度

唐初沿袭和完善了隋朝的科举制度，分贡举和制举等。到了武则天时，又增加了武举和殿试，选拔人才的路径变得更加健全。科举制度在唐朝逐渐完善，为唐朝政府选拔了大量的优秀人才，也对教育的普及和唐朝的繁荣发展产生了积极的影响。

诗的鼎盛

唐朝是中国历史上诗歌文化最为繁荣的朝代，清初季振宜编的《全唐诗》中就收录了唐朝1800多位诗人的4万多首诗。唐朝著名诗人辈出，比如飘逸浪漫的李白、沉郁顿挫的杜甫、清峻明朗的刘禹锡、诡怪幻丽的李贺等。他们留下的名篇名句，成为文学史上不可磨灭的经典。

唐代科举考试在不同时期设立了不同科目。

考官巡视考场。

考官在科举考试中负责阅卷、分别去取、核定名次。

绘画与雕刻

唐朝的绘画多以山水画和人物画为主。"画圣"吴道子的山水画与人物画俱佳，他的画极富立体感，有"吴带当风"之称，代表作有《送子天王图》《金桥图》等。仕女画在唐朝也相当繁荣，代表作有张萱的《虢国夫人游春图》和周昉的《簪花仕女图》，画风端庄华丽、雍容典雅。唐朝的雕刻艺术同样杰出，知名的敦煌石窟、龙门石窟和乐山大佛都出自唐朝。

艺术瑰宝——唐三彩

唐三彩是中国古代彩陶的代表之一，被认为是中国陶瓷艺术的瑰宝，通常有黄、绿、白、褐等多种色彩。唐三彩的艺术风格独特，融合了汉、魏、晋、隋等历代陶器的特点，具有浓厚的民俗色彩和浪漫的艺术氛围。它既展示了唐代社会的风貌和人们的生活情趣，又体现了当时高水平的陶器制作技术。

以含有大量高岭土的白色黏土作胎，经过捏塑、雕刻和模印等工艺制作而成。

▲ 唐三彩文官俑

▼ 唐朝科举考试场景

唐朝始设殿试，是科举考试的最终一关。

皇帝亲自面试科举应试者。

▼ 宋朝繁荣的商品市场

元记包子

宋朝的地摊经济十分繁荣。

唐朝覆灭，江山易主

唐朝覆灭后，中国再次进入分裂时期，史称"五代十国"。直到后周末期，赵匡胤陈桥兵变，黄袍加身，才重新建立了一个统一的王朝——宋。

宋朝的直角幞头，据说是赵匡胤首创的。

▶ 赵匡胤

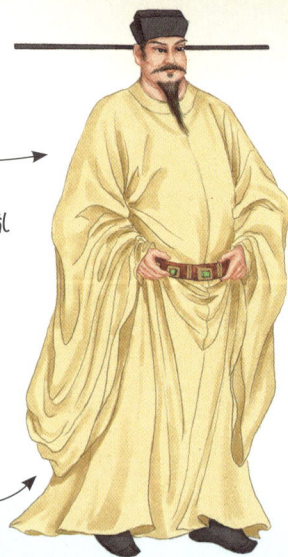

赵匡胤是宋朝的开国皇帝。960年，他在"陈桥兵变"中黄袍加身，被拥立为皇帝。

▼ 李清照

李清照是宋代婉约派词人，有"千古第一才女"之称。

宋词的兴盛

宋词现存2万多首，有姓氏可考的作者近1500人。词发展到宋代，不仅成为完全独立的文学样式，而且在意境、形式、技巧等方面都达到了鼎盛，取得与诗并称的地位。以晏殊、周邦彦、李清照为代表的精致细腻和以苏轼、辛弃疾为代表的汪洋恣肆交相辉映，使词的发展出现了空前的繁荣。

4

幌子相当于宋朝的广告。

北宋发行的交子是世界上最早的纸币。

商品经济的发展

宋代实施了市易法、均输法等多种政策，旨在促进经济繁荣、增加财政收入以及维护社会稳定。宋代城市化程度逐渐提高，商业组织和行会得到了发展。由于交通和运输条件的改善，商品的流通范围也扩大了，货币的普及和使用为商品交换提供了更加便捷的手段，众多利好政策加速了商品经济的发展。

▼ 活字印刷术

毕昇首创泥活字版，使书籍印刷更为方便。

活字印刷

宋朝时，毕昇在唐朝雕版印刷的基础上进行了改造，改用胶泥制字，再用火烧成陶字。印刷时，将单个的陶字按顺序排到铁板上进行印刷，印完一版之后还可以将其拆下重复使用，不但节省了材料，还大大提升了印刷效率。活字印刷是中国古代四大发明之一，它的出现改善了印刷行业的工作方式，对文化的传播起到了极大的作用。

阿拉伯文明

7 世纪，阿拉伯帝国崛起，后来成了又一个横跨欧、亚、非三洲的大帝国，并在古希腊文明、古罗马文明、古埃及文明、腓尼基文明、亚述文明与古巴比伦文明的基础上形成了灿烂的阿拉伯文明。阿拉伯文明推动了人类文明的发展进程。

戴头巾的阿拉伯人

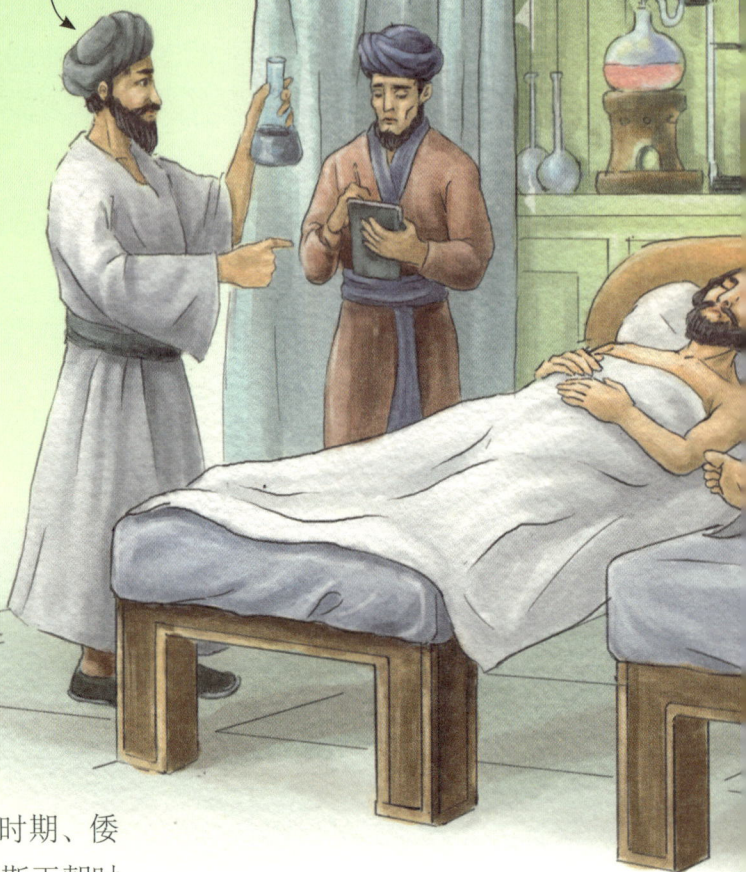

伊斯兰文化的起源

610 年，阿拉伯人穆罕默德开创了伊斯兰教，并致力于建立一个只崇拜一种信仰与偶像的阿拉伯国家。此后，他的追随者也一直为了这一目标而不断努力。阿拉伯帝国先后经历了四大哈里发时期、倭马亚王朝时期以及阿拔斯王朝时期。特别是阿拔斯王朝时期的"百年翻译运动"，极大推动了伊斯兰文化的创新与发展。

▼ 阿拉伯天文学家使用早期天文仪器

阿拉伯天文学家对天体运动、恒星位置、日食月食等方面的研究做出了卓越贡献。

当今许多星辰的命名和天文学术语都源自阿拉伯语。

天文学的研究

阿拉伯人在天文学方面有许多成就。在巴格达、大马士革等城市，阿拉伯人建造天文台进行天文观测，并且测量了地球子午线的长度，还对地球的圆周以及体积展开了推算。著名的阿拉伯天文学家花剌子密还编写了阿拉伯的"天文表"。阿拉伯的天文学家们利用自己制造的精密天文仪器进行天文研究，不仅确定了许多星辰的位置，还为它们命名。现在我们常用的天文术语以及星辰的名称，大多源于阿拉伯语。

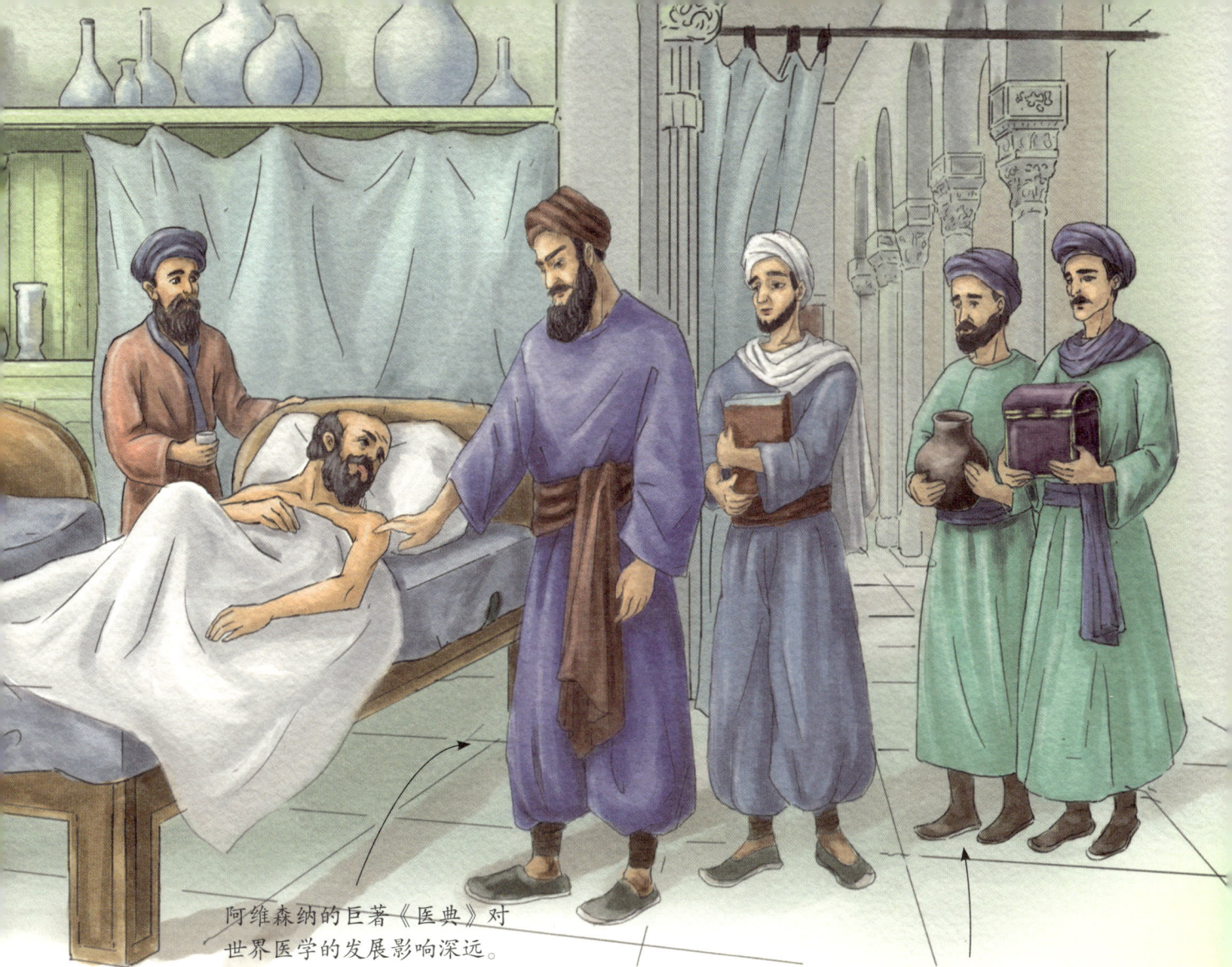

阿维森纳的巨著《医典》对世界医学的发展影响深远。

药剂师和医生要通过考试才能上岗。

▲ 阿维森纳正在看望病患

受到重视的医学

　　阿拉伯医学吸收了古印度、中国以及欧洲的医学知识，分为理论与实践两个部分，只有同时具备这两方面能力的人才能成为真正的医者，拥有治病救人的资格。阿拉伯人非常重视医学，当时最具代表性的两位医学家分别是阿拉伯首都巴格达医院的院长拉齐斯以及有"医中之王"美誉的阿维森纳。阿拔斯王朝时期，医学在阿拉伯受到很高的重视。至 10 世纪中叶，阿拉伯帝国境内共有 34 所大医院。

▶ 拉齐
著名的医学家拉齐是外科串线法的创始人。他的著作《论天花与麻疹》以及《医学集成》，对当时西方的医学发展有重要意义。

《天方夜谭》

伟大的阿拉伯文学著作《天方夜谭》集印度、古希腊、古埃及以及阿拉伯等国的故事于一体，是阿拉伯文学史上璀璨的文学瑰宝。《天方夜谭》寄托了阿拉伯人民对封建势力的不满与嘲讽，在阿拉伯文学史乃至世界文学史上都有巨大影响。

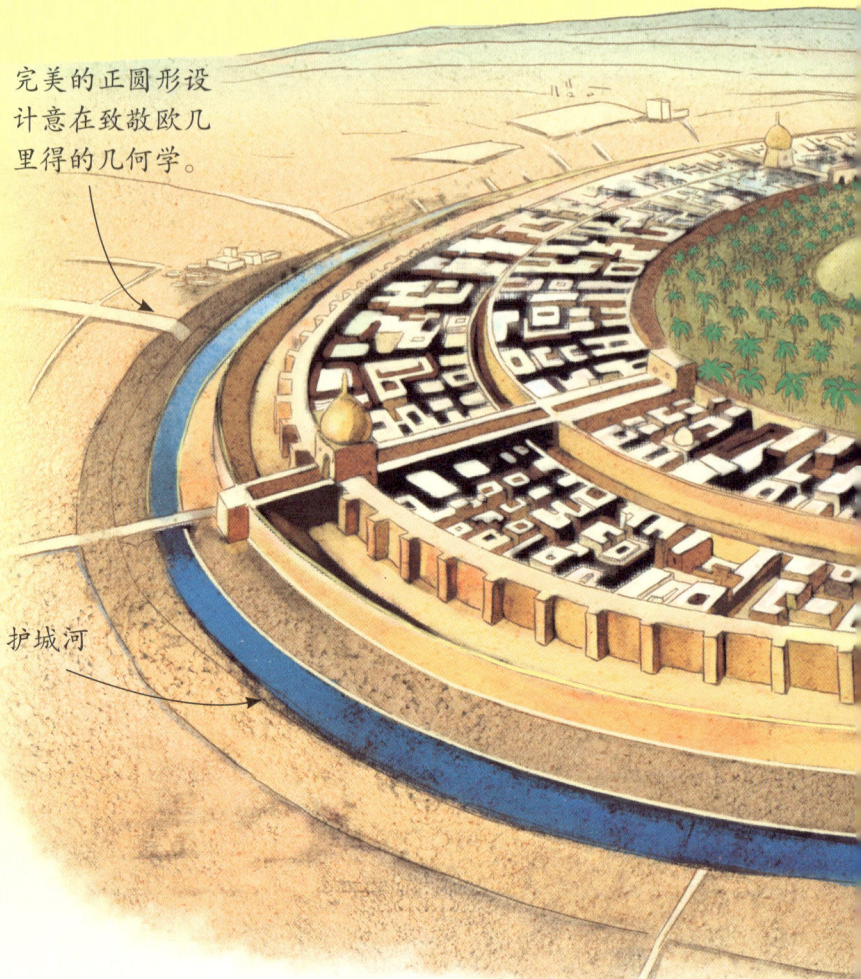

完美的正圆形设计意在致敬欧几里得的几何学。

护城河

▲ 巴格达团城

8世纪，阿拔斯王朝统治下的阿拉伯帝国首都巴格达城由曼苏尔设计建造。这个由四个正圆环环相套而成的中心城市，是一个数学与建筑艺术完美结合的艺术品。

▼《天方夜谭》

《天方夜谭》又名《一千零一夜》。

阿拉伯数学

现在全世界通用的"阿拉伯数字"虽然并非阿拉伯人首创，但是由阿拉伯人传入欧洲的。阿拉伯人在数学方面的其他成就也不容忽视。之前提到的花剌子密不仅是伟大的天文学家，还是一位伟大的数学家，他的著作《积分和方程计算法》一直到16世纪还是欧洲很多大学的重要教材。其他阿拉伯数学家还确定了三角学中的正、余弦以及正切概念，并创立了三角学和代数学。

"0"的出现比其他数字要晚1000多年。

▼ 阿拉伯人正在研究数学

12345 67890

以皇城为圆心

中心围场

四个城门分别连接着四条大街，通向城市中心。

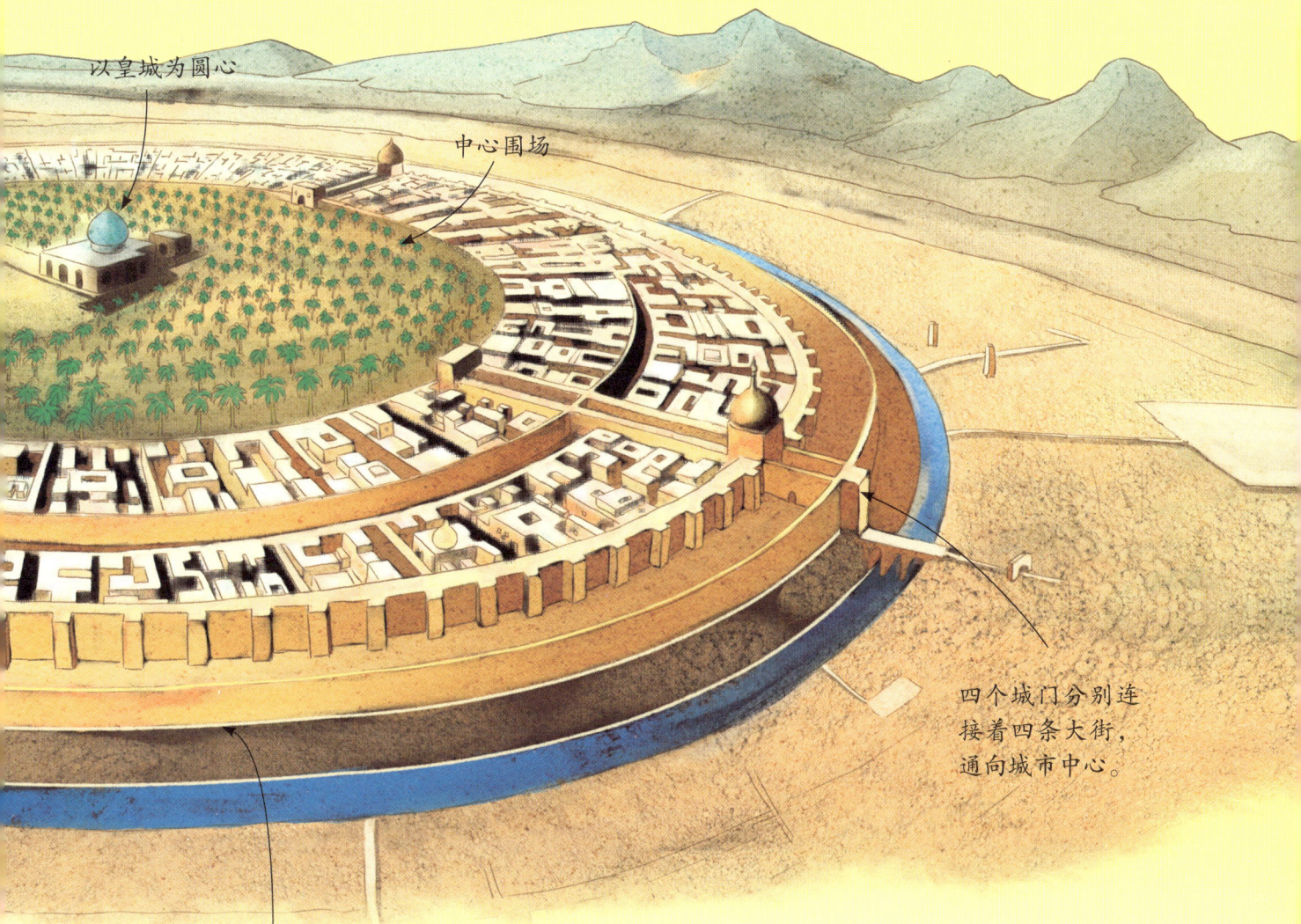

30米高的城墙

别具一格的阿拉伯艺术

清真寺以及宫殿建筑是阿拉伯建筑艺术的集中体现。倭马亚王朝时期，以拜占庭、叙利亚艺术为代表，到了阿拔斯王朝时期则吸收了波斯与印度的传统艺术。阿拉伯的清真寺大多为正方形和长方形的套院，圆屋顶的长方形教堂居于中心位置。由于伊斯兰教讲究的是偶像与信仰的唯一性，所以阿拉伯的绘画与雕刻艺术很少出现人物以及动物，大多由阿拉伯字线和几何图形来展示，这也就形成了独一无二的阿拉伯艺术特点。

▶ 阿拉伯穆斯林外出游学

文明的传播者

阿拉伯帝国地理位置特殊，因而阿拉伯人成了世界各文明交流的使者。阿拉伯四大哈里发时期，大批穆斯林外出游学，带回了其他国家的先进技术和文化，比如中国的造纸术、罗盘和火药以及印度的数学等。阿拉伯人将这些传到了欧洲各国，为人类文明的传播做出了巨大的贡献。

公牛会用来载人拉货，或是犁地。

个人的农场逐渐演化成集体小村落。

农舍一般建在一个斜坡或高地上。

▲ 维京人的村落

维京时代到来

8 世纪到 11 世纪，一群来自北欧的"野蛮人"在欧洲沿海地区烧杀抢掠，无恶不作。他们的足迹遍布不列颠、爱尔兰和法国，冰岛、格陵兰岛以及俄罗斯称之为"维京人"或者"北欧海盗"。这一时期也被称为"维京时代"。

▼ 维京人入侵法国
维京战船船首以龙头雕像作为标志。

维京人的船

维京人擅长航海，也有很高的造船技术。维京人将他们的船只视为最珍贵的财富，在造船时耗费了大量心血。最具标志性的维京战船，又长又窄，两头尖且高高翘起，船头与船尾对称，有时还会被刻上用来恐吓敌人的龙头。这种船吃水浅、速度快，维京人凭借它称霸海上，还能自入海口来到内河，在内陆地区建立殖民地。

维京人的神话魅力

维京人的战无不胜与他们狂热的信仰密切相关。维京神话通过口头传播和古代文献流传下来，被视为北欧神话的一个子集。和北欧神话相同，维京人信仰多神，比如我们熟知的主神奥丁、雷神托尔等。但维京时代的特定文化和历史背景，使得维京神话更倾向于强调与海上探险、战斗和其他维京文化相关的神话元素，如与瓦尔基里女武神相关的故事等。维京人戎马一生，坚信女武神会来迎接倒下的维京战士，带领最勇敢的人走向辉煌的来世。

▼ 北欧神话中的雷神

托尔是北欧神话中雷电与力量之神。

"雷神之锤"名叫姆乔尔尼尔。

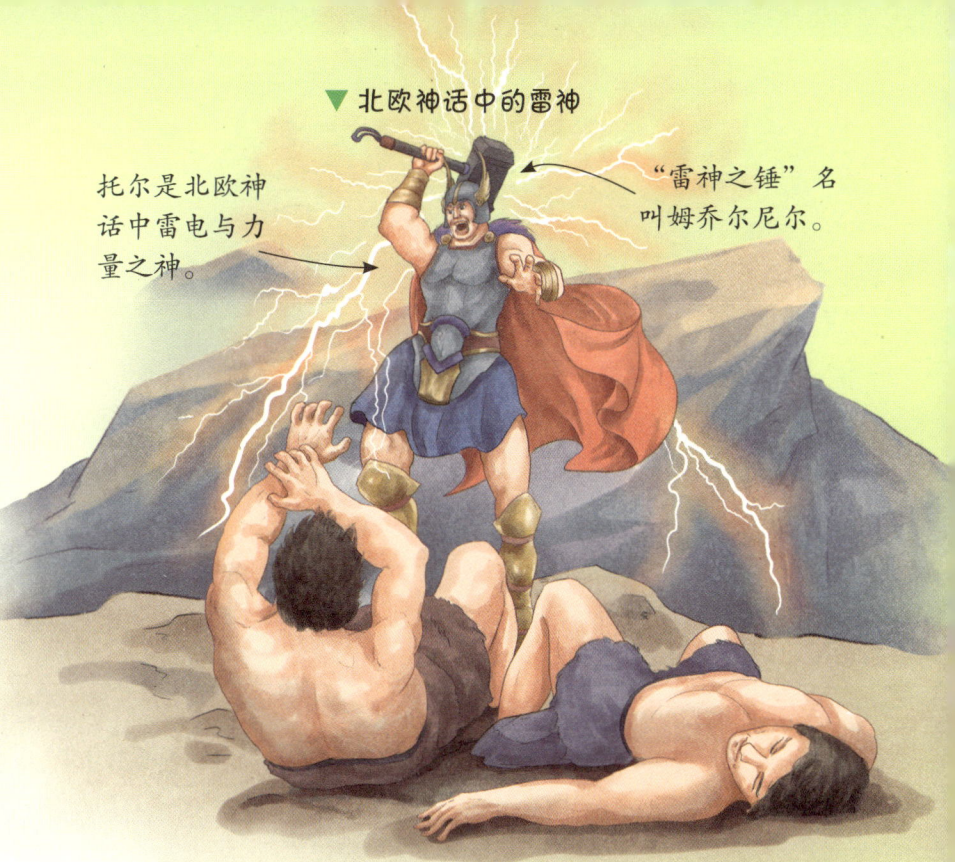

▶ 维京人的露天议会

世界上最早的议会竟然是由一群"野蛮人"召开的。930年，冰岛的一群维京人召开了一场可以让所有自由人参加的露天集会，这是冰岛议会的起源。冰岛议会是世界上最早的议会，每年举行一次。

维京人也有阶级之分，分别是贵族、自由人和奴隶。

"露天议会"制度是维京人商讨事宜的基本形式。

◀ 埃里克森

比哥伦布更早的发现者

我们常说最早发现美洲新大陆的人是哥伦布，但传言早在公元 1001 年左右，一个名为莱夫·埃里克森的维京人就到达了北美洲，比哥伦布早了约 500 年。

随处可见的城堡

法兰克王国墨洛温王朝时期，欧洲盛行采邑制。国王将土地、军队和农民赏赐给有功之人，他们可以终身享用，但不能传袭给自己的后代，而且受封者要为国王服军役。这些拥有封地的人，就成了领主。

城堡的建立源于防卫需要。

护城河是人工挖掘的围绕城墙的河。

遍布欧洲的城堡

在频繁的战争中，领主们为了保护自己的财产和领地，便深沟高垒地建起了城堡。城堡多建在易守难攻的高地上。到了 11 世纪，石头与砖块取代了木头与泥土，成为城堡主要的建筑材料。在火炮还没有被发明出来的年代，这样的城堡固若金汤。

▼ 城堡的壕沟与吊桥

吊桥横跨护城河或壕沟。

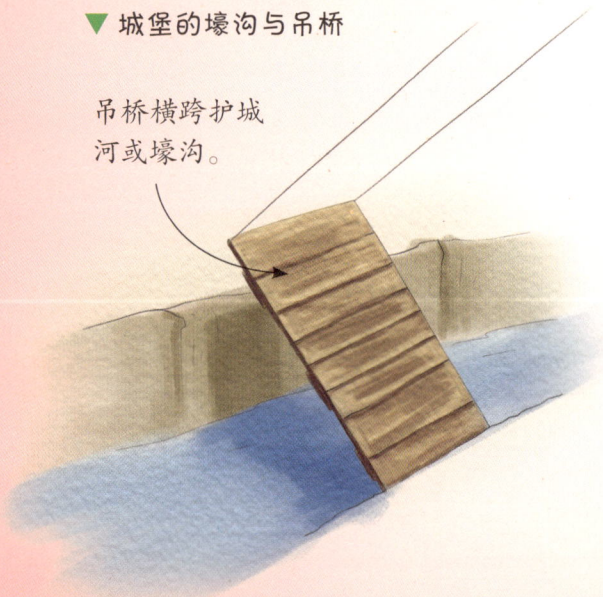

护城河环绕城堡，具有防御作用。

▼ 具有防御功能的城堡外墙

垛口可用来射箭或瞭望。

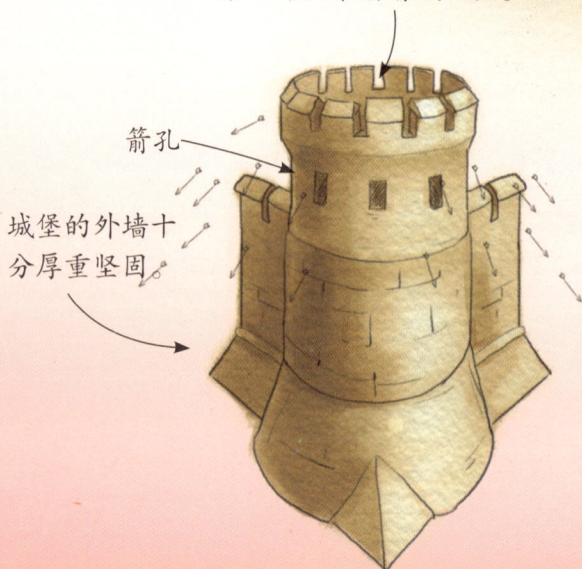

箭孔

城堡的外墙十分厚重坚固

战争中的要塞

城堡的石质墙体本身就非常坚固，而在城堡外围还挖有一条护城河，通常河上会搭设一条吊桥，方便人们往来，但是遇到战争时吊桥便会被收起。城堡的整个外墙都没有窗户，只有一些细长的箭孔，可以从里面向外射箭，但敌人很难从外面把箭射进去。

和平时的城镇

城堡中的基础设施非常完善,平民的居所、牲畜的棚圈以及粮仓等一应俱全,较大的城堡中还建有教堂。这里不但是要塞,也是一个城镇。不打仗的时候,人们可以在城外种植粮食和放牧,在城内饲养牲畜、纺织和买卖;一旦战争来临,人们可以把城外的财产全部转移到城内,同时收起吊桥,封锁城门,准备迎敌。

城堡以石头、泥土等为主要建筑材料。

人们从吊桥进入城堡。

▲ 欧洲封建领主修建的城堡

▼ 封建领主享受美食

封建领主生活在城堡的主建筑中。

悲惨的农奴

领主是城堡中的贵族,他们掌握着这片土地,拥有大量财富,可以在城堡中纵情享乐。但是,他们下属的士兵和农民却十分贫穷,过着悲惨的生活。人们把这些辛苦的农民叫做农奴,领主除了不能杀死和贩卖农奴外,可以随意惩罚他们。

威风凛凛的骑士

骑士制度

在冷兵器时代，陆上作战的最强兵种非骑兵莫属，而防御性最好的军事设施当属坚固的城堡。骑士制度就是建立在这最强的矛和最强的盾上，具有最强大的军事威力。骑士制度的核心是骑士的义务和责任。骑士必须宣誓为主人提供军事支持，他们通常使用冷兵器并具备战斗技能。他们的主要任务是保卫土地，执行君主的命令，并在战场上英勇杀敌。

骑士受封仪式

骑士的受封仪式是在君主或贵族及神职人员的见证下完成的。受封骑士需在授予者面前单膝跪地，宣誓效忠。授予者则会拔出佩剑，把剑摆放在受封骑士的颈上或是肩头轻轻拍打几下，庄重陈述骑士的基本准则。剑是骑士的精神象征，骑士剑被赋予了神圣的意义。

西欧中世纪骑士首先指重装骑兵，这种骑兵起源于古老的日耳曼习俗，并在中世纪欧洲战场上起着决定性的作用。后来在教会的影响下，骑士逐渐演变成"基督的战士"，并成为一种身份。再后来，在教会和社会环境的约束下，一种具有绅士风度的骑士精神形成了。

▼ 骑士的受封仪式

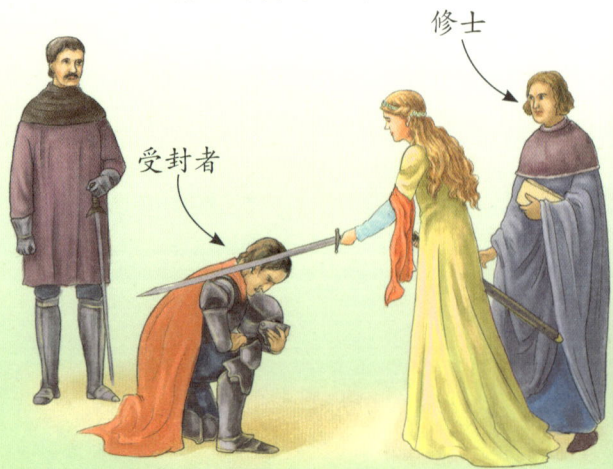

修士

受封者

▼ 全副武装的中世纪骑士正在比武

骑士们主要的武器是骑枪，也就是长矛。

全防护形式的板甲

马是中世纪骑士的忠实伙伴。

骑士装备

长矛是骑士的标志性武器，这种武器可以在冲锋中最大限度提升部队的冲击力。铠甲是骑士们的保护装备，最开始的铠甲十分简单，只是用金属简单连接在一起的金属环，后来的铠甲越来越厚重，可以为骑士们提供有效的保护。

骑士精神

骑士精神可以概括为谦卑、荣誉、礼仪、英勇、忠实、坚毅、虔诚、公正。其实最初的骑士精神并非如此，早期的骑士们十分野蛮，但是在教会的约束和影响下，骑士精神发生了改变。后来，宫廷爱情诗歌和文学作品中都把骑士塑造成温文尔雅的绅士形象，这便潜移默化地影响了骑士精神的发展，最终形成了现在广为人知的骑士精神。

▼ 骑士的铠甲及武器

头盔上有可掀起的面罩。

铠甲穿着繁琐，通常需要仆从帮忙穿戴。

▼ 正在佩戴装备的骑士

对骑士来说，剑是身份和荣誉的象征。

强悍的蒙古铁骑

13 世纪，在我国北方的大草原上，一支战斗力极为强悍的蒙古铁骑迅速发展壮大。他们先统一了周边的部落，然后在成吉思汗的带领下进行对外扩张，建立了世界上疆域最辽阔的帝国。

骑在马背上征服世界

12 世纪末至 13 世纪初，铁木真统一了蒙古各部，并于 1206 年建立了蒙古国，尊号"成吉思汗"，意为"拥有四海的强大君主"。随后，成吉思汗带领蒙古骑兵南征北战，扫荡了亚欧大陆。那时，马背上的蒙古民族让人闻风丧胆，除了亚洲之外，连欧洲大陆也被蒙古骑兵的马蹄践踏。极盛时期，蒙古政权的版图东至朝鲜半岛，西至地中海，北抵西伯利亚，南至南海及印度洋，几乎包括整个亚洲及欧洲东部。

元朝建立

1271 年，忽必烈建立了中国历史上第一个少数民族为主的统一全国的王朝——元朝，次年定都大都（今北京）。元朝建立后，继续奉行扩张政策，那时高丽、缅甸、安南等都成了元朝的属国。元朝统治中国不足百年，后被明朝推翻，其残余势力退守漠北，史称"北元"。

长距离奔袭是蒙古骑兵的优势。

重骑兵

铁皮制成的盔甲可以保护战马。

创造蒙古文字

蒙古人虽然崇尚武力，但也十分重视文化教育。成吉思汗时期，在回鹘文字的基础上形成了最早的蒙古文字——蒙古畏兀字，这是一种源于古回鹘的拼音文字，在元朝以前一直是大蒙古国的官方文字。忽必烈建立元朝后，命国师八思巴创造了新的蒙古官方文字，即八思巴字。八思巴字源于藏文字母，虽然盛极一时，但不如蒙古畏兀字便于读写，于是元亡之后便不再流通。流传至今的蒙古文字，其实是改良后的蒙古畏兀字。

▲ 元朝八思巴字圣旨令牌

东西方贸易与文化的交流

蒙古政权极为重视商业贸易，蒙古帝国在对外军事扩张时期也促进了亚欧大陆之间的文化传播与交流。当时有许多欧洲的旅行家来到中国，其中最著名的就是马可·波罗。马可·波罗在中国游历了17年，回国后由他口述记录成书的《马可·波罗游记》（又称《东方见闻录》）将他在中国以及西亚、中亚和东南亚等国的所见所闻带到了西方国家，更多的欧洲人因此而来到中国。

忽必烈是成吉思汗的孙子，元朝的创建者。

头戴罟罟冠的元朝皇后

▲ 忽必烈接见马可·波罗

马可·波罗是意大利的旅行家、商人。

蒙古弯刀适合近距离拼杀。

◀ 蒙古骑兵

骑射是蒙古骑兵的看家本领。

黑死病来袭

14 世纪，欧洲爆发了一场大规模的瘟疫，即"黑死病"，欧洲近三分之一的人口被黑死病夺去了生命。当时的人们以为是上帝在惩罚有罪之人，只能靠祈求上帝的宽恕来熬过这段暗无天日的时光。

黑死病大爆发

黑死病是由鼠疫杆菌引起的烈性传染病，通过多种媒介传播。关于它的起源有很多种说法，大多偏向于东方起源，不过经过论证，这些说法都变成了无稽之谈。黑死病于 1347 年在地中海的西西里肆虐，然后迅速蔓延整个欧洲。14 至 15 世纪，欧洲爆发了多次黑死病，这使整个欧洲都笼罩在一片阴霾之下。

黑死病由鼠疫杆菌引起，通过老鼠和跳蚤等传播给人类。

老鼠是很多疾病的宿主或传播媒介。

▲ 黑死病的宿主——老鼠及跳蚤

瘟疫医生头戴鸟嘴面具。

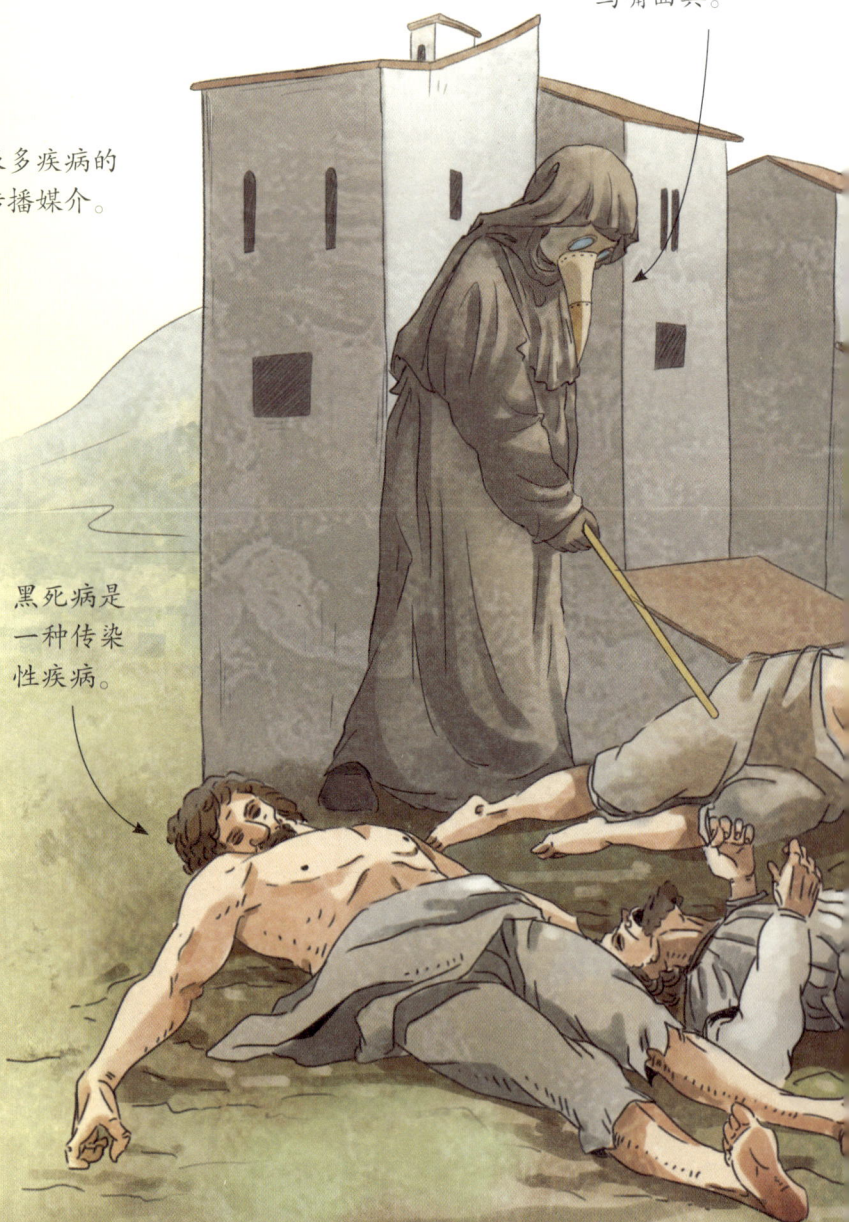

人类是多么渺小

在疾病面前，再强大的人类也束手无策。黑死病的致病率非常高，凡是与黑死病人接触过的人无一例外都会被传染。由于当时医学条件有限，人类对疾病的认知也不全面，使得人们忽略了真正的"凶手"——老鼠以及跳蚤。一般认为，欧洲约三分之一的人口都葬于"黑死病"之手。

黑死病是一种传染性疾病。

走弯路

那时医疗手段单一，人类走了不少弯路。很多人选择放血治疗，这种愚昧的治疗手段，加速了病毒的传播。此外，人们错误地以为水源是疾病的传播途径，所以告诫人们不要洗澡。这类盲目的方法没有改变窘迫的情状，同时种族歧视也越发严重。一些基督教徒认为是犹太人带来了病毒，于是对犹太人展开了疯狂的杀戮。

▼ 放血治疗

积极意义

黑死病对人类来说的确是一段噩梦，但哲学家们认为事物都具有两面性，黑死病从一定程度上讲对欧洲文明也起到了一定的推动作用。西方学者将黑死病视为中世纪的结束点，这场浩劫让欧洲人民看清了教会的真面目，使得许多新思想更易于被接受，人们也开始对科学有了新的认识。除此之外，人们也意识到在死亡面前人人平等，开始追求自我价值与存在的意义。

▼ 因黑死病死亡的病人

鸟嘴面具的凸起中填充了能散发芳香的物质。

黑死病是人类史上最严重的瘟疫之一。

多层布料编织而成的长袍，外层还有高密度的涂蜡。

意大利文学

14世纪至15世纪时，西欧的资本积累已经达到了一定的程度，新兴资产阶级崭露头角。为了打破教会的桎梏，新兴资产阶级学者们开始从古希腊、古罗马的文化中汲取养分。一时间，湮没千年的古典文化吹起了复苏之风，这便是"文艺复兴"。

▲ 文学三杰

文艺复兴的中心

意大利地处东西方贸易的中心地带，工商业发展迅速，热那亚、威尼斯、佛罗伦萨等城市都陆续出现了资本主义手工工场。于是，意大利便成了文艺复兴的起源之地，这个时期史称"早期文艺复兴"。近代现实主义文学和艺术在此诞生，代表人物就是"文学三杰"——但丁、彼特拉克、薄伽丘。

但丁是欧洲文艺复兴的开拓者，其著作《神曲》是欧洲古典四大名著之一。

《神曲》的意大利文原意是"神圣的喜剧"。

▲ 但丁正在创作《神曲》

游历三界的浪漫诗人

但丁是文艺复兴的伟大先驱，他在《神曲》中讲述了梦中游历"地狱""炼狱"和"天堂"的故事。但丁以此来比喻当时社会的政治状况，地狱是苦难现实的投影，炼狱是从现实通向理想所必须经历的磨难，天堂则是渴望达到的理想境界。诗人用诙谐的笔触强烈谴责了教会的贪婪腐化和贵族的专横残暴，表达了追求真理、美德和知识的人文主义理想，《神曲》也成为意大利文学的奠基之作。

《歌集》

"诗圣"彼特拉克是文艺复兴时期的第一个人文主义者，被称为"人文主义之父"，他的代表作是《歌集》。彼特拉克在诗中表达了自己对恋人劳拉纯洁的爱情，抒发了对现世幸福的向往和追求，以及渴望和平的情怀，表达了以人与现实为中心的人文主义的新世界观。他的十四行诗作为欧洲诗歌中一个重要的诗体而流传下来。

《歌集》是彼特拉克成就最高的作品。

▲ 《歌集》中描写的爱恋

小百科

十四行诗是欧洲一种格律严谨的抒情诗体，每首诗分成两部分，第一部分由两段四行诗组成，第二部分由两段三行诗组成。彼特拉克、莎士比亚都是著名的十四行诗人。

《十日谈》题材广泛，有西方的寓言、传说，也有东方故事，但更多是作者亲自观察到的社会现象。

《十日谈》

薄伽丘是早期文艺复兴时期的小说家和诗人，其代表作《十日谈》是欧洲文学史上第一部现实主义巨著。《十日谈》中记录了10名佛罗伦萨青年男女在乡间躲避黑死病的10天中讲述的100个故事。薄伽丘借用这些故事抨击了教会的黑暗和腐败，无情地鞭挞了封建贵族的堕落和残暴，展示了当时社会的风貌，同时也通过讽刺和幽默的手法对人性、道德等方面进行了批判。

建筑典范紫禁城

中国古代的君王都十分重视王宫的建造，宫殿不仅是皇家权威的象征，也是劳动人民的智慧结晶。中国古代宫殿建筑群中能完整保存至今的为数不多，其中最具代表性的当属明清时期的紫禁城。

▶ 明成祖朱棣

紫禁城的建成

1368年，朱元璋推翻了元朝的统治，建立了明朝。后来，他的儿子朱棣发动"靖难之役"，登基称帝，史称明成祖。为了彰显君威，明成祖将自己的封地北平改名北京。1406年，朱棣命人按照南京王宫的蓝本在北京建造新的王城——紫禁城，至1420年建成。可以说，紫禁城凝聚了当时全国人民的心血。

紫禁城是现存规模最大的木质结构古代皇宫建筑群。

黄色琉璃瓦

紫禁城的建筑艺术

紫禁城是标准的中轴线建筑布局，随处体现着中国传统的君臣、夫妇、父子等封建伦理纲常关系。宫殿建筑的色彩彰显着皇家的权威。除了部分侍卫等居住的地方之外，紫禁城大多数建筑采用了金黄色的琉璃瓦与红色的柱和墙，它们与绿色的景观交相辉映，构成了一幅亮丽的画卷。无论是从建筑的布局、视角，还是从尺寸的把握上，紫禁城都实现了和谐统一，堪称中国特色建筑的典型代表。

见证两朝历史

1644 年，以李自成为首的农民起义军推翻了统治中国 200 多年的明朝。然而，李自成政权很快就被推翻，紫禁城又成了清朝的皇城。李自成没捞到便宜，便放了一把大火，想将紫禁城付之一炬。大火后，紫禁城内只剩下了武英殿在内的少数建筑。顺治登基后着手进行修复，直到 1769 年才基本完工。

明初帝王斋居、召见大臣都在武英殿，后来才移到文华殿。

康熙年间，武英殿开设了书局。

▲ 武英殿

▼ 紫禁城

紫禁城中有9000多间房屋。

人类文明的地标

紫禁城自建成以后历经明、清两朝，见证了中国数百年间的兴衰变迁。它凝聚了中国古代劳动人民的心血与汗水，经历了中华民族被压迫到解放，然后与新中国一起走进了新的时代。中华文明的光辉与灿烂也同样书写在了它的身上。紫禁城不仅是独特的皇家建筑，也是一个历史博物馆。它容纳了 100 多万件文物，别致的园林景观，在 9000 多个房间中有无数的家具与工艺品。它不仅是中华文明的重要组成部分，也是世界文明的重要代表。

朱红色的宫墙

伞状攒尖圆顶

12个翘角

▶ 御花园里的万春亭

郑和下西洋

关于郑和下西洋的动机，通常有两种说法：一种说法是明朝政治经济繁荣，明成祖想要向外国显示明朝的富强；另一种说法是明成祖怀疑建文帝朱允炆逃亡到了海外，派人去探访他的下落。总之，郑和下西洋是中国航海史和外交史上的重大事件。

▲ 郑和船队

郑和船队装备各类船只200余艘。

郑和

郑和本姓马，小字三宝，云南昆阳人，生于1371年。1380年，明军进攻云南，年仅10岁的马三宝被掳入军营并被阉割成为太监。之后，他进入朱棣的燕王府。靖难之役中，他跟随燕王起兵，多有功劳。朱棣登基后，赐其姓郑，改名郑和。郑和后来升迁为内官监太监，相当于正四品官员，史称"三宝太监"。

技术支持

明朝初期，朱元璋励精图治，经过多年的休养生息，农业生产基本恢复，手工业方面也有了很大的发展，冶炼、纺织、陶瓷等各个方面都有了不同程度的提高。江南地区的造船业已经有了相当的规模，航海技术也不断进步，大批水手被训练出来，这些都为郑和下西洋提供了必要的条件。

郑和船队带来了陶瓷、丝绸、铁器等货品。

七下西洋

1405 年，明成祖朱棣派遣郑和与王景弘带领 27800 多人和大量金银财宝出使西洋。船队规模庞大，共有各类船只 200 余艘，船队主体由 63 艘大、中号宝船组成，大号宝船长达 44 丈 4 尺（约 148 米）、宽 18 丈（约 60 米）。船队从太仓出发，访问了东南亚多国。1407 年，郑和等人回朝，各国的使臣也跟随郑和的船队前来朝见。此后到 1430 年，郑和又先后六次下西洋。第七次返航途中，郑和病逝于印度古里。

历史影响

郑和下西洋是中国古代航海史和外交史上的重要事件，他的航海活动展示了明朝时期中国在航海技术和造船能力方面的强大实力。从 1405 年到 1433 年，郑和带领船队七次下西洋，访问了东南亚、印度、阿拉伯、非洲等地，为中国与其他国家之间的交流和贸易做出了巨大贡献，加强了各国间的友好关系，并传播了中国的文化和科技。

▼ 郑和船队抵达印度半岛

郑和下西洋把其他国家的珍稀动物和特产带回了国内，比如长颈鹿、大象、樟脑、苦瓜等。

郑和船队中有宝船、马船、运输船、战船等。

阿兹特克人崇拜神灵。

织造布料的妇女

阿兹特克人可以制造精美的陶器。

阿兹特克人会用羽毛编织美丽的工艺品。

▲ 早期阿兹特克人的生活场景

阿兹特克文明

阿兹特克人原来居住在墨西哥的西部沿海地区，他们称故乡为"阿兹特兰"。12世纪至13世纪时，他们开始向墨西哥迁徙，最终来到了特斯科科湖，在湖中的一个小岛上建立了特诺奇蒂特兰城（今墨西哥城），并创造出了阿兹特克文明。

特诺奇蒂特兰城

特诺奇蒂特兰城通过3条堤坝和陆地连接起来。为防备敌人袭击，堤坝和陆地之间还设有吊桥。城内分4个区、20个街区，街道和房屋之间有运河联通。城中心是一个大型广场，广场上有数十座大型建筑。为防止湖水泛滥淹没城市，阿兹特克人修筑了一条防洪堤坝，用来调节湖水水位。

阿兹特克帝国

14世纪初，阿兹特克人和特拉加班人、提斯库干人结成同盟，并不断向外扩张，逐渐建立起了一个伸展到太平洋沿岸和墨西哥湾一带的大帝国。阿兹特克帝国的社会关系是父系家长制大家族，族长拥有特权。土地归公社所有，由部落会议把土地分配给氏族，氏族再分给家族使用，不能继承和转让。

▼ 特诺奇蒂特兰城

该城曾是世界上最大的城市之一。

人造湖田

中心的太阳神庙建筑群

农业和手工业

阿兹特克人因尚未掌握炼铁技术，农具仍以木器和石器为主，所以农业并不十分发达。主要的农作物，如玉米、土豆、番茄、南瓜等都是采用木棍扎穴的原始播种方式。除了种植业外，他们也进行渔猎活动，饲养狗和一些家禽。与农业相比，阿兹特克的手工业比较发达，纺织、制陶、石刻、宝石镶嵌等技术都达到了一定水平。

小百科

传说，阿兹特克人得到了战神的神谕：如果看见一只鹰站在仙人掌上啄吃一条蛇，那就是他们应该定居的地方。他们跟随神谕来到了特斯科科湖，在这里建立了特诺奇蒂特兰城，意为"仙人掌之地"，这就是后来的墨西哥城。"墨西哥"一词意即战神指定的地方。现在，墨西哥仍以鹰吃蛇的图案作为国徽。

自然科学

在长期的农业生产中，阿兹特克人将1200种植物进行了分类，还总结出了相当精确的历法。他们以365天为一年，每逢闰年多加一天。他们采用二十进制，还留下了几千本象形文字的图书。但当西班牙殖民者踏上这片大陆时，这些图书被天主教僧侣当做"魔鬼作品"全部销毁了。

阿兹特克出土的巨型石刻

大圆盘上端刻有八角太阳，供祭祀之用。

日历石直径约3.6米、重约25吨。

▲ 阿兹特克日历石

▼ 阿兹特克帝国的国王——蒙特祖玛一世

蒙特祖玛一世被看作是阿兹特克帝国最伟大的君主之一。

阿兹特克人为了祭祀神明而建造了巨大的金字塔。

每个金字塔都有一个平顶，以供舞者和祭司进行仪式。

缠腰裆布

第二章 孜孜以求的探索和发现

　　新兴的资产阶级解放了思想，商品的贸易得到了快速发展。随着野心的膨胀，欧洲各国开始了探索和扩张，人们开始真正认识世界，而这又进一步促进了科技的进步。

文艺复兴

14 世纪至 16 世纪，欧洲掀起了一场思想解放运动。这场运动被人文主义作家和学者们称为"文艺复兴"，其开始于意大利，后来迅速扩展到西欧各国，最后遍及欧洲。

《雅典学院》被誉为"拉斐尔的杰作"。

▲《雅典学院》（局部）

▼ 达·芬奇与《蒙娜丽莎》

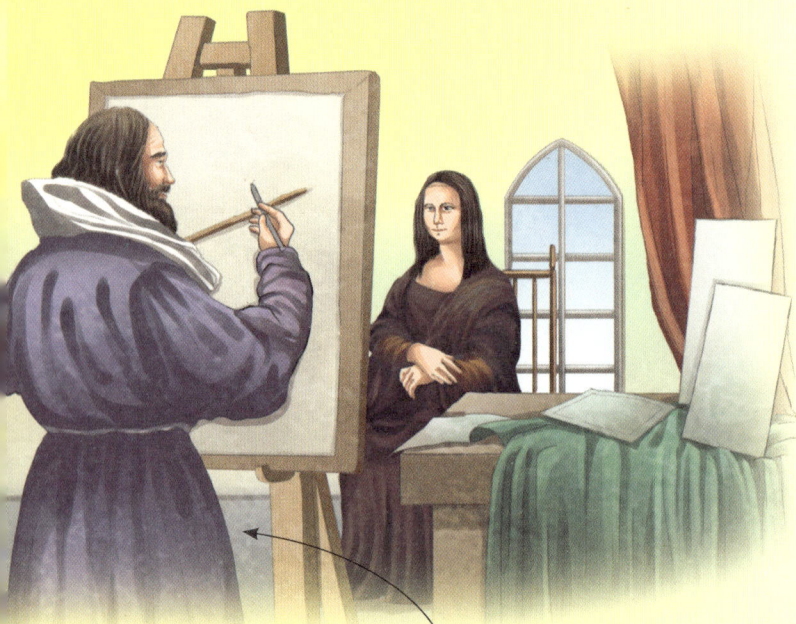

达·芬奇是意大利文艺复兴时期的全才，他不仅擅长绘画和雕刻，还对建筑、数学、生物、物理等有一定的研究。

思想解放运动

文艺复兴之前的中世纪被认为是一个黑暗、封闭的时期。教会的权威主导了知识和文化，人们对世界的探索和思考受到限制。在如此压抑的背景下，人们开始对知识、艺术、科学和人类价值重新思考和探索，各个领域的先进思想开始骚动，一场变革和创新开始了。

纸笔下的盛宴

文艺复兴时期，绘画艺术备受追捧，不同国家和地区相继出现了许多杰出的画家。这其中最为著名的就是从鸡蛋画起的达·芬奇以及创作了大量圣母像的拉斐尔。达·芬奇涉猎广泛，他的画作《蒙娜丽莎》以及为米兰一家修道院创作的壁画《最后的晚餐》直到如今仍为人所称道。拉斐尔是"艺术三杰"中最年轻的一位，他创作了大量的圣母像、祭坛画以及壁画，他最具代表性的作品是壁画《西斯廷圣母》。

刀尖下的作品

米开朗琪罗创造了文艺复兴时期雕刻艺术的高峰。在他的眼中，每一块石头里都藏着一座雕像，他用双手与刻刀完美地诠释着人体力量美学。米开朗琪罗的代表作是《大卫》，他刻画出了一个生动的、意志坚定的英雄男子的形象。

米开朗琪罗是杰出的雕塑家、建筑师、画家和诗人。

《大卫》是一尊大理石雕塑。

▲ 米开朗琪罗与《大卫》

人文主义的兴起

文艺复兴以前，欧洲的大部分学校教育都被教会所掌控。文艺复兴时期，进步的学者和思想家们反对封建神学，提倡人文主义文化，要求解放个性，崇尚理性。在这种思想的推动下，许多新类型的学校建立起来，除了王公贵族之外的平民子弟也可以接受教育。

▼ 思想家宣扬进步文化

新兴资产阶级抨击封建统治。

思想家们颂扬"人性"，提倡人权，否定神权。

小说与戏剧

文艺复兴的大旗自意大利最先举起之后，又扩散到了英国、法国、西班牙等欧洲各国。除了意大利的"文学三杰"的杰作之外，其他国家也相继出现了一些文学作品，其中以小说和戏剧等最为突出。英国戏剧作家莎士比亚为我们所熟知，他的"四大悲剧"与"四大喜剧"十分著名。西班牙著名现实主义作家塞万提斯创作的长篇讽刺小说《堂吉诃德》也对欧洲文学产生了巨大的影响。

塞万提斯本人经历了很多不公的待遇。

建筑艺术

建筑艺术在文艺复兴时期也形成了独特的风格，不同于14世纪以前欧洲的哥特式建筑风格。文艺复兴早期的建筑以佛罗伦萨大教堂为代表，它由布鲁内莱斯基主持建造，它的穹顶是世界上最大的砖结构穹顶。文艺复兴鼎盛时期的建筑则以由米开朗基罗设计的劳伦齐阿纳图书馆为代表，它最突出的特点是把楼梯当成建筑艺术的一部分，而不是让它隐藏在昏暗的角落里。总的来说，文艺复兴时期的建筑华丽唯美、造型新奇，体现出人文主义的智慧与创新。

▼ 佛罗伦萨大教堂

佛罗伦萨大教堂又叫"花之圣母大教堂"。

巨大的穹顶

《堂吉诃德》具有讽刺性和幽默性，既荒诞又发人深省。

▲ 塞万提斯朗读他的手稿

打响科学的翻身仗

文艺复兴不仅是一场文化的复兴，也提升了自然科学在人类文明史上的重要地位。随着人类对于"神"有了更客观的认识，科学的地位得到了提升。天文学方面，波兰的哥白尼提出了"日心说"，推翻了"地心说"；德国的开普勒提出了行星运动三定律。这些让人类对遥远的宇宙有了更新的认识。数学方面，一批有名的数学家相继被人们所熟知，包括韦达、笛卡尔、费马、帕斯卡等。物理学方面，伽利略的自由落体实验、波义耳的气体压力定律等为人类打开了一扇又一扇物理知识殿堂的大门。

▼ 文艺复兴时期的数学家进行计算

文艺复兴时期，三、四次方程的解法被发现。

无往不胜的征服者

13 世纪末 14 世纪初，苏丹和拜占庭帝国日趋衰落，奥斯曼一世率领土耳其部落乘势独立。奥斯曼帝国军队南征北战，很快就从拜占庭人手中夺下了大片土地，定都亚得里亚堡，对君士坦丁堡虎视眈眈。

▼ 奥斯曼军队攻陷君士坦丁堡

火炮是奥斯曼帝国的强大武器。

奥斯曼帝国

穆罕默德二世时，奥斯曼帝国军队攻陷了君士坦丁堡，将其更名为伊斯坦布尔，把行将就木的拜占庭帝国送入了坟墓。从此，土耳其人建立起了一个强大的帝国，版图跨亚、非、欧三大洲，东起波斯湾和高加索，西达摩洛哥，南至阿拉伯半岛，北接奥地利和俄罗斯边界，囊括了昔日拜占庭帝国和阿拉伯帝国的绝大部分领土。

奥斯曼建筑

奥斯曼帝国的建筑风格融合了多元文化，受到拜占庭、伊斯兰、土耳其、波斯以及巴尔干和阿拉伯等地区的影响，其最典型的特征是穹顶和尖塔。圆形的穹顶多参考拜占庭建筑，而尖塔的设计又极富中东风格。蓝色清真寺是奥斯曼建筑的代表，原名苏丹艾哈迈德清真大寺，它于 1616 年建成，因其装饰有蓝色的伊兹尼克瓷砖而得名。蓝色清真寺的穹顶模仿圣索菲亚大教堂，六座尖塔则是奥斯曼风格的。

奥斯曼军队

奥斯曼帝国拥有当时世界上最强大的军队，步兵装备精良、训练有素，擅长攻坚战和阵地战，且已经开始使用火枪和加农炮。在围攻君士坦丁堡时，便有名为"猎鹰"的加农炮参战。奥斯曼的骑兵分为轻骑兵和重骑兵两种，轻骑兵不穿重甲，使用弓箭和短剑，机动性强；重骑兵则人、马皆披铠甲，在关键时刻进行强力的冲锋。

宣礼塔　　　▼ 蓝色清真寺　　　圆顶

锥顶尖头金属盔

长尾帽子

▲ 训练有素的奥斯曼帝国军队

▼ 细密画

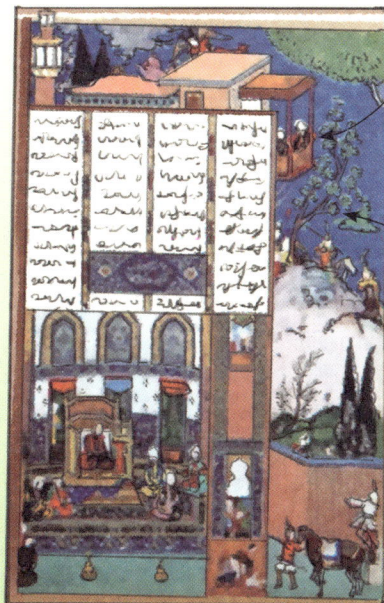

细密画受到宋元时期中国画的影响。

细密画的颜料以矿物质、蓝宝石等研磨而成。

细密画

13 世纪，细密画兴起于伊尔汗王朝，被誉为"伊斯兰艺术的珍珠"，代表作有 1573 年绘制的菲尔多西的《列王纪》。1514 年，奥斯曼军队洗劫了大不里士，将大量细密画和书籍带回了伊斯坦布尔。后来的奥斯曼帝国苏丹穆拉德三世痴迷于此，在伊斯坦布尔创作了《技巧之书》《庆典之书》和《胜利之书》，细密画也在此时发展到了顶峰。

西班牙的崛起

8世纪初，阿拉伯人入侵伊比利亚半岛。此后，备受阿拉伯人压榨的西班牙人举起了反抗的大旗，进行了一场漫长而艰难的"收复失地运动"。西班牙人最终取得了胜利，实现了西班牙的统一和崛起，在人类文明发展的道路上留下了浓墨重彩的一笔。

西班牙的统一

西班牙的"收复失地运动"自8世纪开始，直到1492年才宣告结束。这期间，有两个小国成了收复失地运动的主要推动者，即卡斯蒂利亚王国与阿拉贡王国。1469年，阿拉贡王子斐迪南二世与卡斯蒂利亚一世公主伊莎贝拉结为夫妻。1479年，两个国家正式合并，为西班牙成为统一王国奠定了基础。

博阿布迪尔是半岛上最后一个王国格拉纳达的国王。

斐迪南二世

▲ 西班牙国王和女王接收格拉纳达城

36

西班牙的"黄金时代"

在伊莎贝拉女王的支持下，哥伦布在寻找东方国度的航海过程中发现了美洲新大陆，于是西班牙在美洲大陆上进行殖民征服和掠夺，获得了大量的财富，国力日渐强盛，开启了西班牙的殖民帝国时代。16世纪时，在先后征服了阿兹特克文明、印加文明以及玛雅文明后，西班牙进入"黄金时代"，成了世界近现代史上第一个全球性的殖民帝国。

西班牙有先进武器装备，对美洲来说是降维打击。

▶ 西班牙征服者在墨西哥

伊莎贝拉女王

格拉纳达城的收复，意味着西班牙收复失地运动的结束。

海上舰队的神话

为了保证海外掠夺来的财富能顺利地回到自己的国家，西班牙王室组建了一支海上舰队。这支强大的舰队拥有约130艘战舰、3000多门大炮和数万名士兵。在地中海和大西洋上，这支舰队是西班牙运输财富最有力的保障，也让其他眼红的国家闻风丧胆，不敢觊觎。不过，财富的迅速积累并没有长久地增强西班牙的国力，反而助长了国内的奢靡享乐之风。这也成为西班牙从兴盛走向衰落的原因之一。

▼ 西班牙无敌舰队

无敌舰队的5次远征都以失败告终。

无敌舰队的舰船有约130艘。

财富的指引

15 世纪末 16 世纪初，西欧的探险家们致力于寻找一条通往东方的海上新航线。这期间，西班牙与葡萄牙异军突起，成为西欧最富有的国家。不过，新航路的开辟虽然加速了东西方文明的交流，也使一些国家沦为殖民地，饱受压迫。

船队抵达了新的大陆。

◀ 马可·波罗

马可·波罗是意大利的旅行家。

东方寻金的热潮

随着西欧国家商品经济的发展，货币超过土地成为新的财富象征，黄金成为备受追捧的目标。但是，欧洲国家黄金产量低下，于是各国都想方设法获取黄金。游历过东方的马可·波罗在游记中夸张地将东方描绘成遍地是黄金的地方，这更让欧洲人按捺不住了。就这样，去东方寻金成了欧洲人新的目标，开辟一条到达东方的新航路也显得迫在眉睫。

▼ 商路被奥斯曼人阻断

商人被奥斯曼人劫掠。

打破旧航路的垄断

当时西方通往东方共有 3 条航路，经由这 3 条航路的货物大多会被意大利商人与阿拉伯商人抬高价格，这就导致到达西方的东方货物价格高得吓人。西欧各国迫切需要打破意大利商人和阿拉伯商人的垄断，与东方国家直接接触。

航海探险的先行者

在西欧各国中，葡萄牙是航海探险的先行者。在王室的支持下，葡萄牙的航海家们自15世纪初就踏上了探索海上航路的征程。他们建立了最早的海外殖民据点，获得了大量的黄金、象牙等贵重物品以及奴隶。到15世纪末，葡萄牙人终于实现了开辟海上新航线的目标。

大航海时代，造船技术和航海技术迅速发展。

◀ **海上航道的开辟**

葡萄牙的航海家们在王室的支持下开始了远洋探险。

▼ **殖民者在殖民地搜刮了大量财富**

被征服的土地

大约与葡萄牙扩张的同时期，西班牙也向西进行了海上探索。两个国家在新发现的土地上建立了殖民地，通过进行殖民掠夺获得了大量的财富。不仅如此，他们还把本国的封建制度在殖民地进行复制。后来，英国、法国、荷兰等国家逐渐崛起，他们也加入到了殖民掠夺的队伍中。

火枪

殖民者攫取了黄金、香料和奴隶。

39

大航海时代

在西欧各国力求开辟海上新航路的过程中，众多航海家为此贡献了力量。他们成就了大航海时代，也为人类文明的交融与发展积蓄了力量。大航海时代分为两个阶段，即葡萄牙和西班牙的早期垄断与英、法、荷等国的后来居上，新的世界秩序就此建立起来。

达·伽马船队有4艘船。

"航海者"恩里克王子

葡萄牙是第一个踏上开辟新航路征程的国家。1420年前后，葡萄牙亲王恩里克王子在萨格里什建了一座天文台和一所航海学校，培养了大批水手。他还发明、改进了很多航海仪器，设立政策鼓励造船，奠定了葡萄牙航海事业的基础。在恩里克王子时期，葡萄牙发现了马德拉群岛、亚速尔群岛以及佛得角群岛，为葡萄牙掠夺了大量的黄金、象牙以及黑人奴隶。

达·伽马船队中有大量船员因坏血病而死。

达·伽马首先连起非洲与亚洲的航线。

▼ 恩里克王子开办了航海学校

恩里克王子召集专家们设计船只、地图和导航仪。

发现好望角

1487年，葡萄牙贵族巴托罗缪·迪亚士奉若昂二世之命，再次踏上了寻找通往东方新航线的道路。他的船队自非洲西海岸朝南航行，行驶至大菲希河口返航。他们虽然没能成功找到印度，但在返航的途中发现了"风暴角"，后来将其改名为"好望角"。

▼ 达·伽马到达印度

达·伽马曾3次到达印度。

印度是当时西方航海家的梦想之地。

对于远道而来的外族人，当地人十分好奇。

印度洋的海上将军

1497 年 7 月，另一位葡萄牙航海家达·伽马率 4 艘帆船和约 150 名船员从里斯本出发，继续寻找印度。他们沿着迪亚士开辟的航线，绕过好望角，先到达了今莫桑比克，然后渡过了印度洋，于第二年的 5 月 20 日成功登陆印度西南海岸的卡利卡特镇。欧洲人终于成功开辟了到印度的航线，而达·伽马也因此被封为"印度洋的海上将军"。

最早到达巴西的欧洲人

▼ 卡布拉尔抵达南美大陆

1500 年，葡萄牙国王曼努埃尔一世派出另一位航海家佩德罗·卡布拉尔远征印度。舰队根据达·伽马的建议，远离非洲西南海岸，沿一个弧形向西南方向前进。但这个弧形绕得有点大，他们意外地到达了南美大陆东部的一个地方，也就是后来的巴西。卡布拉尔一登陆就在这里竖起带有葡萄牙王室徽章的十字架，宣布这里是葡萄牙的领地，并命令一条船回到祖国去报告这个喜讯。

巴西的土著居民

随行的传教士

发现美洲新大陆

在葡萄牙众多航海家前赴后继地加入海上探索的时候，意大利航海家哥伦布也在做着航海梦。哥伦布在葡萄牙国王那里碰了壁，又辗转来到了西班牙。当时的伊莎贝拉女王十分看重哥伦布的航海计划，于是哥伦布在西班牙王室的支持下率船队出海，并发现了此前欧洲人从未到达的美洲大陆。自 1492 年到 1504 年，哥伦布共进行了 4 次海上航行。然而对于自己发现的这片新大陆，他直到去世前仍然认为是印度。

▼ 哥伦布到达新大陆

由3艘帆船组成的船队

在哥伦布到来之前，这里生活着大量原住民。

"新大陆"的"新"是相对西方人来说的。

哥伦布认为自己到达了印度。

◀ 亚美利哥·韦斯普奇

美洲就是以亚美利哥的名字命名的。

命名美洲新大陆

当欧洲人一直错误地将美洲新大陆当作印度之时，一位意大利的航海家亚美利哥·韦斯普奇对此却是怀疑态度。于是他先后两次来到这片土地上进行考察，并最终确认这里并非印度，而是一处没被发现过的新土地。亚美利哥将其描述为"世界的第四部分"。1507 年，德国地理学家马丁·瓦尔德塞米勒将此地命名为"亚美利加"。

首次环球航行

　　达·伽马开辟了自非洲通往印度的新航线，哥伦布发现了美洲新大陆。另一位葡萄牙航海家费尔南多·麦哲伦在西班牙王室的支持下，怀抱着一定能到达东方的美好愿景，于 1519 年离开西班牙塞维利亚，开始环球航行。船队绕过南美洲大陆南端的海峡，进入了太平洋。不幸的是，麦哲伦在 1521 年丢了性命。其他的船员继续西行，渡过印度洋，绕过好望角，终于在 1522 年回到了西班牙，完成了人类历史上第一次环球航行。麦哲伦船队的这次环球航行，为新航路开辟做出了卓越的贡献。

▼ 正在进行环球航行的麦哲伦船队

麦哲伦船队最初有约 240 人，最后只有 18 人回到西班牙。

环球航行历时 1000 多天。

小百科

　　麦哲伦船队经过的南美洲南端的海峡，后来被命名为"麦哲伦海峡"。

麦哲伦因插手岛上部落纠纷而丧生。

麦哲伦船队最初有 5 艘船。

大航海时代的新阶段

16世纪末至17世纪，大航海时代迎来了一个新的发展阶段。这时的葡萄牙和西班牙基本将重心转移到了殖民统治上，而另一些欧洲国家比如英、法、荷兰以及当时的沙俄等国，也纷纷"下海"寻找新的海上机遇。这期间，北冰洋、格陵兰岛以及北美洲相继进入人们的视野，世界似乎变得越来越小了。

远洋木制帆船逐步升级。

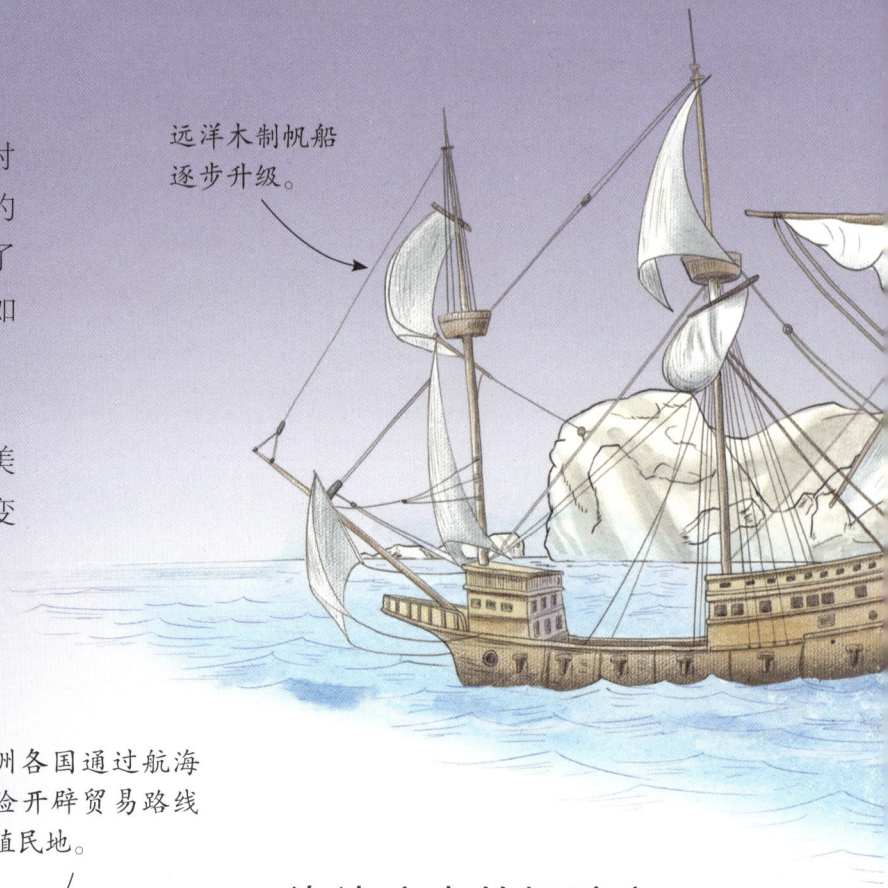

▼ 欧洲各国进行海上探索

欧洲各国通过航海探险开辟贸易路线和殖民地。

海盗出身的探险家

说起英国的弗朗西斯·德雷克，许多人都惊讶于他传奇的一生。这个原本靠做海盗发家的英国人，在重创了西班牙的无敌舰队后，竟成了女王的亲信。这里不得不提一下，德雷克在躲避西班牙舰队的追捕时，意外地发现了一个连西班牙人都没发现过的新海峡。这个位于南美洲与南极洲之间的海峡，后来被命名为"德雷克海峡"。

大航海时代的帆船

航海家们的海上探险最重要的伙伴就是他们乘坐的船只。航海家们层出不穷的新发现，大大刺激了欧洲的航海事业与船舶制造业。1492年，哥伦布乘坐一艘长28米、排量约200吨的大型三桅帆船"圣玛丽亚号"到达了西印度群岛。此后，欧洲的帆船无论是在排量还是航速上，都有了大幅度的提升。

"圣玛丽亚号"是一种改良型的三桅帆船。

德雷克环球航行的船队中有船员160余人。

▲ 弗朗西斯·德雷克的船队正在探索新航路

威力强大的火炮为航海船只提供了保护。

▼ 哥伦布的探险船队

三桅帆船有3根主桅杆。

新航路开辟的重要意义

新航路的开辟打造了世界贸易的新格局，使欧、亚、非各大洲之间建立了更为紧密的联系。这场原本以经济贸易为出发点的探索，也加强了东西方文明交流。不仅如此，航海探险也推动了文化和科技的进步，天文、地理等领域都有所突破。虽然大航海时代的到来有许多积极意义，但它也沾染上了血腥的色彩。自新航路开辟后，源源不断的财富涌入欧洲，深重的苦难则被施加在了殖民地人民的身上。

45

美洲的陷落

虽然哥伦布发现美洲大陆是一个意外，但是西班牙人很快发现了这个意外的价值，广阔的土地、丰富的资源以及毫无反抗之力的土著居民都成了他们的目标。此后的3个世纪里，西班牙人在美洲大陆和加勒比地区不断进行着征服和殖民。

▲ 西班牙殖民者来到美洲

殖民总督区

为了统治美洲，西班牙先后建立了4个总督区，分别是新西班牙总督区、秘鲁总督区、新格拉纳达总督区和拉普拉塔总督区。总督区下还设有危地马拉、古巴、委内瑞拉、波多黎各和智利5个都督区。它们作为西班牙的前哨站和指挥所，一边管理着殖民活动，一边向外扩张。

阿兹特克帝国覆灭

古巴都督贝拉斯克斯对阿兹特克帝国觊觎已久，他任命科尔特斯为队长，于1519年开始入侵阿兹特克帝国。阿兹特克国王蒙特祖玛二世希望用黄金劝其折返，反而助长了科尔特斯的掠夺欲望。西班牙人冠冕堂皇地进入了特诺奇蒂特兰城，囚禁国王，掠夺财宝，并大肆杀害阿兹特克人。阿兹特克人于是奋起反抗。1520年6月，科尔特斯突围出城。1521年，科尔特斯卷土重来，率军攻陷了特诺奇蒂特兰，彻底征服了这个帝国。

全副武装的西班牙士兵

阿兹特克人进行了激烈的反抗。

印加帝国覆灭

1531 年，得到西班牙国王大力支持的弗朗西斯科·皮萨罗带了一支不到 200 人的队伍从巴拿马出发，开启了对人口约 600 万的印加帝国的远征。皮萨罗一到卡哈马卡，便诓骗印加国王阿塔瓦尔帕见面谈判，随后将其俘虏。西班牙人在用阿塔瓦尔帕换来了巨额黄金白银后便将其杀死了，之后印加帝国起义不断，西班牙人则以武力镇压。数万规模的印加军队竟然被上百西班牙士兵击败。1572 年，印加最后一位国王图帕克·阿马鲁一世被处死，印加帝国最终灭亡。

▲ 印加帝国皇帝被西班牙殖民者俘虏

▼ 西班牙殖民者征服阿兹特克帝国

阿兹特克丰富灿烂的文明被西班牙殖民者摧毁。

阿兹特克人武器落后。

47

▲ 提出日心说的哥白尼

哥白尼和日心说

在"地心说"被奉为宗教经典的时代里，哥白尼大胆质疑、细心观察、反复实验，终于在 40 岁时提出了著名的"日心说"。

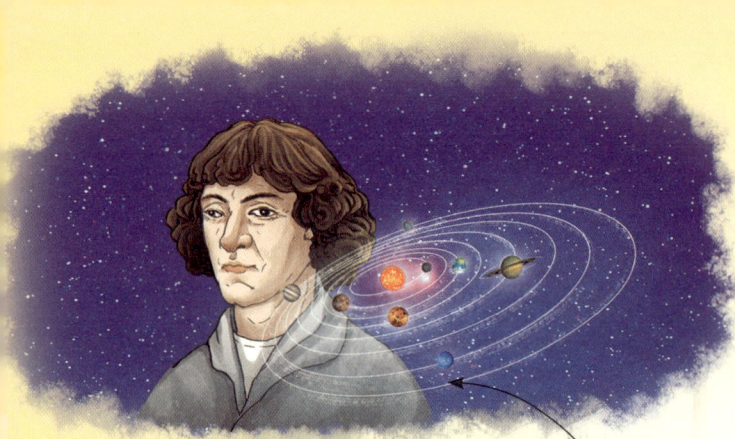

哥白尼曾经是一个医生。

"地心说"

2 世纪，古希腊天文学家托勒密总结了前人的观测研究成果，写成《天文学大成》一书，并提出了"地心说"。托勒密认为地球是宇宙的中心，既不自转也不公转，其他天体都围绕地球运转。虽然这种学说本身并不正确，但是托勒密通过观测、演算和推理去发现天体运行规律的方法论，也影响了哥白尼的研究。

大胆质疑

中世纪时，"地心说"被天主教会神化。他们鼓吹地球是上帝选中的宇宙中心，以此蛊惑人们永远相信上帝。哥白尼也是一位虔诚的天主教徒，但他却并不迷信封建教条。他经常在晴朗的夜晚观察天空，渐渐发现行星位置并非一成不变，而是忽近忽远、忽明忽暗，甚至忽快忽慢。这种变化用"地心说"无法解释，他便越来越怀疑"地心说"的正确性。

▼ 观察夜空的哥白尼

哥白尼经过长年的观察和计算，完成了《天体运行论》。

虽然哥白尼的理论并不准确，但却是天文学的一个重要突破。

学说创立

为了寻找关于天体运行的古代资料和观点，哥白尼深入研究了前人的观测和推理方法，并对其中的缺陷和不足进行反思。哥白尼通过数学计算和几何模型构建了他的"日心说"理论。1543年，哥白尼的著作《天体运行论》出版。他在书中提出太阳是宇宙的中心，地球和其他行星则围绕太阳运转等观点，"日心说"正式建立起来。

《天体运行论》

因为担心遭到教会的反对，哥白尼并没有立即发表创立"日心说"的书稿，而这一等就是30年。1543年，《天体运行论》终于面世了。这部书不但纠正了托勒密的错误，也揭穿了教会的谎言，把自然科学从神学中解放了出来，引起了整个自然科学界的革命。然而，此时的哥白尼已经生命垂危，病榻上的他拿到书后，只是摸了摸封面，不久便溘然长逝了。

因为害怕教会反对，哥白尼完成书稿后，迟迟不敢发表。

▼ 弥留之际的哥白尼

哥白尼是近代天文学的开创者。

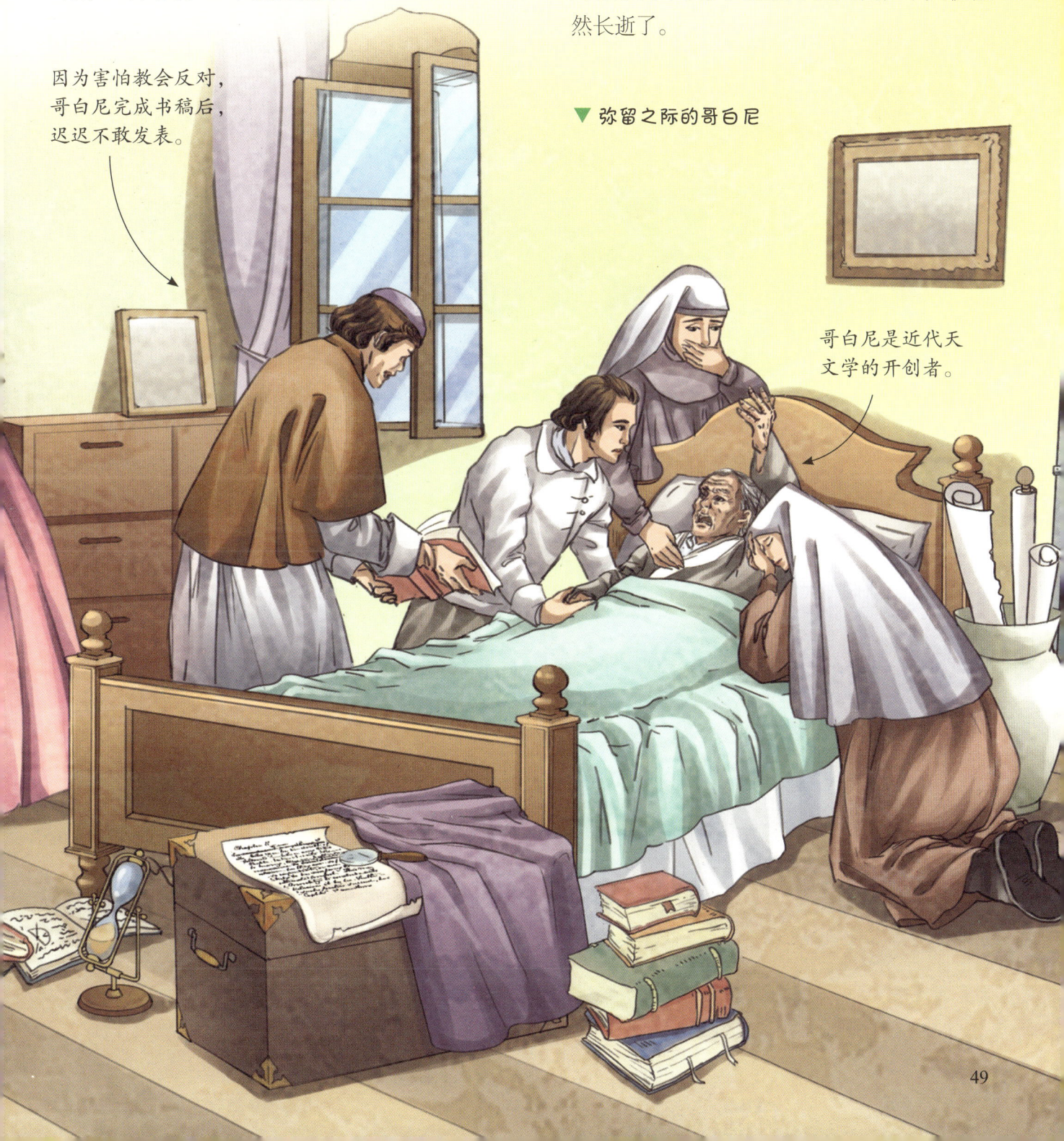

日不落帝国

"日不落帝国"最早用来形容 16 世纪的西班牙帝国。随着长期的战争和殖民地的相继独立，西班牙逐渐衰落了，英国则以全新的姿态出现在了世界舞台上。经过不断殖民扩张，英国成为继西班牙之后的"日不落帝国"。

大败西班牙

英国不但在海上打劫西班牙船队，还在殖民地屡屡挑衅西班牙。1588 年，西班牙开出无敌舰队进攻英国。可是，在英国海盗将军德雷克的率领下，英国舰队令无敌舰队连连受挫、损失惨重。无敌舰队的这次惨败，标志着西班牙开始走向衰落。连年的战争和殖民地的流失最终拖垮了西班牙，第一任"日不落帝国"无奈退位。

英国舰队在海上已经拥有了绝对优势。

军舰上装备了较完善的战斗武器，比如大炮。

▲ 英法海战

15至16世纪，荷兰的造船业居世界首位。

▲ 荷兰帆船

"海上马车夫"的落幕

在西班牙没落之际，荷兰人利用先进的炮舰逐渐垄断了世界贸易，连连击败西班牙和葡萄牙的舰队，足迹遍布世界，享有"海上马车夫"的盛誉。但这也让荷兰和英国的矛盾摆上了台面。英、荷两国之间爆发了四次战争，虽然各有胜负，但荷兰也在战争中元气大伤，无力再维持海外的殖民地，后来逐渐丧失了海上的霸权。

火枪已经是士兵的
主要武器。

"不列颠时代"

14 世纪至 15 世纪，英国和法国打了 100 多年的仗，史称"百年战争"。最终，英国战败，失去了在欧洲大陆上的所有领土。后来，当英国东山再起时，清算法国就提上了日程，于是，七年战争开始了。这次，法国战败了。之后英国又击败了法国拿破仑的军队，确立了英国在欧洲的地位。伴着国内工业革命引起的科技进步，英国成为一个全球霸权国家，开启了"不列颠时代"。

殖民地遍及世界

20 世纪初，英国已经拥有当时世界约四分之一的人口和约十分之一的陆地领土，是历史上最大的帝国。大英帝国的领土从英伦三岛扩展到冈比亚、纽芬兰、加拿大、新西兰、澳大利亚、马来亚、缅甸、印度、乌干达、肯尼亚、南非、尼日利亚、马耳他、新加坡、中国以及无数岛屿，遍及 24 个时区，成为当之无愧的"日不落帝国"。

▼ 英国在印度的殖民地

英国在印度招募士兵管理印度人。

英国在19世纪实现了对印度的控制。

51

莎士比亚戏剧

莎士比亚是世界上最伟大的剧作家之一，他的作品中充满了人文主义精神，用性格各异的人物形象揭示人性中善与恶的矛盾冲突，进而在这些矛盾冲突中碰撞出人性的闪光点。他在戏剧中赞扬人的美好品质，同时也展示了人性的缺陷，引人深思。

莎士比亚在23岁时开始尝试写剧本。

"四大喜剧"

莎士比亚创作的喜剧以乐观主义为基调，蕴含着人文主义的美好理想以及对人类光明前途的展望。其中，最著名的是"四大喜剧"，即《威尼斯商人》《仲夏夜之梦》《皆大欢喜》和《第十二夜》。这些喜剧大都以爱情、友谊和婚姻为主题，主人公多是一些具有人文主义智慧和美德的青年男女，通过描写他们争取自由、幸福的斗争，歌颂进步与美好，同时也揭示和嘲讽了旧事物的衰朽和丑恶。

"四大悲剧"

莎士比亚的悲剧大部分创作于1600年以后，"四大悲剧"——《哈姆雷特》《奥赛罗》《麦克白》和《李尔王》都出自这个时期。作者对时代和人生进行了深入思考，着力塑造一些悲剧主人公的形象。他们从中世纪的禁锢和蒙昧中醒来，想要发展或完善自己，但又无法克服自身和时代的局限性，终于在同环境和内心敌对势力的力量悬殊的斗争中，遭到不可避免的失败和牺牲。作品中描写了社会的罪恶，借戏剧人物之口发出了削富济贫的呼声，生动形象地表现了新兴资产阶级的思想特点。

莎士比亚被誉为"人类文学奥林匹斯山上的宙斯"。

◀ 莎士比亚向家人朗诵戏剧

在当时，莎士比亚戏剧十
分受欢迎。很多达官贵人
乃至英国王室都非常喜欢
莎士比亚的戏剧。

▲ 演员们正在上演莎士比亚戏剧

莎士比亚时代，
有露天剧场和私
人剧院。

《冬天的故事》是莎士比亚
最成功的传奇剧之一。

▼《冬天的故事》插图

传奇剧的代表

莎士比亚晚年的创作进入传奇剧
时期，最著名的作品是《辛白林》《冬
天的故事》和《暴风雨》。这个时期，
詹姆士一世的统治更加趋向反动，莎
士比亚发现人文主义的理想在残酷的
现实面前无法实现，所以他的喜剧创
作有些脱离现实,转向了梦幻的世界。
作品虽然充满童话式的幻想，具有一
定的妥协倾向，但还是保留了人文主
义信念和乐观精神，并把希望寄托在
了年轻一代人的身上。

科学巨匠——伽利略

伽利略是意大利天文学家和物理学家，被称为"观测天文学之父""近代物理学之父""科学方法之父"和"近代科学之父"。他的研究成果涉及力学、天文学、科学、哲学等诸多方面，他是近代科学的奠基人之一。

物理学的突出成就

1583 年左右，伽利略经过长期的试验观察和数学推算，得到了摆的等时性定律。他还根据杠杆原理和浮力原理写出了一篇题为《天平》的论文。不久他又写了《论重力》，第一次揭示了重力和重心的实质，并给出准确的数学表达式，他因此而名声大振。伽利略还对亚里士多德的许多观点提出了质疑。

▼ 伽利略在比萨斜塔上进行自由落体实验

他将两个重量不同的铁球从相同的高度同时扔下，结果两个铁球同时落地。

亚里士多德认为，物体下落的快慢是由重量大小决定的，物体越重，下落得越快。

自由落体定律

1589 年至 1591 年，伽利略做了大量的实验。他站在斜塔上面，让不同材料构成的物体从塔顶上落下来，并测定下落时间有多少差别，结果发现各种物体都是同时落地，不分先后。虽然根据现有资料无法确定伽利略是否在比萨斜塔上做过这个实验，但是自由落体定律在事实上推翻了亚里士多德的落体运动观点。

▼伽利略正在进行斜面实验

斜面实验用于研究
自由落体运动。

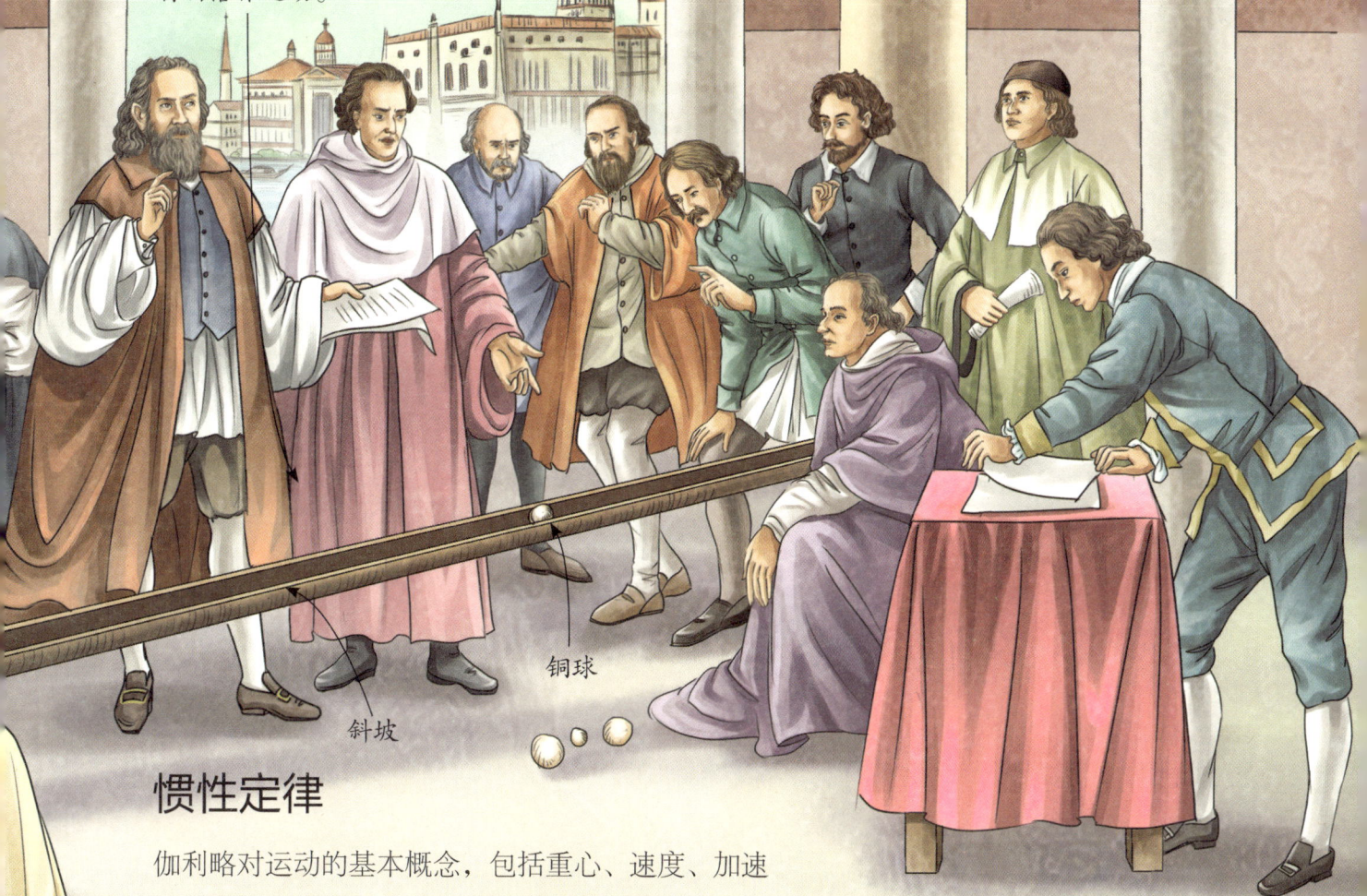

铜球

斜坡

惯性定律

伽利略对运动的基本概念，包括重心、速度、加速度等都做了详尽研究，并给出了严谨的数学表达式。尤其是加速度概念的提出，在力学史上是一个里程碑。他曾非正式地提出过惯性定律和物体在外力作用下运动的规律，为牛顿正式提出运动第一、第二定律奠定了基础。他提出了合力定律和抛射体运动规律，还发现了力学相对性原理。伽利略堪称经典力学和实验物理学的先驱。

天文学发现

伽利略制造了天文望远镜，通过它发现了太阳黑子的存在，揭示了金星盈亏现象，并且发现了木星的4颗大型卫星。他观测到了月球表面的不规则，包括山脉、陨石坑等。这一发现打破了古代人们关于月球完全光滑和均匀的观念，提供了更具体的地月关系证据。这些成果不仅为天文学领域带来了重要的观测数据，也对当时的宇宙观念产生了深远影响，为后世天文学家提供了重要的启示，推动了天文学的发展。

伽利略是第一个用望远镜看星星的人。

▼伽利略利用望远镜观测天空

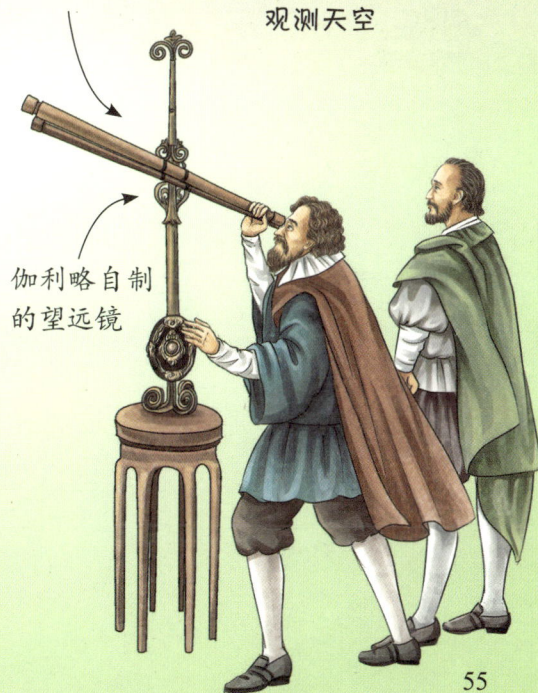

伽利略自制的望远镜

江户时代的文化和艺术

1603 年，德川家康被日本天皇授予"征夷大将军"的称号，在江户建立了幕府。自此，日本从战国时代进入了由德川家族统治的江户时代。江户时代长达 260 多年，这一时期日本的文化、艺术有了突飞猛进的发展。

歌舞伎的兴起

起源于江户时代初期的歌舞伎是日本独有的一种戏剧表演形式。据说这种独特的表演形式是从传统的念佛舞发展而来的。歌舞伎这门集歌、舞、伎于一体的综合表演艺术诞生之初，男女都可表演。

歌舞伎是日本的非物质文化遗产。

▲ 日本的歌舞伎剧院

▼ 江户时代的日本艺伎

江户时代的艺伎会染黑齿。

艺伎会在茶屋进行表演。

富人的消遣

江户时代政治稳定、社会和谐，日本民众的业余生活也丰富多彩。那时，江户城中的富人会观看一些或高雅或世俗的节目，主要由乐师、相扑、艺伎等来呈现，这种消遣被称为"浮世"。后来，又演化出一种以描绘歌舞伎、美人以及风景的绘画形式，人称"浮世绘"。这种极具民族特色的绘画形式，在相当长的一段时间内受到日本民众的追捧与喜爱，被誉为"江户时代形象的百科全书"。

伊万里瓷器

17世纪，日本烧制的瓷器开始受到欧洲人的喜爱。明末清初的中国，瓷器行业萧条，急需中国瓷器的欧洲人便转而寻求另一种途径。于是，日本仿照中国景德镇烧制的瓷器开始受到重视，由日本伊万里港运出的瓷器也就因此被冠上了"伊万里烧"的名字。这种日本瓷器色彩鲜艳、雍容华丽，再搭配上大量的金彩与红彩，极为精美，畅销一时。

歌舞伎是日本的民族表演艺术。

观众在剧院里喝酒聊天。

▲ 伊万里瓷器

日本茶道的辉煌时期

日本的茶道起源于中国的茶文化。相传，奈良时期在中国留学的日本学生带回了一些茶树苗并开始种植，随后日本人开始饮茶。日本早期的茶文化完全效仿中国，后来随着日本各阶层都开始饮茶，一些专门研究茶道的人出现了。他们致力于开发一种日本独有的茶文化，终于在江户时代迎来了日本茶道的辉煌时刻。吸收且消化了中国茶文化的日本，有了具备民族特色的抹茶道与煎茶道。

和服在江户时代以前被称为吴服。

◀ 表演茶道的日本女子

分茶勺

日本人饮茶的风俗最早是由中国传入的，后来在日本广泛流行。

各有特色的建筑瑰宝

不同时期的建筑往往能体现出不同时期的人类智慧，它们是集自然科学、艺术审美与多方面知识的综合体现。东西方不同的文化造就了不同设计形态的建筑物。从这些建筑上，我们可以看到一个时代的变迁以及人类文明的演变。

欧洲王室官邸的典范

凡尔赛宫原本是法国的王宫，从开始兴建到最终落成，一共经历了4代君王。路易十四想在路易十三凡尔赛狩猎行宫处建造一座彰显君威的王宫，当时主要以大理石进行建造。1678年之后，经过几代建筑师和艺术家的努力，凡尔赛宫被大幅扩建和改造，成为欧洲最大的王宫。凡尔赛宫是17世纪法国专制王权的象征，是西方古典主义建筑和欧洲王室官邸的完美典范，其园林也堪称欧洲古典园林艺术的杰作。

如今，圆明园只剩下断壁残垣。

圆明园规模宏大，建筑精美，文化丰富，被誉为"万园之园"。

▼ 泰姬陵

泰姬陵全称为"泰吉·玛哈尔陵"。

泰姬陵的建造倾尽国力。

穹顶

宣礼塔

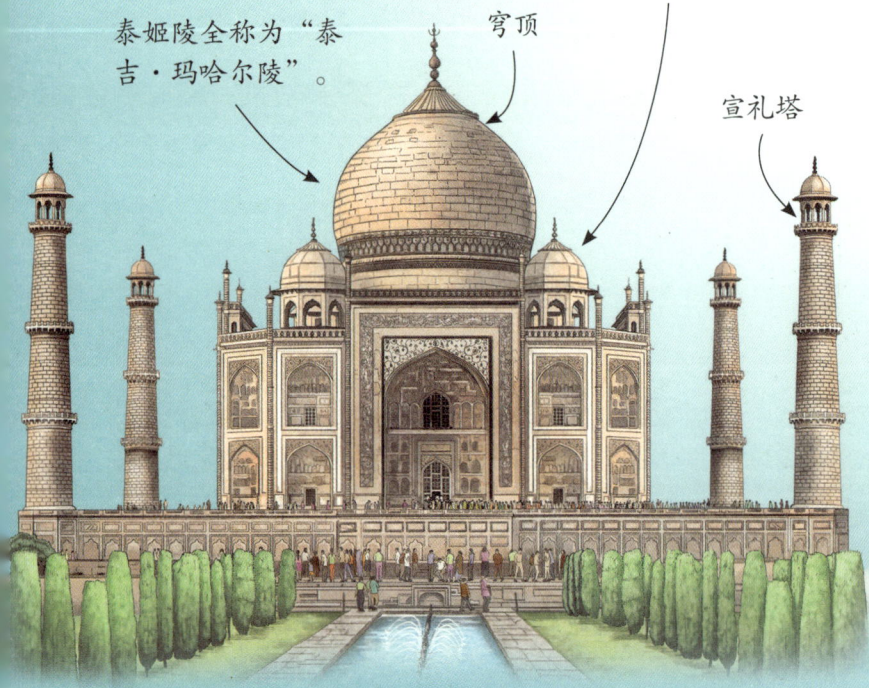

浪漫爱情造就的建筑

在印度北方邦阿格拉城外，有一处伊斯兰建筑的典型代表——泰姬陵。这是莫卧儿王朝的皇帝沙贾汗为他最喜爱的妃子泰吉·玛哈尔建造的陵墓。这座建筑以纯白色的大理石为主材料，同时镶嵌了成千上万的宝石。这座充满爱意的建筑自1631年开始建造，完成于1648年，集合了全印度最好的建筑师，先后征用工匠2万名，耗资4000多万卢比，被称为"完美建筑"，也被誉为"印度明珠"。

▼ 圆明园想象图

圆明园中殿、堂、台、榭、亭、廊、楼、阁等应有尽有。

圆明园集当时古今中外造园艺术之大成。

圆明园的园林造景多以水为主题。

不能复制的皇家园林

康熙曾赐给四皇子胤禛一处园子，题名"圆明园"。这座始建于1707年的皇家园林，是历代清帝在盛夏时节"避喧听政"的场所，又名"夏宫"。自康熙开始，每位帝王几乎都曾对其进行扩建和修缮。鼎盛时期，圆明园内有约600座挂着匾额的主要园林建筑，还有著名的"圆明园四十景"。圆明园是世界园林艺术的典范，然而最终毁于英法联军之手，令人扼腕叹息。

英国国教的中心教堂

1675年，由著名的英国建筑师克里斯托弗·雷恩设计的圣保罗大教堂开始兴建，位置在伦敦城西部卢德门山顶上。走进教堂内，色彩炫丽的壁画以及天花板上的各种精美装饰极为吸引人的目光。这座教堂以悠久的历史和壮观的设计闻名于世，是西方古典主义建筑的代表作。

▼ 英国伦敦圣保罗大教堂

世界第二大圆顶教堂

圣保罗大教堂经历多次毁坏和重建。

▼ 圣保罗大教堂内部

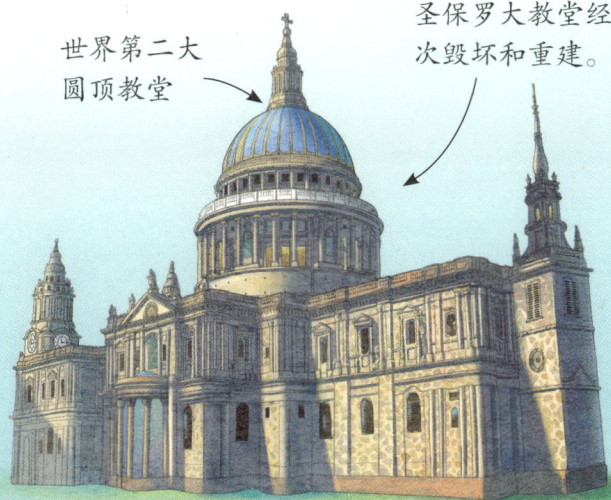

穹顶的壁画异常震撼。

59

七种颜色的彩色光带

正在做光学实验的牛顿

三棱镜

太阳光

牛顿通过实验推测，阳光是由不同颜色的单色光组合而成。

天才科学家牛顿

伟大的科学家艾萨克·牛顿是一位"百科全书式"的天才科学家，他在天文学、物理学以及数学等方面都有突出的贡献。

小百科

1668年，牛顿制作了第一台反射望远镜，这台采用抛光金属镜面的反射望远镜，避免了伽利略望远镜与开普勒望远镜的色彩问题。

"力"的物理学

牛顿最经典也是最被人熟知的科学成就，可能就是他创立的经典力学理论体系。这一重要的物理学理论体系以牛顿的力学三定律为研究基础。后来牛顿又发现了万有引力定律，引申出了新的分支天体力学。这代表着人类对自然界有了更深入的认识。

从"光"出发

科学家之所以会成为科学家，很大的原因是他们拥有会发现的眼睛以及爱思考的头脑。牛顿通过三棱镜实验发现了"光"的色彩，并开始研究光学，进而发展出了"微粒说"。

▼ 正在思考的牛顿

微积分

微积分是由牛顿与数学家莱布尼茨最早提出的。虽然两个人因这个数学成就提出的优先权而闹得满城风雨，但并不影响牛顿作为伟大科学家的人物设定。除了微积分，牛顿还提出了无限级数理论。这些数学成就都集中发表在他的著作《自然哲学的数学原理》一书中。

牛顿被称为"百科全书式的全才"。

▲ 牛顿正在研究数学

▲ 1696年铸造的威廉三世1克朗银币

发光发热的造币厂厂长

牛顿在英国的地位相当高。除了有突出的科学成就，牛顿还担任过皇家铸币厂厂长。这原本是一个闲职，但做事严谨、认真的牛顿不仅研发了新的货币，还致力于打击制造假币的不法行为。牛顿担任厂长期间，英国的皇家铸币厂不仅大大提高了铸币的数量与质量，市场上假币的数量也大大降低。

在金融史中，人们将牛顿奉为金本位奠基人。

牛顿在铸币厂工作了约30年。

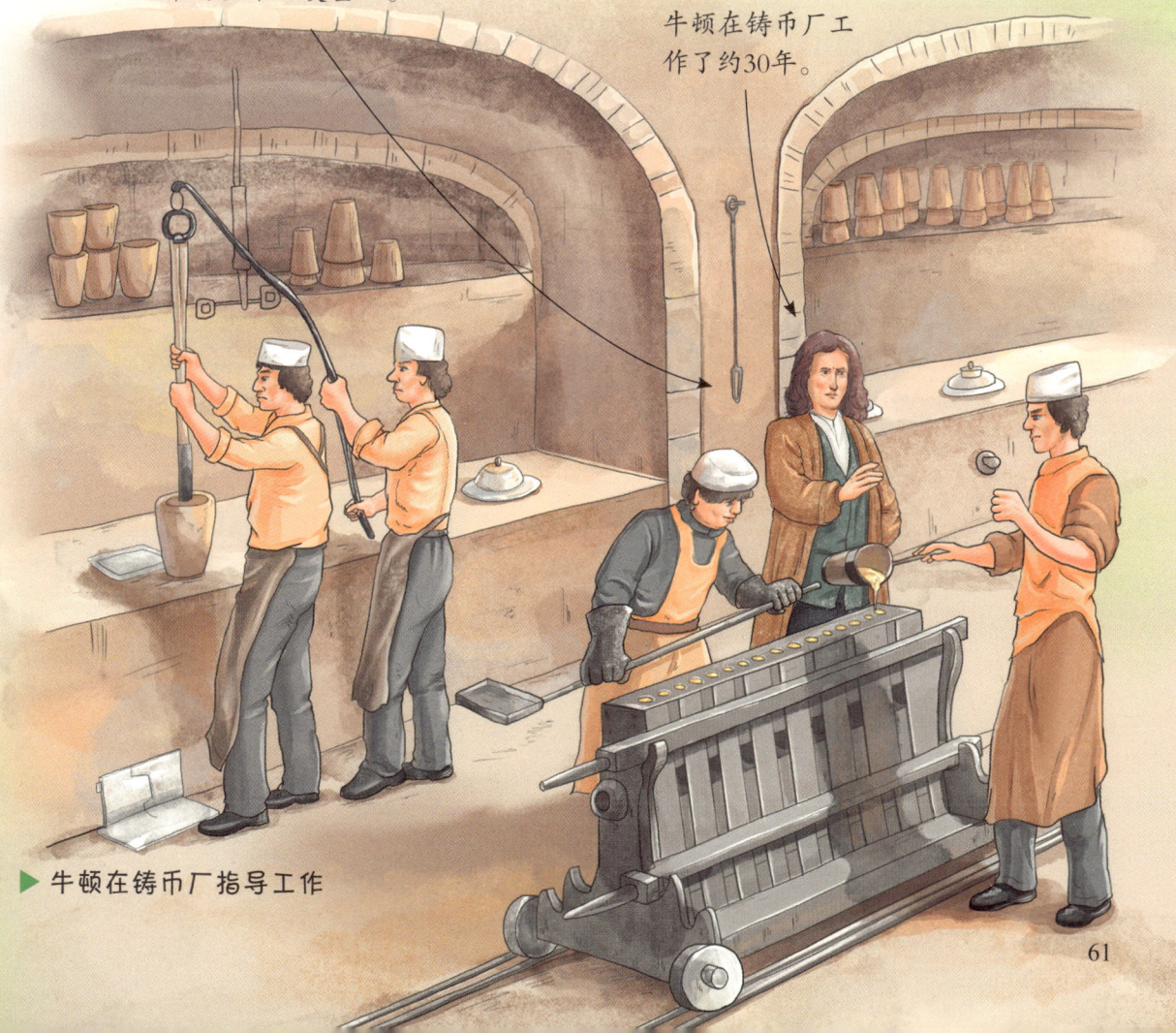

▶ 牛顿在铸币厂指导工作

61

抢等、抢球、转龙射球是冰嬉的经典项目。

康乾盛世

清朝是中国历史上最后一个封建王朝，也是第二个由少数民族建立的统一王朝。1644 年，明朝被农民起义推翻，清朝开始登上历史舞台，统治了中国近 3 个世纪。18 世纪，清朝进入"康乾盛世"，当时的中国是世界上最富有的国家，无论从政治、经济还是文化来看，都处于世界前列。

珐琅釉以矿物质的硅、铅丹、硼砂、长石、石英等为原料烧制而成。

▲ 色彩鲜艳的珐琅

规模最大的著作集

乾隆皇帝相当有才学，他喜欢绘画、诗歌等。他在位时，动用了大量的文人、学者编纂了一部中国历史上规模最大的丛书——《四库全书》。这部大型丛书分为经、史、子、集 4 个部分，自 1773 年开始编纂，至 1787 年完成初稿，历时 14 年。这部丛书被认为是对中国古典文化的一次最全面系统的整理，为后来的学术研究提供了重要的参考资料。

人们穿着跑冰鞋，冰鞋是木制的，底部镶嵌着铁条。

▲ 清朝特色运动——冰嬉

精美绝伦的清代彩瓷

中国瓷器在清代达到了登峰造极的新高度。由康熙参考制造的彩绘陶瓷——珐琅彩面世。珐琅在康雍乾时期大多为御用之物，并不高产，所以名贵异常。康熙时代的珐琅彩大多颜色艳丽，图案多为花卉；雍正时期，珐琅彩多在白地陶瓷上进行绘制，清新淡雅；乾隆时期的珐琅彩融合了前两朝的特点，绘画题材进一步扩大，且出现了西洋韵味。

▼ 四库全书　《四库全书》由纪昀等学者编修而成。

冰上嬉戏

清朝最具民族特色的运动是什么？你可能想象不到，竟然是冰嬉。对，就是现在所说的滑冰。早在努尔哈赤时期，女真族就有了冰上运动。清军入关后，这种习俗也就沿袭下来。乾隆年间，冰嬉被定为"国俗"，每年都要举办一次大规模的冰上活动。冰嬉不仅是一种健身运动，也是一种外交手段，更是民族传统文化的结晶。

"冰嬉"是北方冰上运动的总称。

文学与绘画

自明朝开始，中国社会普遍流传起小说这种文体。到了清朝，众多文学家和传世的小说著作涌现出来，其中具有代表性的就是曹雪芹的《红楼梦》、蒲松龄的《聊斋志异》和吴敬梓的《儒林外史》。除了文学，清朝时期的绘画艺术也取得了一定的成就。康雍乾时期，绘画也大多呈现一片祥和的景象，山水风景、花鸟鱼虫以及人物画像比比皆是。

▼ 小说《红楼梦》中的场景

《红楼梦》被誉为"中国封建社会的百科全书"。

《红楼梦》原名《石头记》。

▼ 曹雪芹

曹雪芹出身豪门，但家道中落。

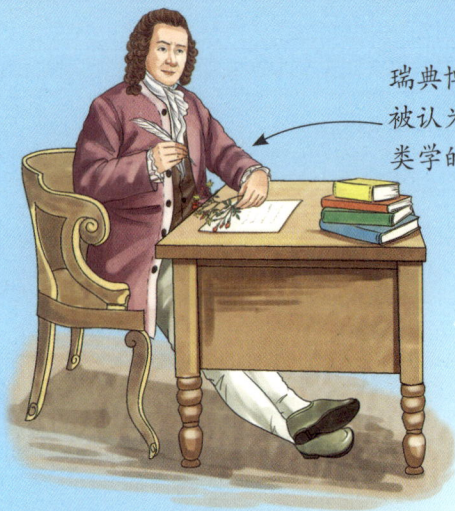

瑞典博物学家林奈被认为是动植物分类学的奠基人。

▲ 林奈

为动植物分类

现在我们可以从网上很容易地查询到某种动植物的拉丁学名以及它所归属的界、门、纲、目、科、属、种等分类，但你知道是谁首先提出了给动植物分类的想法吗？是著名的瑞典博物学家——卡尔·林奈。

与生俱来的热爱

林奈的父亲是一位牧师，他希望林奈长大以后也像自己一样从事一份神职工作，但林奈从小就对自然界充满了迷恋，8 岁的时候就成了别人眼中的"小植物学家"。上学时，林奈的学业平平，但一位老师发现了他在植物学方面的天赋，成功地说服了林奈的父亲，让林奈专心研究医科当时植物学还属于医学系的范畴。

看到的都记录下来

在父亲的全力资助下，林奈进入了瑞典久负盛名的乌普萨拉大学学习。1732 年，林奈跟随一支探险队前往瑞典北部荒凉而又神秘的拉普兰地区进行考察，他在这里发现了大量新奇的植物，并将它们收录进自己的《拉普兰植物志》中。这部作品于 1737 年出版，轰动一时。

给自然分类

林奈最为著名的著作是《自然系统》，其中收录了他在乌普萨拉大学花园、周边村镇以及他在拉普兰考察时记录的动植物、矿物、岩石等的系统分类。他将动植物按属、种分类，矿物和岩石按其外部特征分类……在林奈的分类系统中，每一个物种都有严格的等级划分。

林奈首先提出界、纲、目、属、种的物种分类法。

科学命名法

林奈所处的时代是具有探索精神的时代，那时游历世界的人们带回了各个国家特有的动植物，他们凭借自己喜好为这些新物种命名，造成了名称上的混乱。林奈为了解决这一问题，开创了一种用拉丁文分别命名属和种的"双名法"。林奈被认为是现代生物学分类命名的奠基者，他在其著作《植物种志》中，用双名法和拉丁文为 7000 多种植物统一命名。

小百科

双名制命名法，即一种植物的拉丁学名由它的属名和种名组成，其发现者的名字缩写也可以加在后面。

▼ 在野外为大家讲解植物知识的林奈

林奈是全世界第一位专教植物学的教授。

计算机内部安装了一系列齿轮机构。

▲ 莱布尼茨发明了机械计算机

奇思妙想的发明

17世纪至18世纪是一个思想解放的时代，这个时代涌现了许多奇思妙想。发明家们用自己的作品与这个世界进行着一场特殊的"谈话"，他们的目的就是改造这个世界，让它变得更加舒适与美好。

▼ 列文虎克用早期显微镜观测微生物

荷兰显微镜学家列文虎克被视为微生物学的先驱。

装着数字的机器

伟大的德国数学家莱布尼茨不仅与牛顿同时期提出了微积分理论，还发明了第一台可以进行四则运算的机械计算器。

透过镜子看微小的世界

17世纪初，科学家们通过小小的透镜发现了一个微小的世界。伽利略最早发明了一种两级放大的显微镜，并用它观察过一种昆虫。后来，荷兰人列文虎克自己动手磨制了一种显微镜，能将标本放大近300倍，于是他成为第一个发现细菌的人。显微镜在科学界的普遍应用，让人类突破新的极限，发现了与人类共享一个生存空间的微生物，也为后来各个学科的发展奠定了基础。

节省种子的新玩意儿

农业生产与人类的生活息息相关，好的生产工具不仅可以提高工作效率，还能提高农业产量。1701年，英国的一位发明家杰斯洛·图尔制作了一种木制条播机。这个机器制作得相当简陋，但也别出心裁，大多是从图尔的风琴上取材，其他的零部件也分别取自与农业无关的机器，可是这个条播机却比传统的人工播种更节省种子。

条播机，就像中国的楼车。

▲ 木制条播机

乐器的力量

钢琴有"乐器之王"的美誉，是西洋古典音乐的代表乐器，它是意大利的巴托罗密欧·克里斯多佛利在1709年发明的。18世纪以前，欧洲有两种较为流行的键盘式乐器，分别是哈普西科德与克拉维科德。这两种乐器各有长处和不足，而克里斯多佛利制作的钢琴则把两者的优点巧妙结合，于是以钢琴为主导的音乐时代来临了。

小百科

哈普西科德是14世纪形成的一种拨奏弦鸣乐器，它音量大，音色亮，但键盘操作不灵活。15世纪形成的克拉维科德是一种击奏弦鸣乐器，它可以通过键盘分别演奏强弱音，但音色沉闷。

▼ 克里斯多佛利发明钢琴

钢琴的全名应叫Pianoforte，意为弱强。

钢琴有88个琴键。

第一台可供实用的蒸汽机

1712 年，英国工程师托马斯·纽科门发明出了一种可供实用的大气式蒸汽机，被称作"纽科门蒸汽机"。这种蒸汽机以煤为燃料，可以将水从地下抽至近 4 米高。它虽然耗能大、热效率低，但在当时的欧洲还是十分受欢迎的。纽科门蒸汽机是瓦特蒸汽机的前身，为后来蒸汽机的发展和完善奠定了基础。

▼ 纽科门发明的蒸汽机

纽科门蒸汽机提高了工作效率，但没有引起工业革命。

▼ 华伦海特测试温度计

锅炉

纽科门蒸汽机多用于矿井排水、提水、推动水车。

温度是可以测量的

很久以前，人类大多靠目测或身体来感受温度。后来伽利略发明了一种带着细长颈玻璃泡的温度测量仪表，但只能用来测量温度的高低，没有精确的数值。1724 年，德国的物理学家华伦海特制定了华氏温标。他还发明了带有准确刻度的水银温度计，标计温度范围自零下约 10 摄氏度到零上约 100 摄氏度，直到现在仍然被广泛使用。

▼ 孔达米纳在亚马孙热带丛林中考察

印第安人将橡胶树称为"会哭的树"。

割胶

橡皮与橡胶

现在我们常用的橡皮，其主要材料就是橡胶。最早发现橡胶的人是法国的探险家孔达米纳。他在 1735 年去亚马孙考察时，在热带丛林中发现了橡胶树，便带了一些样本回国。后来，英国的化学家约瑟夫·普里斯特利发现小块橡胶可以除去铅笔的痕迹，于是就有了橡皮。

提高织布的效率

1733 年，英国的约翰·凯伊发明了飞梭。飞梭其实就是一种带着轮子的梭子，通常被安装在织布机的滑槽里。传统的梭子一般需要两个人配合使用，并且织出的布面宽度有限，而这种飞梭不仅可以让单人完成织布工作，还加宽了布面。新工具的产生，提高了织布的效率，却也让一些工人失去了工作，所以受到了一些织布工人的抵制。

▶ 飞梭

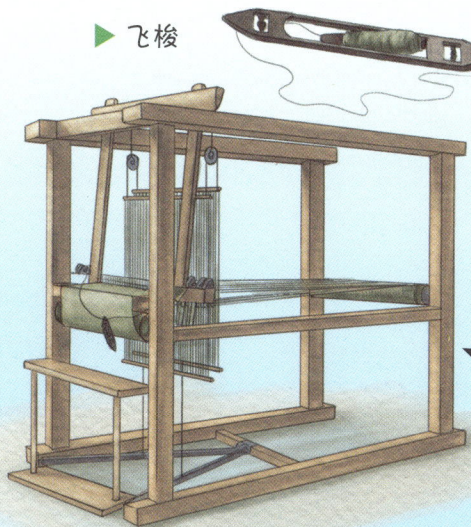

飞梭是18世纪英国棉纺织工业的三大发明之一。

安装了飞梭的织布机

凯伊原本是钟表匠。

▶ 约翰·凯伊

达尔文和《物种起源》

查尔斯·达尔文是英国的一名博物学家，他是人类历史上最伟大的科学家之一。达尔文关于生物进化的开创性理论，在哲学界、科学界乃至神学界都掀起了惊涛骇浪。他让人类意识到"神"的虚构性和人的客观性，让人类能正视自己的根源，并且为寻找这一根源而不断努力。

达尔文在编写《物种起源》时，深受病痛折磨。

"不务正业"的孩子

达尔文出生于英国的什鲁斯伯里镇，祖父和父亲都是当地的名医。达尔文16岁时便被父亲送到爱丁堡大学学医，后来又被送去剑桥大学学神学。可是达尔文不喜欢死板的教育方式，反而对自然界的动植物有着浓厚的兴趣。他没有按照父亲安排的道路前进，而是走上了寻找人类演化秘密的道路。

▲ 达尔文在研究生物的演化

重要的旅程

1831年达尔文毕业于剑桥大学，同年他参加了英国"贝格尔"号军舰的环球考察，为期5年。在这段旅程中，达尔文观察并搜集了大量动植物和地质等方面的材料。在达尔文看来，他只是进行着自己喜欢的一项工作，而对于人类来说，这却是一场重要的旅行。

▼ 达尔文在加拉帕戈斯群岛

加拉帕戈斯群岛给了达尔文"进化论"的灵感。

加拉帕戈斯象龟是现存体型最大的陆龟之一。

加拉帕戈斯群岛与世隔绝，岛上的物种独立进化。

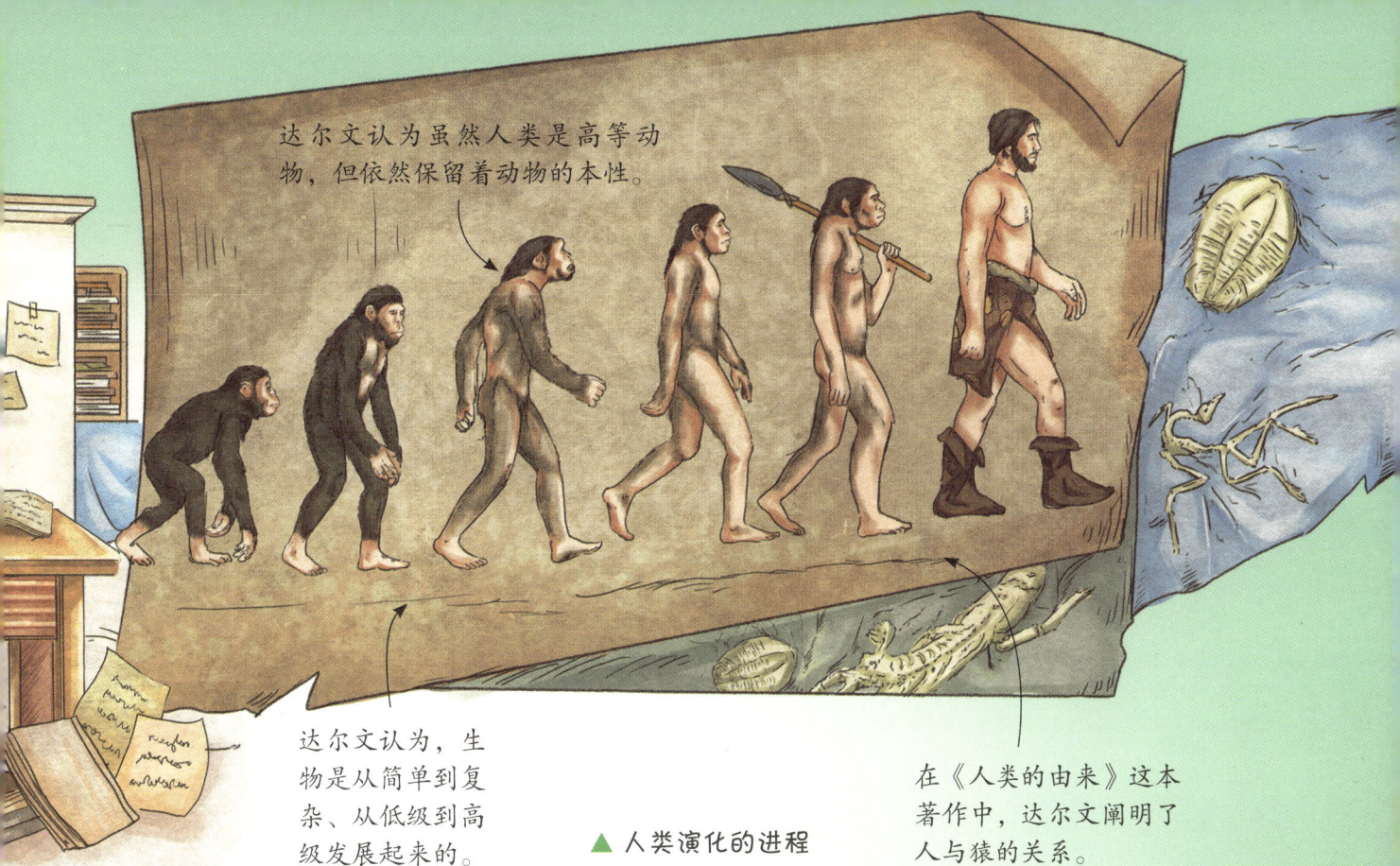

达尔文认为虽然人类是高等动物，但依然保留着动物的本性。

达尔文认为，生物是从简单到复杂、从低级到高级发展起来的。

▲ 人类演化的进程

在《人类的由来》这本著作中，达尔文阐明了人与猿的关系。

"物竞天择，适者生存"

我们崇拜达尔文所创立的理论，但事实上，法国博物学家拉马克早在 1809 年就已经提出了"生物会进化"这一观点，但限制于当时的科学发展程度而没有引起重视。达尔文赞成这一观点，并在此基础上吸收了多家之言，比如英国的人口学家、政治经济学家马尔萨斯的《人口论》，以及英国博物学家华莱士的论文《制约新物种出现的规律》。1859 年，集达尔文 20 年研究成果的《物种起源》才终于发表。直到现在，我们还会以达尔文提出的"物竞天择，适者生存"来激励自己要不断提高自身能力，不断学习成长。

▼ 拉马克

行万里路

达尔文自英国出发，以南美洲邻近的海岸为重点，后经大洋洲、非洲返回，这段原本计划 3 年的旅程，却整整用了 5 年。他在南美洲的加拉帕戈斯收集了大量的化石和标本，然后邮寄给亨斯洛。除了动植物标本，沿途的城市、港口、未经开化的居民点都是达尔文的研究对象。随着时间的推移，达尔文收集的内容以及做的笔记越发专业和全面，他从一个采集者变成了一个理论家。

"决心号"是人类历史上首艘驶入南极圈的船只。

库克曾三次探索太平洋。

库克船长是18世纪英国著名的探险家、航海家和制图学家。

▲ 库克船长指挥"决心号"进入南极圈

南极之旅

18世纪70年代以前，南极大陆是一个人类从未涉足的神秘地区。工业革命之后，人类越来越想去探索与征服南极大陆。于是18世纪70年代以后，人类对南极展开了持续200多年的冒险之旅。

前行者的铺垫

人类寻找南极大陆的想法，起源于英国航海家库克。他曾经3次进入南极圈，向人类展示了一个寒冷至极且不适宜人类居住的南极大陆。不过他还带来了另一个让人振奋的消息，那就是南极有着丰富的海豹资源。1819年至1821年，俄国、英国、美国的船长先后登陆了在当时他们还没有意识到是南极大陆的地方。到了19世纪40年代，虽然人类还在前赴后继地向南极进军，但依然没有到达南极点。

巨大的冰山

一场探险者的竞赛

人类历史上第一次攀登南极点的尝试，是英国海军军官罗伯特·斯科特与挪威探险家罗尔德·阿蒙森之间的一次竞赛。1911年底，罗尔德·阿蒙森率领挪威探险队成功到达南极点。一个多月后，斯科特一行人到达南极点，却发现那里已经插上了挪威的国旗，他们只能悻悻而归。然而，斯科特一行在返程的途中遭遇了恶劣天气，所有成员全部遇难。

▼ 伯德中校驾驶飞机飞越南极点

飞越南极点

20世纪20至40年代，人类驾驶着飞机，在南极大陆的上空俯瞰到了它的全貌。美国海军中校伯德完成了人类历史上公认的第一次飞越南极点的航行。伯德中校在空中绘制了南极的地形图，用专业的仪器测量了南极冰盖的厚度，这些都是地面工作者无法做到的。

伯德中校是美国海军飞行员，他是世界上第一个飞越两极的人。

小百科

1841年，英国人罗斯发现了维多利亚地、罗斯海、罗斯岛、埃里伯斯火山以及罗斯冰架等地，为后人到达南极点选择了良好的基点。

73

A BRIEF HISTORY OF HUMANKIND FOR CHILDREN

人类简史

少年简读版 ④

张玉光 ◎ 主 编

青岛出版集团 | 青岛出版社

图书在版编目（CIP）数据

人类简史：少年简读版 . 4 / 张玉光主编 . — 青岛：青岛出版社，2024.1
ISBN 978-7-5736-1557-2

Ⅰ . ①人… Ⅱ . ①张… Ⅲ . ①社会发展史—少年读物 Ⅳ . ① K02-49

中国国家版本馆 CIP 数据核字 (2023) 第 201091 号

RENLEI JIANSHI （SHAONIAN JIANDU BAN）

书 名	人类简史（少年简读版）
主 编	张玉光
出 版 发 行	青岛出版社（青岛市崂山区海尔路 182 号）
本 社 网 址	http://www.qdpub.com
责 任 编 辑	梁 娜 李康康 程兆军 刘 怿
封 面 设 计	刘 帅
排 版	青岛艺鑫制版印刷有限公司
印 刷	青岛新华印刷有限公司
出 版 日 期	2024 年 1 月第 1 版 2024 年 1 月第 1 次印刷
开 本	16 开（889mm×1194mm）
印 张	20
字 数	400 千
书 号	ISBN 978-7-5736-1557-2
定 价	136.00 元（全四册）

编校印装质量、盗版监督服务电话　4006532017　0532-68068050

前　言
PREFACE

　　我们生活在信息爆炸的时代，科技的边界在不断拓展。人类不仅要向前走，还要向后看，看看历史留给我们的财富。古人说"以史为镜，可以知兴替"，历史中有跌宕起伏的故事，有薪火相传的文明，也有世事变迁的规律，更有激励人们向前进的力量。

　　人类从哪里来？

　　人类是如何走到今天的？

　　……

　　人类在有历史记录之前就存在了。几百万年前，人类的祖先离开了森林，那时的它们还很弱小，相比威风凛凛的虎、狮子和大象，并没有什么战斗力。直到智人学会使用火和工具，人类的文明才拉开了帷幕，逐渐居于食物链顶端。随着工具和技术的快速发展，出现了语言和文化，人类的发展进入了"快车道"。不同地域、不同种族的人们不约而同地在世界上创造了各具特色的璀璨文明，焕发出耀眼的光彩。

　　《人类简史》以宇宙大爆炸为开端，从采集狩猎的史前时代到人类文明大发展时代，再到近现代，在有限的篇幅里，勾勒出人类发展的主要线索。本书将波澜壮阔的历史用简洁而详实的文字叙述出来，用精美而多彩的画作描绘出来，希望读者掌握人类历史的大致面貌，在历史的脉络中更加了解人类的发展，汲取智慧。

目 录
CONTENTS

第二章
蓬勃发展的新世界

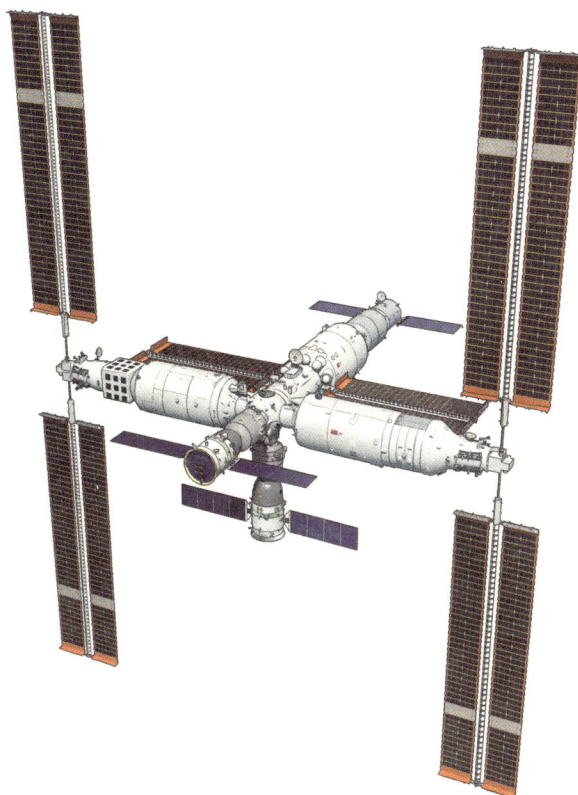

第一章 轰轰烈烈的工业革命

18世纪末，一系列科学技术出现，英国发生了一场重大变革。它标志着传统手工业经济向机械化大规模工业生产的转变，这就是工业革命。

影响深远的启蒙运动

17 世纪到 18 世纪，在继文艺复兴之后，欧洲进行了近代人类第二次轰轰烈烈的思想解放运动，史称"启蒙运动"。这次运动的矛头直指"黑暗的中世纪"，这是一次欧洲资产阶级和人民大众反对封建思想的运动，代表着光明终将驱散黑暗。

启蒙运动的起源

17 世纪，西方近代科学技术飞速发展，社会经济悄然变革。宗教改革运动削弱了教会的权威，促使人们开始重新审视宗教和信仰问题。资本主义和封建主义的矛盾变得愈发激烈，文化与教育的传播和普及鼓励着人们对哲学、艺术等方面进行理性思考。启蒙运动就此开始。

启蒙思想家反对君主专制，否定封建王权，提倡自由、民主、平等。

▼ 启蒙运动中进步的思想家们

新兴的资产阶级日益壮大。

启蒙运动是一场思想解放运动。

知识就是力量

启蒙运动最先兴起于英国。英国的哲学家在这次运动中占有重要的地位，特别是英国的唯物主义哲学家弗朗西斯·培根。他提出了著名的"知识就是力量"的口号。培根认为经验是知识的来源，并建立了自己的唯物主义经验论，这对在他之后的科学家们有着很大的影响力。

培根是英国启蒙运动的先驱之一。

▲ 英国哲学家——培根

▼ 托马斯·霍布斯

权杖

利剑

王权并非神授

继培根之后，机械唯物主义哲学家托马斯·霍布斯脱颖而出。他反对王权神授论，认为君主才是一个国家的最高统治者，而非崇拜"神"的教会。霍布斯还认为，物体不依赖于人的思想，他反对经院哲学的无形论，认为如果上帝是无形的，那它就是不真实存在的。于是在以后的欧洲，"霍布斯主义"也就成了"无神论"的同义词。

霍布斯的政治思想体现在《利维坦》等多本著作中。

▶ 约瑟夫·普利斯特利

普利斯特利发现了氧气，阐述了氧气的各种性质，还在1772到1774年间，先后发现了二氧化氮、氨以及二氧化硫这些气体。

人民要有发言权

约瑟夫·普利斯特利是自然哲学家、化学家、教育家。他是18世纪自由思想发展的推动者，主张人民在政府中应有发言权，对自己的行动应有自主权，还有捍卫民主自由和进行革命的权利。这位自由政治理论家同时还是我们赖以生存的氧气的发现者。

荷兰启蒙运动
的思想家

著作有《战争
与和平法》等。

格劳秀斯的研究
涉及法学、政治
学、文学、语言
学、史学等。

▲ 胡果·格劳秀斯塑像

挑战宗教神学

宗教神学是启蒙运动的主要针对点之一，而荷兰的进步思想家们则为这一运动铺平了道路。荷兰的唯物主义哲学家们纷纷发表著作抨击和反对教会的教义，其中著名的自然法学说的创立者胡果·格劳秀斯认为自然法应该从神学中分离出来，这是以人的理性而不是神的意志为基础的法则。

第一部百科全书

18世纪，法国成为启蒙运动的中心，法国的思想家们将启蒙运动推向了高潮。其中最著名的百科全书派的代表之一狄德罗，主编了法国第一部《百科全书》。当时与狄德罗一起编写《百科全书》的核心思想家们，在历史上被称为百科全书派，他们信奉唯物主义和无神论，尽管有些时代的局限性，但现在看来，他们依然是一群推动人类文明进步的斗士。

▼ "百科全书派"的思想家们

《百科全书》全名《百科全书，科学、艺术和工艺详解词典》。

参与撰稿的
有160多人。

4

孟德斯鸠是法国启蒙运动的思想家。

孟德斯鸠的代表作《论法的精神》奠定了近代西方政治与法律理论发展的基础。

大手工作坊主、商人、银行家发展成早期资产阶级。

▲ 孟德斯鸠受到新兴资产阶级的追捧

资产阶级代言人

法国启蒙运动中，资产阶级思想的代表人物孟德斯鸠，在政治上主张开明的君主立宪制，他认为法治比人治更利于维护国家秩序的稳定。同时，他还是一位和平主义者，他认为战争有正义与非正义之分，国际交往应该是平等互助的。孟德斯鸠的思想代表着广大资产阶级的利益，因此他的政治理论受到了资产阶级的广泛推崇。

自由思想的伟人

著名的法国文学家、哲学家伏尔泰，可以称得上是法国启蒙运动的领袖和导师。他是百科全书派的代表人物之一。哲学上，他坚持唯物主义的思想，认为教会是一切社会罪恶之源，宗教迷信是阻碍人类理性的恶魔；文学上，他创作过诗歌、小说，有多部历史著作。

小百科

伏尔泰一生主要从事戏剧创作。他共创作了50多部戏剧，其中超过一半都是悲剧。他的最后一部悲剧作品是《伊雷娜》。在伏尔泰看来，悲剧作品更能传播自己的哲学思想。

▼ 伏尔泰

伏尔泰原名弗朗梭阿·马利·阿鲁埃，伏尔泰是他的笔名。

英国皇家学会

乍一听英国皇家学会这个名字，有的人可能会认为这是一个由王室成员组成的学习研讨组织。其实不然，英国皇家学会是一个资助科学发展的组织，全称为"伦敦皇家自然知识促进学会"。直到现在，它依然在为人类科学的发展贡献着力量。

"究斯特科尔"是17世纪的欧洲男装。

在贵族男士们中流行的半截紧身裤，叫作"克尤罗特"。

12人的小团体

1660 年，一群对物理数学实验知识感兴趣的人组织了一次聚会，并成立了一个研讨团体。当时最早的成员有剑桥三一学院的院长约翰·威尔金斯、著名的物理学家罗伯特·胡克、近代化学的奠基人之一罗伯特·波义耳，还有一位以建筑见长的天文学家克里斯多夫·雷恩。起初，这个研究进步思想和科学知识的小团体会选择私人住所或者格雷沙姆学院作为开会地点……

国王支持下的发展

1660 年，流亡海外的查理二世成功复辟后，伦敦重新成为英国科学活动的主要中心。当时，人们对于科学的认知已经达到了一个新的高度，小团体也已经发展成了拥有百人的科学研讨组织。1662 年，查理二世正式颁布了特许状，于是这个以"促进自然知识"为宗旨的皇家学会正式成立了。

▼ 早期印章

17世纪欧洲人流行戴假发。

英国皇家学会是世界上存在时间最长的科学团体。

▲ 英国皇家学会学习研讨小组

小百科

英国皇家学会自1660年成立以来，一直活跃在世界科学研究的前沿。它虽然古老却也与时俱进，是世界上历史最长且从未中断过的科学学会。

英国科学研发的中心

英国皇家学会可不是徒有虚名。要知道历史上许多有名的科学家都是皇家学会的成员，比如牛顿、达尔文、霍金等。这里不仅有英国本土的顶尖科学家，还有一些被推举成为学会成员的国外的优秀科学家。英国皇家学会的成立是人类突破思想枷锁，不断提升自我价值的体现。

▼ 英国皇家学会驻地

杨振宁、杨子恒、周光召、陈竺、白春礼、李家洋等多位中国科学家也是英国皇家学会的成员。

皇家学会的会长中有很多都是诺贝尔奖获得者。

第一次伟大变革

曾经，人类亲手盖房造屋、耕地织布，创造一切。当轰隆作响的机器出现后，不知疲倦的机器与人类双手相比，效率显然高多了。人们歌颂机械，赞美工业化。为了和落后的"昨天"相区分，人类将"今天"称为工业时代。若是提及工业化的开端，那就得从 18 世纪的英国讲起了。

▼ 珍妮机

以人力为动力的手摇纺纱机

珍妮机可以一次纺出多根纱线。

纺锤

棉纺织业的飞跃

1765 年，英国织工詹姆斯·哈格里夫斯发明了一种先进的纺纱机——珍妮机。和过去一次只能纺出一根棉线的纺车比起来，这种机器一次可以纺出多根棉线，效率一下子提升了好几倍。无数人在为珍妮机的效率感到惊讶的同时，也对其进行了改造，更先进的纺织机器纷纷"出炉"。英国的棉纺织业开始了飞速发展。

▼ 工厂中，人们用机器进行生产

工厂中，机器生产代替了手工劳动。

工厂中的童工

机器的普及

棉纺织业的快速发展，被当时英国社会的各界人士看在眼里。他们很快意识到：比人工效率更高的机器势必会改变当下的生产模式与格局。于是，在冶炼、采矿等其他工业部门里，机器以肉眼可见的速度，像雨后春笋般涌现出来。

蒸汽火车以煤炭为燃料。

▶ 蒸汽机车轰隆隆地行驶着

动力革命

伴随着机器在英国的大规模普及，一个问题出现了：现有的动力似乎没法满足机器生产的需要。众所周知，在工业革命前，人力、畜力、风力以及水力是人们在生产生活中最常使用的动力。可面对钢铁机械，这些动力源就显得有些力不从心了。因此，一场动力的革新势在必行。

火车刚出现时比马奔跑的速度慢。

瓦特与蒸汽机

在詹姆斯·瓦特改良蒸汽机成功以前，就已经有很多人在从事蒸汽机的研发工作了，比如托马斯·纽科门的蒸汽机、萨弗里的"矿工之友"等。但和瓦特改良的蒸汽机相比，这些蒸汽机都或多或少存在着一定的缺点。18世纪80年代，瓦特改良的蒸汽机正式投入使用，并在很多工业部门迅速普及，为工业生产提供了更便捷的动力。蒸汽时代到来了！

▼ 瓦特思考如何完善蒸汽机

为了纪念瓦特，人们把功率的单位定为"瓦特"，简称"瓦"。

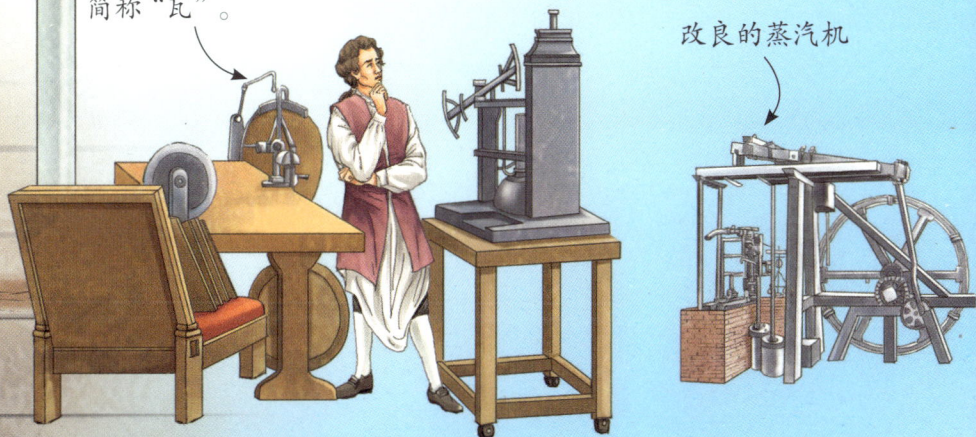

改良的蒸汽机

▼ 纺纱机出现之前，工人们以手工纺纱为主

人工纺纱的效率比较低。

纺纱、织布等活计基本由女性负责。

手摇纺车

与众不同的工厂

现代人对工厂的存在已经习以为常，事实上，现代工厂正是英国工业革命的产物。在此之前，工厂还只是"工场"，虽然两者只有一字之差，但却有着本质上的差别。工场指的是聚集一群手工业者从事手工劳动的场所。而工厂则是以机器生产为主，制造大量工业产品的经济单位。

交通工具的革新

工厂里的机器以惊人的速度不断地消耗着原料，制造产品。这也导致另一个问题出现了：如果不能及时运输原料和货物，那么产品的利润很可能就会降低。于是，人们把目光瞄向了交通工具。很快，以蒸汽为动力的船舶和机车被发明出来，新的交通工具正以过去从未有过的速度出现。

小百科

英国是较早进行海外贸易和殖民的大国，积累了相当丰厚的"家产"，有足够的海外市场与原料产地。种种因素结合在一起，才使得工业革命最早在这里兴起。

▼ 罗伯特·富尔顿发明的蒸汽船

以蒸汽为动力的轮船——"克莱蒙特"号

开眼看世界

当英国工业革命如火如荼地进行时，与其仅隔着一条海峡的法国也感受到了变革的"春风"，并开始效仿英国。理论上讲，法国是最早受到英国工业革命影响的国家之一。大约与此同时，美国也开始了工业革命。19 世纪中期前后，工业革命的风暴几乎吹遍了各大洲。

小百科

英国依靠最先进行和完成工业革命的优势，一举成为 18 世纪至 19 世纪的世界头号强国。而其他几个国家也靠着工业革命脱颖而出，成为列强。

运行的机器

提花机是一种纺织工具，可以在织物上织出复杂的花纹。

▲ 装有提花机的法国工厂

改变世界的变革

第一次工业革命是人类历史上最伟大的变革之一。从这以后，手工劳动渐渐落后于时代，先进的机器生产大行其道。工业革命不仅仅是表面上的技术革新，更是一次由内而外的社会变革，囊括了政治、经济、思想以及军事等领域，对世界的影响是多方位且十分深远的。

机器的广泛使用也让很多手工业者破产。

▼ 正在工作的手工业者

蒸汽机车和铁路

蒸汽机的发明与改进，让人类迈入了工业革命的大门，进入了蒸汽时代。那时，在人类的生活中以蒸汽为动力的东西随处可见。接下来我们要说一说，"蒸汽"是如何替代人力、畜力成为交通工具动力的，又是如何提高人类的"奔跑"速度的。

给蒸汽机加上轮子

蒸汽机作为 18 世纪中叶到 19 世纪中叶主要的动力，使人类文明向前迈进了一大步。目光长远的人会设想将这种新的动力应用到更广阔的天地，英国的工程师理查德·特里维西克就是这种设想的早期实践者之一。他首先发明了一种高压蒸汽机，在 1804 年，他成功地设计并建造了世界上第一辆可以运载乘客在轨道上行驶的蒸汽机车。

▲ 特里维西克

在适合的道路上奔跑

虽然特里维西克发明了蒸汽机车，但不幸的是，他的发明因在使用时出现了问题而无法进一步推广。造成这种后果的主要原因是当时没有一条适合蒸汽机车奔跑的轨道。1825 年，在著名工程师乔治·斯蒂芬森的建议指导下，世界上第一条正式的铁路——英国的斯托克顿—达灵顿铁路宣布通车。这不仅是英国最早正式公开的能供蒸汽机车牵引客货列车运行的铁路，也被认为是世界上最早使用蒸汽机牵引的公共铁路。

烟囱

机车时速24千米。

铁路旁聚集了很多人，甚至还有人跟着火车奔跑。

小百科

英国修建铁路成功后，其他国家也相继建造了铁路。1828 年，法国建成了第一条铁路。1835 年，德国也成功建成了铁路。而这些铁路的修建都离不开斯蒂芬森的功劳。

从铁路工程师到发明家

第一条铁路建成以后，哪台蒸汽机车有幸成为第一台牵引机车呢？这里还要提一下设计师斯蒂芬森，他不仅是一位铁路工程师，还是一位蒸汽机车的发明家。铁路建成后，他发明的名为"动力1号"的蒸汽机车以每小时24千米的速度，从达灵顿驶向了斯托克顿。他与儿子共同设计的"火箭"号机车，在蒸汽机车竞赛中一举夺魁，该机车的速度每小时可达47千米。

斯蒂芬森被誉为"铁路机车之父"。

火车头

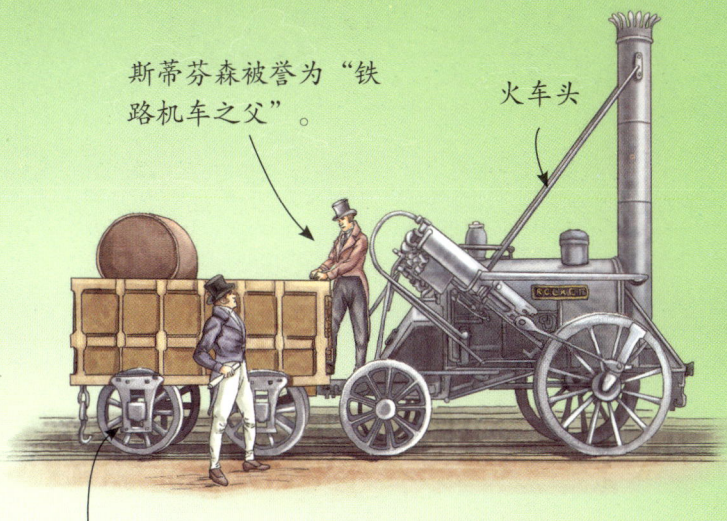

储存水及燃料的煤水车

▲ 斯蒂芬森研究蒸汽机车

▼ 斯托克顿—达灵顿铁路开通时的场景

机车牵引着6节煤车和20节挤满乘客的车厢。

浪漫主义运动

18 世纪末到 19 世纪初，第一次工业革命正如火如荼地进行着，封建主义和资本主义激烈交锋，欧洲局势风云激荡。在这种新旧交替的历史背景下，一股浪漫主义思潮正在悄然兴起。

压迫下的自由思想

18 世纪晚期是欧洲民主运动与民族解放运动的高涨时期，这期间所带来的贫富分化打破了人们对理性的幻想。于是，倡导自由，抨击教条，反对僵化古典主义的浪漫主义思想应运而生。浪漫主义运动是思想文化上的变革，是对政治、社会革新的响应。

▶ 浪漫主义诗人雨果

浪漫的文化

浪漫主义运动涉及很多领域：诗歌、音乐、美术、建筑等。它们都表现出浪漫主义的特点：重视创作的自由，反对死板的教条，抗议僵化的古典主义戒律，对未来充满美好的期望，强调遵循个人情感的重要性。

▼ 莫扎特正在演奏钢琴

莫扎特是音乐神童，6 岁时就创造了一首小步舞曲。

莫扎特出身于萨尔茨堡宫廷乐师家庭。

浪漫主义之父——卢梭

让·雅克·卢梭自幼丧母，没有接受过系统的教育，一生颠沛流离。或许正是这样的人生，让他多愁善感且爱幻想。在他看来，人类应该重视个性与自由，尊重本能，听任自己的情感去做事，而把理性当作行为准则是不可靠的做法。在卢梭出版的《新爱洛伊丝》《爱弥儿》等作品中，都可以看出他在刻意地发掘情感。卢梭的思想为浪漫主义运动奠定了基调。

▶ 卢梭

卢梭当过学徒、佣人、私人秘书、抄谱员。

卢梭在1762年发表的《爱弥儿》触怒了贵族和僧侣阶级，因此遭到他们的通缉，卢梭被迫逃离法国。

《爱弥儿》是卢梭创作的教育小说。

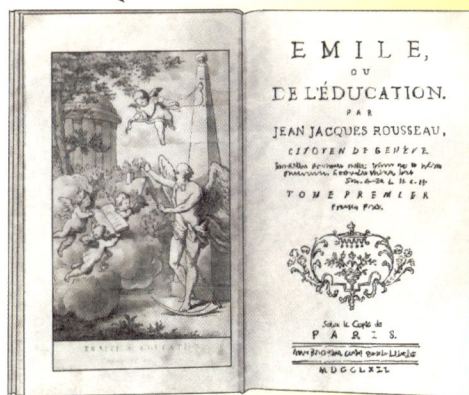

EMILE,
ou
DE L'ÉDUCATION.
PAR
JEAN JACQUES ROUSSEAU,
CITOYEN DE GENÈVE.

TOME PREMIER

A
PARIS.

MDCCLXII.

▲ 卢梭的浪漫主义代表作《爱弥儿》

自由的音乐

19 世纪是浪漫主义运动走向壮大的时期。此时，作为"自留地"的古典主义音乐领域也受到了影响：越来越多的音乐家打破了古典主义的束缚，他们追求自由，张扬个性，放弃了以往端庄严肃的音乐风格，创作了许多风格热烈奔放的音乐。

走进"电"的世界

电是我们日常生活中重要的"伙伴"，国防、科技、日常生活都离不开电。没有电，现代社会的生活会瘫痪。电是如何一步步走进人们生活的呢？

把"电"装起来

"电"这个看得见、摸不得的"东西"可以被装起来，你可能觉得这是天方夜谭。事实上，早在 18 世纪，一位荷兰的科学家彼得·范·穆森布罗克就发明了一种玻璃容器，用来储存静电。因为这是他在荷兰莱顿创造并试用的，所以也被称为"莱顿瓶"。这个储电装置一经面世，便成了众多科学家演示电学实验的宠儿。可以说，莱顿瓶推动了人类对电的本质和特性的研究。

▼ 穆森布罗克正在进行莱顿瓶实验

用手快速旋转玻璃球对其充电。

莱顿瓶就是最早的电容器。

盛着水的玻璃瓶

美国电学研究的先驱

美国科学家富兰克林在电学研究上做出了重要贡献。这与莱顿瓶有着密切的关系。他在观看过一场用莱顿瓶进行的电学实验后，便对"电"产生了很高的研究兴趣。人们常说兴趣是最好的老师，富兰克林在兴趣的驱使下，通过实验提出了许多关于"电"的理论，统一了混乱的电学知识，创造了许多关于"电"的名词，如正电、负电、充电、放电等。

▲ 进行电实验的富兰克林

本杰明·富兰克林曾经进行了多项关于电的实验。

▼ 库仑的扭秤实验

库仑是早期研究电现象的科学家之一。

用扭秤测量"电"

电荷量的单位"库"，是以法国著名的物理学家、工程师查里·奥古斯丁·库仑的名字命名的。这位伟大的科学家为电学的发展做出了两个重要贡献：一个是扭秤实验，另一个是库仑定律。库仑利用扭秤测量了静电力和磁力，基于扭秤实验结果，库仑提出了著名的"库仑定律"。

电荷的单位库仑就是以他的姓氏命名的。

库仑用扭秤测量静电力和磁力，得出著名的库仑定律。

小百科

库仑定律：真空中，在静止的特定条件下，两个质量相同并且带有相同电荷的小球之间会产生一种排斥力，这种力与他们之间的距离的平方成反比，与它们电荷量的乘积是正比关系。

第一个伏打电堆

来自意大利的物理学家亚历山德罗·伏打，自1765年起，便开始从事静电实验研究。经过很多次的实验之后，他在1799年发明了伏打电堆。这个研究成果让他得到了拿破仑的金质奖章。为了纪念他的功绩，电动势和电位差的单位就以他的姓氏命名为"伏特"，简称"伏"。

▼1801年，伏打在法国学会上表演了伏打电堆

伏打因发明伏打电堆获封伯爵。

伏打曾为拿破仑展示电堆。

锌片和铜片之间夹着用盐水浸湿的纸板。

发现电流的磁效应

"电与磁之间没有关系"，这个理论在汉斯·克里斯蒂安·奥斯特之前一直被物理学界奉为真理，这也是库仑得出的结论。奥斯特在1820年的一次实验中发现了在电流作用下磁针发生偏转这一现象。随后，他又进行了多次实验，终于证实了电与磁之间是有关联的。由此，奥斯特成了发现电流磁效应的第一人。

▼ 奥斯特在做电流磁效应实验

奥斯特是丹麦物理学家、化学家。

奥斯特发现电流通过导线时，导线周围会产生像磁铁那样的磁力。

安培提出磁针转动方向和电流方向的关系服从右手定则，这就是安培定则。

▲ 安培正在研究分子电流

被颠覆的电磁观

在奥斯特发现电与磁之间的关联后，原本对这一观点持反对意见的法国物理学家安培也投入到了这项研究中。他进行了一系列的实验，发现了运动的电会产生磁性。后来在菲涅耳的启示下，安培提出了分子电流假说。这个在当时基本靠臆测得出的结论在100年后得到了证实。为了纪念安培对于电学的贡献，电流强度的单位被命名为"安"。

电给人类带来了什么

科学家发现了电，并将它带入了人类的生活。随之而来的是各种与电相关的新发明：从基础的电池、电灯，到后来的电视机、电脑。人类的生活因为电变得更为舒适。

▶ 电走进了人们生活的方方面面

医学突飞猛进

医学与人类的发展史一样，经历了混沌迷茫的时期，然后一步步走向了光明。人类在经历了一次次大风大浪后，积累了医学知识，发明了医学工具。现代医学改写了人类的生命发展史，也将会带领人类攀登上一座又一座生命的高峰。

听诊器的雏形是一张卷成圆筒的硬纸，一头按在病人的胸部或背部，另一头紧贴在耳朵上听诊。

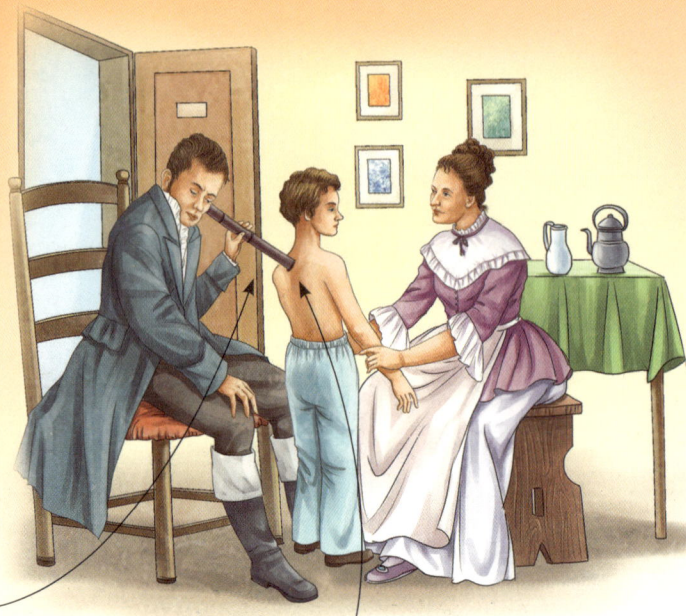

这种听诊器的形状像笛子，因此又被称为"医生的笛子"。

▲ 医生用听诊器检查孩子的身体

听到心脏的跳动声

用来听取心脏和肺部声音的东西最早是由法国人雷奈克在 1816 年发明的。这个看起来像个木筒的柱形家伙，放大了心脏跳动的声音。

改写命运的疫苗

天花病毒曾经在世界上肆虐了数千年。这种传染性强、发病率高的病毒，让人类饱受折磨。1796 年，英国的科学家爱德华·詹纳研发出了人类历史上第一种安全可靠的天花疫苗，从此大大降低了天花病毒的发病率。1979 年，人类彻底将天花病毒消灭，这成了人类历史上第一种被消灭的传染病。

麻醉让手术更顺利

我们很难想象在没有麻醉剂的时代，各种手术是如何进行的，那些患者又经历了怎样的痛苦。现在，我们在惊叹医学高度发展的同时，依然要对改变医疗条件的先驱们表示感谢，特别是对于发明了麻醉剂的伟大医者。1846 年，美国的一位牙医威廉·莫顿成功地用乙醚作为麻醉剂为大众上演了一次医学史上的传奇。从此，麻醉剂被广泛地应用到很多种类型的手术中，缓解了人类的痛苦。

在麻醉剂还未出现在手术中时，外科医生只能通过不断地加快手术速度来减轻病人的痛苦。

布伦德尔是一位产科医生。

布伦德尔并没有发现血型的问题。

▲ 詹姆斯·布伦德尔

让血液在人与人之间流动起来

现在看起来十分平常的医学手段，其实都有一个漫长的发展过程。比如输血，起初医学界也有为流血过多的病人输血的做法，但大多数医生选择的是用动物血代替人血，所以都没有成功。英国医生詹姆斯·布伦德尔总结了前人的经验，选择给病人输入人血。他用自己设计的装置将献血人的血液输入病人的体内，但依然存在失败的案例，这是因为当时还没有形成成熟的血型理论。

▼ 威廉·莫顿正在展示乙醚麻醉剂的功效

乙醚麻醉手术的成功，为医学史带来了革命性的变化。

莫顿是个牙医。

乙醚吸入器

其实在莫顿之前，美国乡村医生就使用乙醚麻醉进行了手术。

21

农业革新

19世纪，世界在进行工业革命时，欧洲的农业也发生着日新月异的变化：田野上出现了农业工人和新型农业机械。显而易见，一场农业革新已经开始了。

不革新，没饭吃

伴随着工业革命的进行，一大批新兴城市出现，城市人口的数量激增，对粮食的需求大大增加。再加上一大批农民因为破产等原因离开耕地，来到城市里的工厂工作，农业人口大量流失，使得人们面临一个严峻的问题：如果不对农业进行革新，提高粮食产量，那么离全民饥荒的日子就不远了。

▼ 李比希

李比希是化学家，最主要的贡献在农业和生物化学领域。

李比希被称为肥料工业之父。

收割机需要马匹拉动。

收割后的小麦要整理、收集，然后进行脱粒。

科学的轮作制

过去，人们在耕种时，常常会选择在同一块田地里连续种植相同的农作物。时间长了，人们发现这块土地的产量一年不如一年。后来，人们做出了种种针对性的调整，比如间作、套作等。19世纪，德国科学家李比希提出了植物矿质营养学说。

小百科

经过长久的试验，人们渐渐摸索出一套行之有效的科学轮作体系：诺福克四圃轮作制，即在每块土地中按照芜菁、大麦、三叶草和小麦的顺序轮流播种。

▼ 塞勒斯·霍尔·麦考密克
发明的收割机正在工作

收割机节省了大量的劳动力。

收割机正在收割小麦。

走向机械化

很多人受到工厂机器的启发，研发出各种应用于农业方面的机械。比较典型的有美国塞勒斯·霍尔·麦考密克发明的收割机、采棉机、中耕拖拉机等。这些在当时较为先进的机器在很大程度上节省了人力，提高了农作效率。

工厂里的烟囱

▼ 农村劳动力流入城市

林立的工厂

对工业革命的反哺

农业革新的种种举措大大提升了农作物的产量，缓解了日趋严重的粮食危机，支持了人口净增长。不仅如此，农业革新还解放了一大批剩余劳动力，使他们"流向"城市，促进了工业革命的蓬勃发展。

大量农民涌入城市，城市人口急剧膨胀。

23

文学先锋

简·奥斯丁

英国小说家

19世纪的文坛呈现出一片生机勃勃的景象。从浪漫主义文学到现实主义文学，作家用一行行文字抒写着他们的情怀。作家把自己的思绪交付给手中的笔，写出精彩的书稿。读者被书中的故事调动着喜怒哀乐的情绪，发出无数的人生感悟。文学给人类创造了另一片天地。

女性文学的代表

19世纪的英国，逐渐涌现出一种全新的文学形式，它以女性视角为出发点，宣扬女性人格的独立。其中代表性的作家有简·奥斯丁。这位女性文学的创作者没有接受过正规学校的教育，她获得的知识主要来源于古典文学作品和流行小说。她从少年时投身于文学，成年后共发表了包括《傲慢与偏见》在内的6部小说。

文字筑成的童话王国

《灰姑娘》《白雪公主》《小红帽》《丑小鸭》，这些童话故事伴随了许多孩子的成长。1812年，由德国的格林兄弟共同整理的童话故事书出版了。1835年，丹麦作家汉斯·克里斯蒂安·安徒生的《讲给孩子们听的故事》面世。从此，孩子的世界里拥有了众多美丽的公主和英勇的王子，还有打败恶魔的骑士。

格林兄弟是雅各布·格林和威廉·格林兄弟二人。

《格林童话》第7版中有200多个故事。

▼ 格林兄弟

《儿童与家庭童话集》又称《格林童话》。

巴尔扎克创作的《人间喜剧》中包含91部长篇小说。

《人间喜剧》被誉为"资本主义社会的百科全书"。

▲ 巴尔扎克与众人谈论戏剧

巴尔扎克被称为"现代法国小说之父"。

法国的人间喜剧

19世纪上半叶，法国著名作家巴尔扎克创作了一部小说集，名为《人间喜剧》。巴尔扎克经历了拿破仑帝国战火纷飞，封建王朝复辟的混乱时代。巴尔扎克在他的文字中注入了自己最真挚的情感，有时他就是书中人，是高老头也是欧也妮·葛朗台，所以他的作品才那样丝丝入扣，受人喜爱。

科幻小说之母

人类文学史上的第一部科幻小说《弗兰肯斯坦》出自英国小说家玛丽·雪莱之手。这位被誉为"科幻小说之母"的美丽女子是英国著名浪漫主义诗人珀西·比希·雪莱的第二任妻子。玛丽一生中除创作小说、游记、诗歌等外，还致力于整理出版亡夫的遗作。

小百科

在巴尔扎克的书房里有一个小型的拿破仑塑像，他在上面留下了这样一段文字："他用宝剑未能完成的大业，我将用笔杆来完成。"

▼ 玛丽·雪莱

玛丽·雪莱以21岁时发表的《弗兰肯斯坦》而知名。

《弗兰肯斯坦》被誉为"有史以来最伟大的恐怖作品之一"。

水晶宫是个三层建筑。

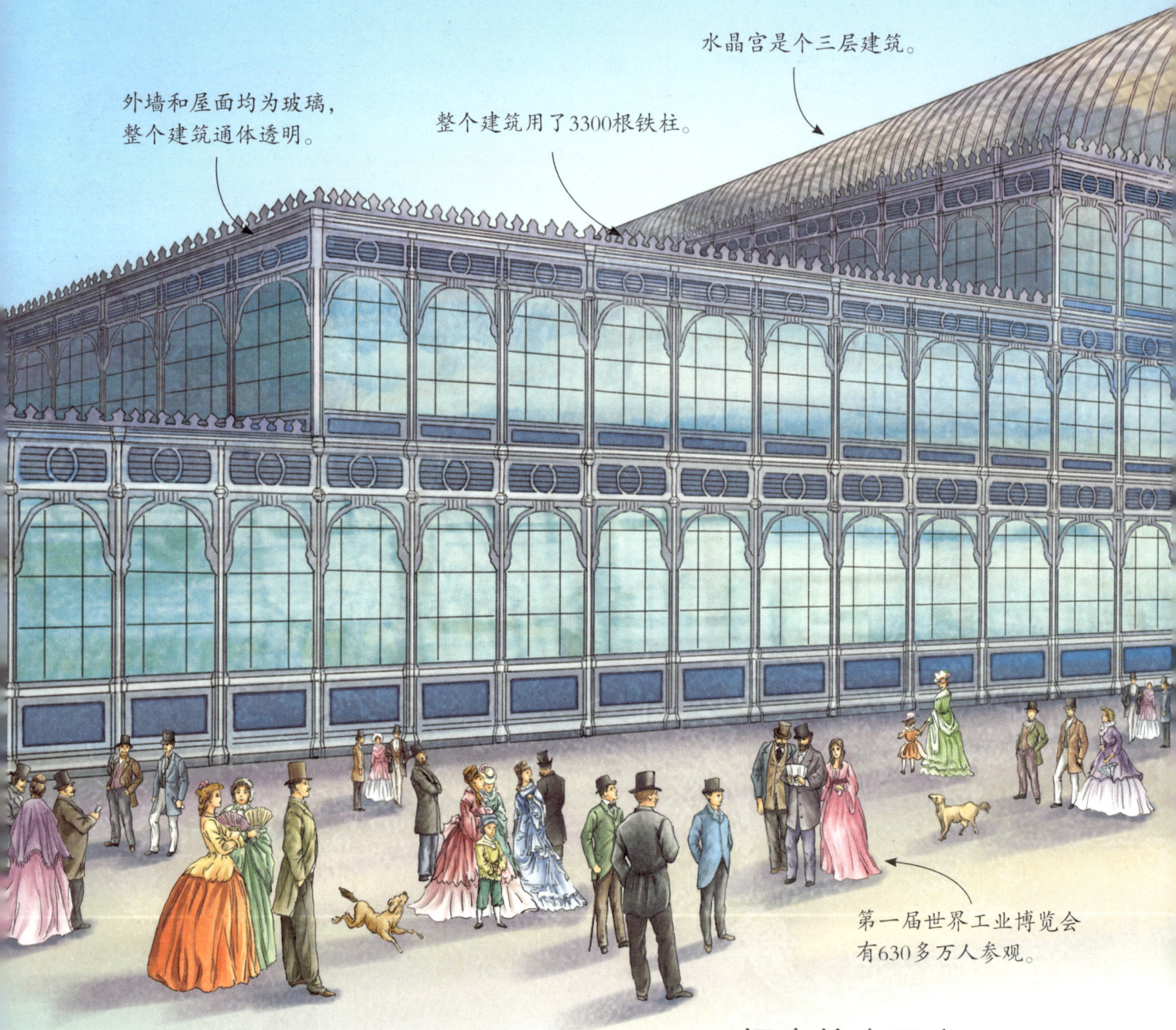

外墙和屋面均为玻璃，整个建筑通体透明。

整个建筑用了3300根铁柱。

第一届世界工业博览会有630多万人参观。

钢铁艺术品

工业革命对世界的影响无孔不入，几乎没有哪个领域不被这股浩浩荡荡的历史大势冲击，艺术方面也不例外。19世纪以前的艺术更偏向传统、唯美的手工艺。而工业革命后，新兴的工业艺术登上历史舞台。它崇尚简洁与务实，认为钢与铁是最具力量感的原料。在这一时期，世界各地诞生了许多著名的"钢铁艺术品"。

闪亮的水晶宫

1849年，率先完成第一次工业革命的英国，为了向其他国家彰显英国工业革命后的伟大成就，决定举办一次国际博览会。这是一场千古未有的盛事。英国当局思虑再三，采取了约瑟夫·帕克斯顿的建议，选用钢铁和玻璃为主要建材，完成了一座"万国工业博览会"的展览厅。因为这座建筑通体宽敞明亮，所以时人将它称为"水晶宫"。

埃菲尔铁塔是当时世界上最高的建筑。

埃菲尔铁塔

1889 年，一座高约 300 米的巨大铁塔矗立在法国巴黎城内。这是法国建筑大师古斯塔夫·埃菲尔的杰作。其塔身由钢铁打造，全塔上下由超过 12000 个金属部件连接，总重量超过 9000 吨。从建成之日起，这座被称为"埃菲尔铁塔"的建筑物就成了巴黎乃至法国的文化象征。法国人称它为"铁娘子"。

▲ 巴黎埃菲尔铁塔

水晶宫网络状支撑的灵感来自王莲。

◄ 自由女神像

左手握着一本《独立宣言》，右手高举代表自由的火炬。

自由女神像头戴 7 道尖芒的王冠。

自由女神像高 46 米，以钢铁为骨架。

自由女神像穿着古代希腊风格的长袍。

从法国到美国的"自由女神"

众所周知，自由女神像是美国的象征，但它的出生地却在大西洋另一头的法国。19 世纪 70 年代，法国为了庆贺美国独立战争胜利 100 周年，决定要送对方一个特别的礼物。很快，由法国政府牵头，著名雕塑家弗雷德里克·巴托尔迪设计、工程师古斯塔夫·埃菲尔建造的自由女神像就完成了。1885 年，拆解的雕像部件被运到了美国。经过一段时间的重新安装，1886 年 10 月 28 日，美国为自由女神像举行了落成典礼。

内燃机的出现

随着一项新发明的诞生，往往会衍生出很多改变人类生活的新玩意儿。比如内燃机的出现，就与蒸汽机的发明有关系。内燃机产生后，经过不断地改进，现在，已经被广泛应用在交通等很多方面。

最早的煤气机

1859 年，法国勒努瓦设计并制造了一种用照明煤气作为燃料的内燃机，相比蒸汽机"烧开水"的方式，等待时间大幅缩短了。这种用电点火，以照明煤气为燃料的内燃机开创了煤气机的先河。随后，法国科学家罗沙以及德国发明家奥托都先后改进了煤气内燃机。

小百科

法国科学家罗沙最先提出了四冲程循环工作内燃机的原理。德国发明家奥托将其付诸现实，创造了第一台四冲程内燃机。这种以火焰点火的内燃机将勒努瓦内燃机的热效率从 4% 提高到了 14%。

▼ 勒努瓦

勒努瓦发明了世界上的第一台内燃机。

▼ 煤气内燃机

这是一台用电点火、使用照明煤气为燃料的内燃机。

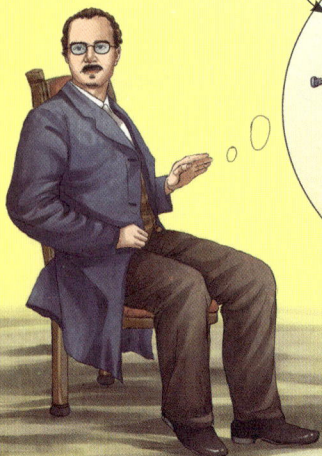

从外燃机到内燃机的变革

蒸汽机的出现，使外燃机在很长一段时间内成了重要的动力来源。不过，不甘于现状的人总会先在脑海中规划一个神奇的蓝图，然后再付诸实际。于是，内燃机这种将燃料放在机器内部进行燃烧作用的新型动力机，就在人类的手中出现了，并且进行了不断地更新换代，变得越来越完美。

奥托成了全球公认的
内燃机之父。

奥托内燃机的燃
料来源于煤气。

▲ 尼考罗斯·奥古斯特·奥托研究四冲程发动机

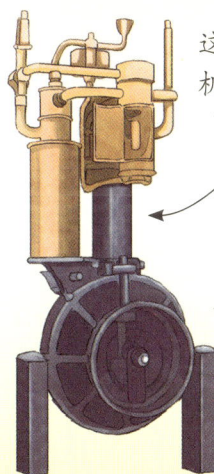

这台立式汽油
机的名字为
"立钟"。

最大转速每分
钟1000转。

▲ 第一台立式汽油机

柴油机的时代

石油的开发让人类意识到汽油和柴油比煤气
更易于运输和携带。汽油机研制成功后，德国工
程师狄塞尔又将目光看向了柴油。他所创的压缩
点火式的柴油内燃机，在1892年宣告成功，并被
命名为狄塞尔发动机。

把石油利用起来

19世纪60年代以后，人类在改进内燃机的探索道路上
不断前行，新的突破来源于石油的开采与应用。德国的戴姆
勒将石油的衍生品汽油应用到内燃机的研究上。1883年，他
成功发明了第一台立式汽油机。

狄塞尔被誉为
"柴油机之父"。

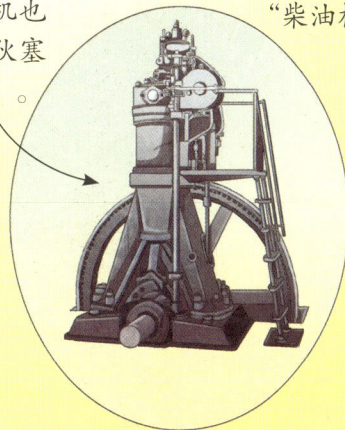

柴油发动机也
被称为"狄塞
尔发动机"。

▲ 狄塞尔发明了柴油内燃机

电气时代来临

历史的车轮滚滚向前，时间来到了 19 世纪中后期。在这个时期，世界上很多国家通过第一次工业革命推动了生产力的发展。许多科学研究都取得了重大突破，新发明、新技术层出不穷。人们将这些发明创造应用于工业生产领域，又掀起了一次工业革命的狂潮。

小百科

第二次工业革命时期的诸多发明，基本都是围绕电，因此人们将这段时期称为"电气时代"。

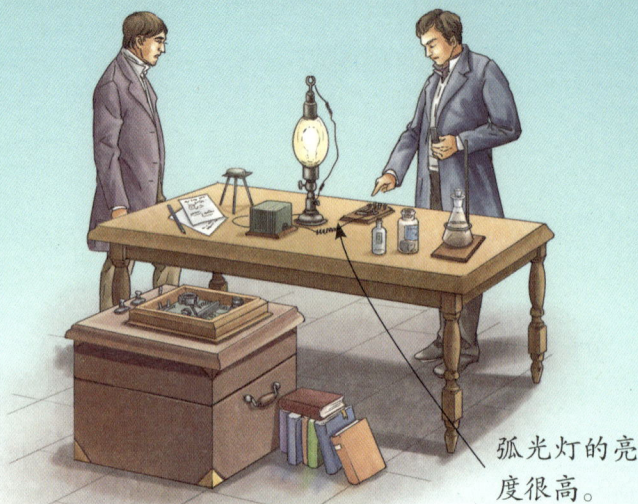

弧光灯的亮度很高。

▲ 汉弗里·戴维研制弧光灯

电的光辉照亮人间

过去的人们大多是用蜡烛、油灯在夜晚照明。直到 19 世纪初，科学家汉弗里·戴维发明了会发光的电灯。在他之后，也有不少科学家进行了电灯发明的研究。不过，早期的电灯由于技术有限，不仅光线很刺眼，而且耗电量大，实用性较差。直到 1879 年，美国发明大王爱迪生在经过数千次实验后，发明了真正意义上能长时间照明的电灯。

▼ 煤气路灯一景

煤气路灯

路灯每天需要点灯人手动点亮。

煤气路灯刚出现时，人们会成群结队地去观看点灯过程。

爱迪生被誉为"世界发明大王"。

爱迪生和研究员们为研究灯丝，进行了上千次试验。

▲ 爱迪生和研究员们研制灯泡

爱迪生研究所中有不同专业的科学家，有超过1000项发明专利。

西门子与发电机

德国科学家西门子一生发明无数，其中有一种新型的发电机。1866年，西门子经过研究后发现：如果用电磁铁来取代老式发电机里的永久磁铁，就可以使电磁铁得到一种自馈电流。西门子依靠这种新型发电机还发明了许多电气设备，比如电梯、有轨电车、电动汽车等。

西门子创建了西门子公司。

◀ 西门子与他发明的发电机

西门子被称为德国"电子电气之父"。

西门子发电机属于"自激式"发电机。

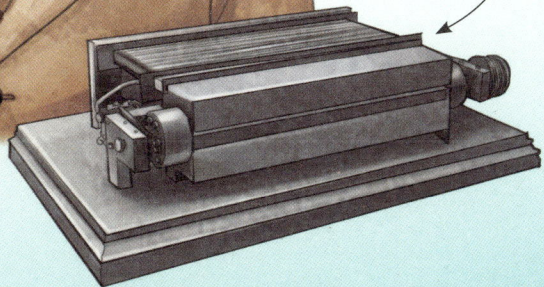

齐头并进的诸国

与第一次工业革命时英国独领风骚不同，第二次工业革命几乎同时发生在英、美、德等几个先进的资本主义国家。它的辐射圈几乎覆盖了整个世界。比如远在东方的日本，他们从西方引进了先进技术并加以吸收、改进和应用，迅速赶超了许多老牌资本主义国家的经济。

31

苏格兰裔美籍发明家

贝尔被誉为"电话之父"。

▲ 发明电话的贝尔

千里传音信

在过去，人类为了向远方传递信息，想了很多办法，比如烽火狼烟、信鸽、邮驿等。工业革命时期，出现了许多新兴技术，一些科学家开始思考如何"拉近"传递信息的距离。18世纪，就有科学家提出用电来传递信息。19世纪后，人们又发明了更先进的电磁电报机，并进行了多次改良，比较典型的就是莫尔斯电报机。除此之外，在1876年，科学家贝尔发明了可以远距离传递人声的电话机。19世纪末，又有科学家发明了能远距离通信的无线电。至此，千里传音再也不是虚无缥缈的传说了。

小百科

　　1911年，意大利电影理论家乔托·卡努杜把艺术分为七种，即建筑、音乐、绘画、雕塑、诗歌、舞蹈和电影。后来，有人把电视和电子游戏列为第八艺术和第九艺术。当然，也有人有不同的看法。

早期的有轨电车是由马牵引的。

神乎其神的"第七艺术"

　　所谓的第七艺术指的就是电影。这是一种利用视觉暂留原理，把录制好的图像匀速转动，从而使静态画面变得连续、运动起来的技术。1895年12月28日，来自法国的卢米埃尔兄弟在巴黎的一家咖啡馆里，向观众们放映了他们拍摄的影视短片，并大获成功。

卢米埃尔的电影内容大多是记录周围世界的。他被称为世界电影之父。

▼ 卢米埃尔兄弟放映电影短片

1895年12月28日被称为"电影诞生日"。

▲ 有轨电车

电车在轨道上行驶。

世界上第一辆有轨电车是西门子制造的。

深远影响

第二次工业革命推动了化学工程等领域的进步，推动了国际贸易和全球经济的发展。随之出现的新的交通和通信技术改善了物流和信息传播，促进了跨国公司的崛起和全球化产业链的形成，为现代社会和经济体系的形成奠定了基础。

夸张的垄断组织

第二次工业革命为人类带来了先进的科技发明，也因此产生了一个个庞然大物——垄断组织。19世纪后期，很多国家都出现了一些大规模的企业。它们往往把某个行业视为自己的"盘中餐"，以各种手段进行垄断，不容许外部势力插手。发展到一定阶段后，这些垄断组织还可以把持国家的经济命脉，甚至操纵政府，决定国家的各种政策。

▼ 垄断组织把持经济命脉

最早出现垄断组织的行业是钢铁和电力工业。

垄断是指对市场的控制。

四通八达的交通

便利的交通让国与国、人与人之间的距离变得不再遥远。交通工具的变革，让人类告别了只能靠着双脚、畜力远行的艰苦岁月。

▼地铁列车穿过地下铁路

在地下行走

19 世纪上半叶，蒸汽机车和铁路相继出现，开启了一个新的交通时代。这时人类已经不满足只在地上铺设轨道，于是一场地下的旅程开始了。1863 年，英国伦敦人民的脚下，世界上第一条地下铁道，也就是地铁诞生了。随后，芝加哥、维也纳和布达佩斯也纷纷修建了地铁。

地铁的出现是为了缓解交通拥堵。

小百科

世界上最长的铁路，全长 9332 千米。最长的铁路是 1891 年在俄罗斯开始动工的。它的起点是莫斯科，向东延伸到位于太平洋沿岸的海参崴。这条铁路就是西伯利亚大铁路。

长长的铁路横贯大陆

19 世纪，铁路在不到半个世纪的时间内快速发展，成为人类进程中的又一重要里程碑。以国家为单位的铁路网四通八达，建设神速，但普遍距离不长。1869 年，在美国的大西洋沿岸和太平洋沿岸，一条横贯美国大陆的铁路被敲入了最后一节铁轨。这段全长 2800 多千米的太平洋铁路带动了美国经济的飞速发展。

太平洋铁路是第一条横贯北美大陆的铁路。

▼横贯北美的铁路带动了周边经济的发展

UPRR
PASSENGER
DEPOT

该铁路历经 6 年多才修建完成。

蒸汽火车运行时会
造成空气浑浊。

早期的地铁使用
的是蒸汽机车。

地铁的发明灵感来
自老鼠打洞。

海上通道

　　船舶的改造升级，船身长度的屡创新高，使原有运河不再能满足运输要求。所以 19 世纪后期到 20 世纪，人类建造了许多知名的新运河，比如 1869 年建成的苏伊士运河，这段位于埃及东北部、连接地中海与红海的航道，不仅方便了东西方的海上贸易，也使很多航程不必再绕行令人畏惧的好望角了。

▼ 苏伊士运河通航

船舶的动力装置

　　蒸汽机作为动力装置装到船上，是法国乔弗莱最先进行的尝试。1839 年，第一艘以螺旋桨为推进器的蒸汽机船"阿基米德"号面世。该船由于推进器的优越性而被迅速推广、应用。

苏伊士运河是世界上使用
最频繁的航线之一。

滚滚向前的车轮

　　车的发明，解放了人类的双脚。从马车到自行车，再到三轮车和汽车，车把人带到了城市的各个角落。德国工程师卡尔·本茨在1885年成功研制出了一辆以汽油机为动力的三轮汽车。他本人也因此被称为"汽车之父"。

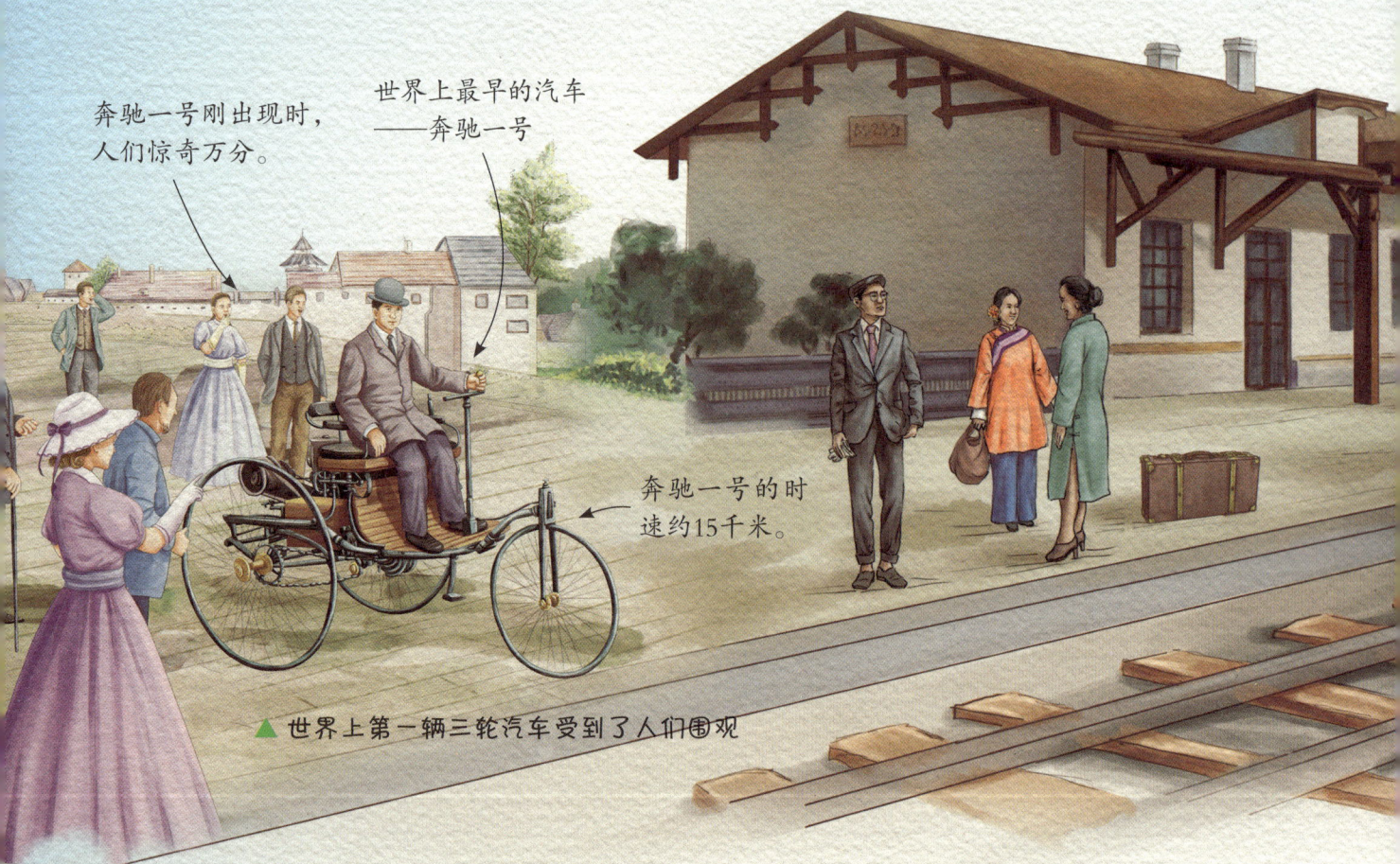

奔驰一号刚出现时，人们惊奇万分。

世界上最早的汽车——奔驰一号

奔驰一号的时速约15千米。

▲ 世界上第一辆三轮汽车受到了人们围观

平缓的公路

　　早在公元前100年的庞贝古城，人类就已经开始使用沥青作为铺设材料了。后来，英国于1832年到1838年在格洛斯特郡修筑了第一段煤沥青碎石路，法国于1854年在巴黎修筑了以天然岩沥青为材料的碎石路。随后，苏格兰人将混凝土应用到了道路修筑上，之后这种方式传入了美国和德国。汽车登上历史舞台后，公路改造成为必然，于是平缓的公路越来越多，也越来越长。

沥青可以从煤或石油中提炼出来。

▼ 早期沥青碎石路

36

1898年淞沪铁路
正式通车。

早期火车以煤炭
或木柴为燃料。

木制轨枕

淞沪铁路是清政府修
建的第一条正式投入
运营的铁路。

▲ 清末时期淞沪铁路的火车站

中国的交通变化

　　西方先进的交通工具在 19 世纪末传入中国，改
变了当时"南方舟楫，北方马车"的传统交通方式。
出现在中国大陆上的第一条铁路，是英国人在上海
建造的吴淞铁路。不过，我们在船舶制造方面取得
了一定的成就：1868 年，我们建成了第一艘蒸汽机
兵船"恬吉"号（后改名为"惠吉"号）。

▼ 恬吉号

木质军舰

军舰装备了9门
左右火炮。

实现飞行梦

征服了陆地和海洋，天空似乎也不再遥不可及。很多人都羡慕鸟儿可以在天空中自由飞翔，甚至也幻想过能飞上天空，却苦于无法将梦想付诸于现实。不过，总有一些先行者，走在人类时代的前端，为整个人类打开一片新领域。

飞艇不仅能用于商业，也能用于军事。

飞艇采用氢气为填充气体。

操纵吊舱

▲ 齐柏林与飞艇

齐柏林建立了德莱格公司。

飞在空中

最早把人类带上天空的飞行器，叫作飞艇。早在1852年，法国吉法尔就将蒸汽机安装在气球上并且成功登天。1900年，德国斐迪南·齐柏林发明了第一艘硬式飞艇，开启了飞艇商业飞行的序幕。第一次世界大战时，飞艇被广泛应用。

第一架飞机

世界上的第一架飞机，人们可能都略知一二。是的，美国的莱特兄弟让人类的飞翔梦变成了现实。1903年12月17日，兄弟俩用自己创造的飞机试飞，第一次在空中飞行了12秒。随后的两次，他们一次次刷新着记录。到第四次，莱特兄弟的飞机在天空中稳定了59秒，飞行260米后，落到了地面。

▼ 莱特兄弟发明的"飞行者一号"正在试飞

莱特兄弟被誉为"飞机之父"。

"飞行者一号"首次实现了人类可持续可控制的动力飞行。

"飞行者一号"速度是每小时15千米。

航空事业的发展

在莱特兄弟试飞后的 30 年，飞机无论是在性能上还是在构造上都进行了完善和升级。航空活塞式发动机、喷气式发动机相继出现，解决了飞机动力方面的问题。随之而来的是飞机跑道带来的限制，当然这也难不倒智慧的人类。1939 年，第一架实用型直升机诞生。

世界上第一架实用型的直升机

▲ 美国工程师西科斯基试飞VS－300直升机

▼ 女飞行员——阿梅莉亚·埃尔哈特

埃尔哈特是第一位获得十字飞行荣誉勋章的女飞行员。

飞上天空的女飞行员

飞行一直都不是男性的专利。女飞行员也是一道亮丽的风景，比如美国的女飞行员阿梅莉亚·埃尔哈特。她不仅是最早独自完成了跨越大西洋飞行的女飞行员，还是获得了十字飞行荣誉勋章的女飞行员。不幸的是，她在 1937 年的环球飞行中神秘消失。当然，令人刮目相看的女飞行员还有很多。1932 年，英国女飞行员艾米·约翰逊也独自完成了从英国到澳大利亚的飞行。

"飞行者一号"由木框架、帆布、钢索和发动机组成。

机翼翘曲的灵感来自对鸟类的仔细观察。

39

科学巨匠

多次进行的工业革命已经证明了人类社会的发展与进步离不开科学技术的进步。每一项新科技的发明，离不开科学家的努力钻研。几乎在每一项对人类有着重大意义的发明创造的背后，都有一名了不起的科学巨匠。

X射线也被称为"伦琴射线"。

▲ 伦琴发现了"X"射线

伦琴是诺贝尔物理学奖第一位获奖人。

X射线本质上是一种波长短、能量大的电磁波。它虽然具有穿透性，能穿透人体皮肉，但由于人体组织各部分存在密度、厚度的差异，吸收射线的程度有所差别，因此在显像处理后，能获取不同的影像。

神秘的未知射线

过去的医学技术有限，除非开刀做手术，否则谁也没办法透过皮肉看到骨骼。1895 年，德国科学家威廉·伦琴在对阴极管进行实验时，意外注意到一道从前没人发现的射线，并给它取名"X"射线。伦琴发现 X 射线有很强的穿透性，它可以轻松穿透纸张、木板、铝板等物质，皮肤、肌肉也不例外。经过一番测试，伦琴成功用 X 射线为自己的夫人拍摄了世界上第一张手骨的 X 光相片。

▼ 爱因斯坦

聪明的爱因斯坦

阿尔伯特·爱因斯坦一生都在从事各种科学研究，这些研究主要集中在理论物理学领域，对科学和人类文明产生了深远的影响。其中比较著名的就有光量子假说、狭义相对论、广义相对论等。爱因斯坦提出的种种学说理论包罗万象。现代的很多物品都是基于他的理论才得以被发明出来，比如太阳能电池、防盗警报器、核能、全球定位系统等。

爱因斯坦是诺贝尔物理学奖获得者。

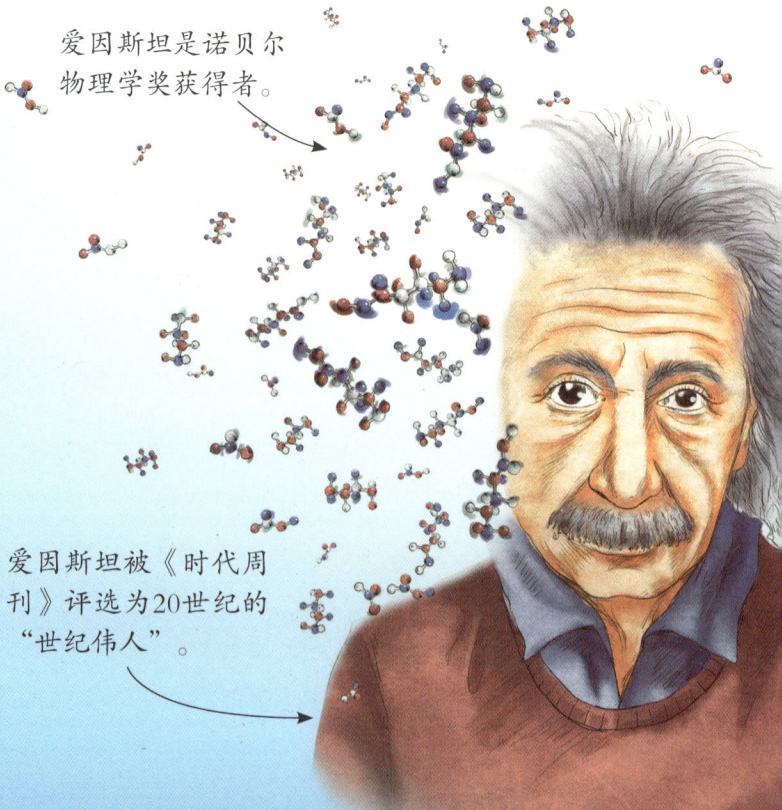

爱因斯坦被《时代周刊》评选为20世纪的"世纪伟人"。

居里夫人是历史上第
一位两次在不同领域
获得诺贝尔奖的人。

▲ 居里夫妇正在进行科学研究

居里夫人是波兰裔
法籍科学家、物理
学家、化学家。

▼ 罗伯特·戈达德和他
发明的液体火箭

了不起的女科学家

居里夫人原名玛丽·斯克罗多夫斯卡，是一名在整个世界科学史上都留下印记的女科学家。她和丈夫皮埃尔·居里兴趣相投，婚后共同从事科研工作，创立了放射性理论，并成功在沥青铀矿里提炼出两种新型放射性元素——钋和镭。居里夫人先后获得 1903 年的诺贝尔物理学奖以及 1911 年的诺贝尔化学奖。

戈达德是美国
最早的火箭发
动机发明家。

火箭

1926 年，美国科学家罗伯特·戈达德成功发射了世界上第一枚液体燃料火箭。虽然它的飞行高度只有不到 13 米，但对现代火箭而言有着非常重要的意义。

推进剂采用汽
油和液氧。

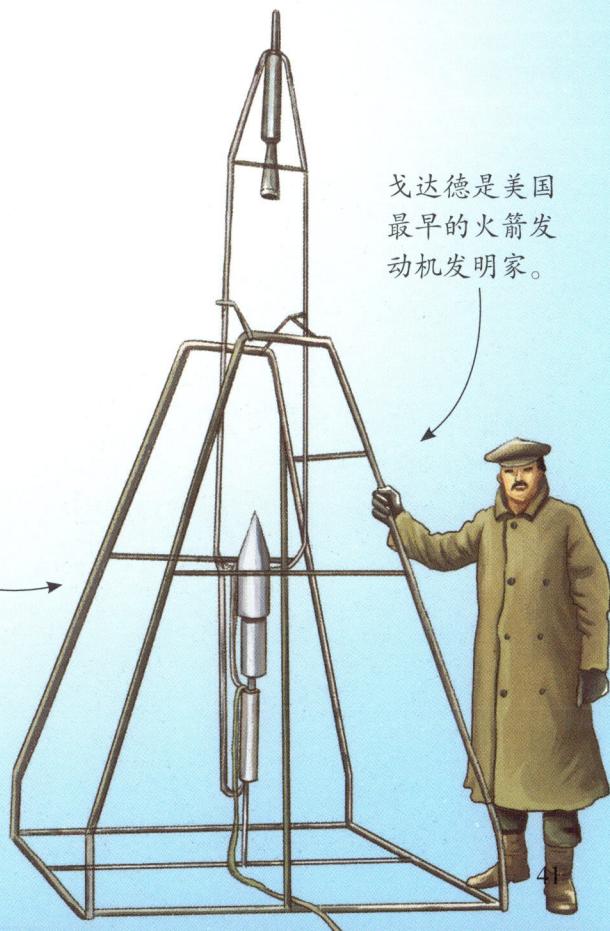

蓬勃发展的新世界

科技水平成了世界各国衡量综合国力的标准，核能、互联网、克隆、人工智能等科技以难以想象的速度发展着。与生俱来的求知欲推动着人类不只去关注眼前的世界，还将目光投向了更遥远的宇宙。

能源新宠——核电

奥布宁斯克核电站的发电功率达5000千瓦。

核电站安全运行了近50年。

▲ 奥布宁斯克核电站

虽然很多国家将核技术应用到了武器装备上，但请不要谈核色变。因为这种新型能源还可以被应用到其他领域，比如发电。现在全球很多国家都建成了核电站，人们也享受到了核电带来的好处。事物都有两面性，只要人类加以正确利用，核能源就会更好地造福人类。

世界上第一座核电站

1954年，凝聚了无数科学家心血的第一座核电站，最先在苏联的奥布宁斯克建造起来。该核电站在安全运行了近50年后，于2002年正式退役，变成了核能博物馆。20世纪下半叶，许多国家都开始大力兴建核电站。

中国的第一座核电站

由我国科学家自行设计和建造的第一座核电站是秦山核电站。这座核电站1985年开工，1991年实现并网发电。它是我国科学家的智慧结晶，具有强大的安全性。

▼ 秦山核电站

秦山核电站结束了我国大陆无核电的历史，被誉为"国之光荣"。

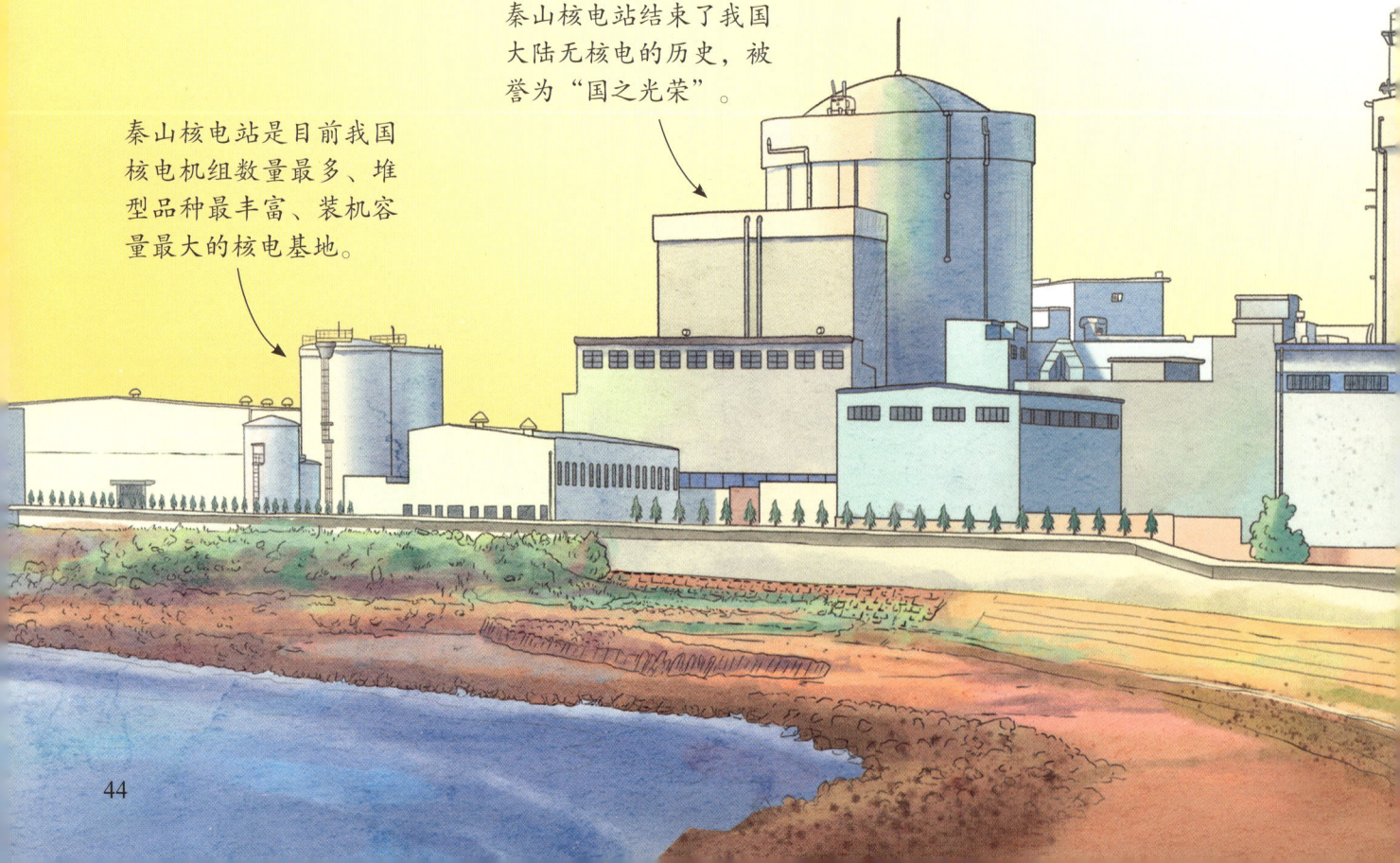

秦山核电站是目前我国核电机组数量最多、堆型品种最丰富、装机容量最大的核电基地。

▼ 切尔诺贝利核事故发生后，
人们在进行除污工作

切尔诺贝利核事故被认为是
历史上最严重的核电事故。

穿戴防护设备
的工作人员

切尔诺贝利核事
故造成大量强辐
射物泄露。

核电安全最重要

核电作为低碳清洁能源在造福人类的同时，也可能因为各种因素伴随着一些灾难隐患。比如 1986 年著名的切尔诺贝利核事故，是由于设计不合理，工作流程不规范；2011 年福岛核事故，是由于发生了 9 级大地震。从事故中吸取经验教训，不断改进核电站的安全技术问题，才能使核电更好地造福人类。

水的热量由此散发到
大气中，实现带走
"废热"的目的。

内陆核电站中
的冷却塔是必
须存在的。

▲ 核电站中的冷却塔

秦山核电站坐落于浙江
海盐，秦山脚下。

核电的优越性

相比于其他发电能源，核电的优越性在哪呢？首先核能发电不会释放大量的污染物，破坏环境；其次，核燃料体积小，而能量大；最后，对于传统化石能源较少的国家而言，使用核电还可使煤、石油、天然气等被取代下来更多地用于化学工业和民生日用工业。

向太空"进军"

从代达罗斯父子飞天的希腊神话，到明代万户尝试火箭飞天，都证明了人类对宇宙的向往。在工业革命的驱动下，科学技术飞速发展，人类渐渐发现进入太空的条件似乎已经成熟了。

▲ 苏联和美国的太空竞赛

"斯普特尼克1号"的主体是一个用铝合金做成的圆球。

小百科

"斯普特尼克1号"在太空飞行了3个月左右后，坠入大气层烧毁。

冉冉升起的"新星"

苏联为了在太空竞赛中超越美国，付出了很多努力。最终在1957年10月4日把重量超过80千克的人造卫星"斯普特尼克1号"成功送入太空，并顺利进入预定轨道。"斯普特尼克1号"不仅是苏联研发成功的第一颗人造卫星，也是人类成功发射进入太空的第一颗人造卫星。自此，苏联成为首个航天大国，人类正式进入太空时代。

政治对抗下的太空竞赛

第二次世界大战结束后，原本因为反法西斯而走到一起的同盟最终分道扬镳。地球成为苏联和美国两个超级大国博弈的"竞技场"。美苏之间的对抗涉及各个领域，但双方始终在避免直接动用武力。因此，太空竞赛成了双方相互较量博弈的方式之一。

卫星的研制离不开科研人员夜以继日的努力。

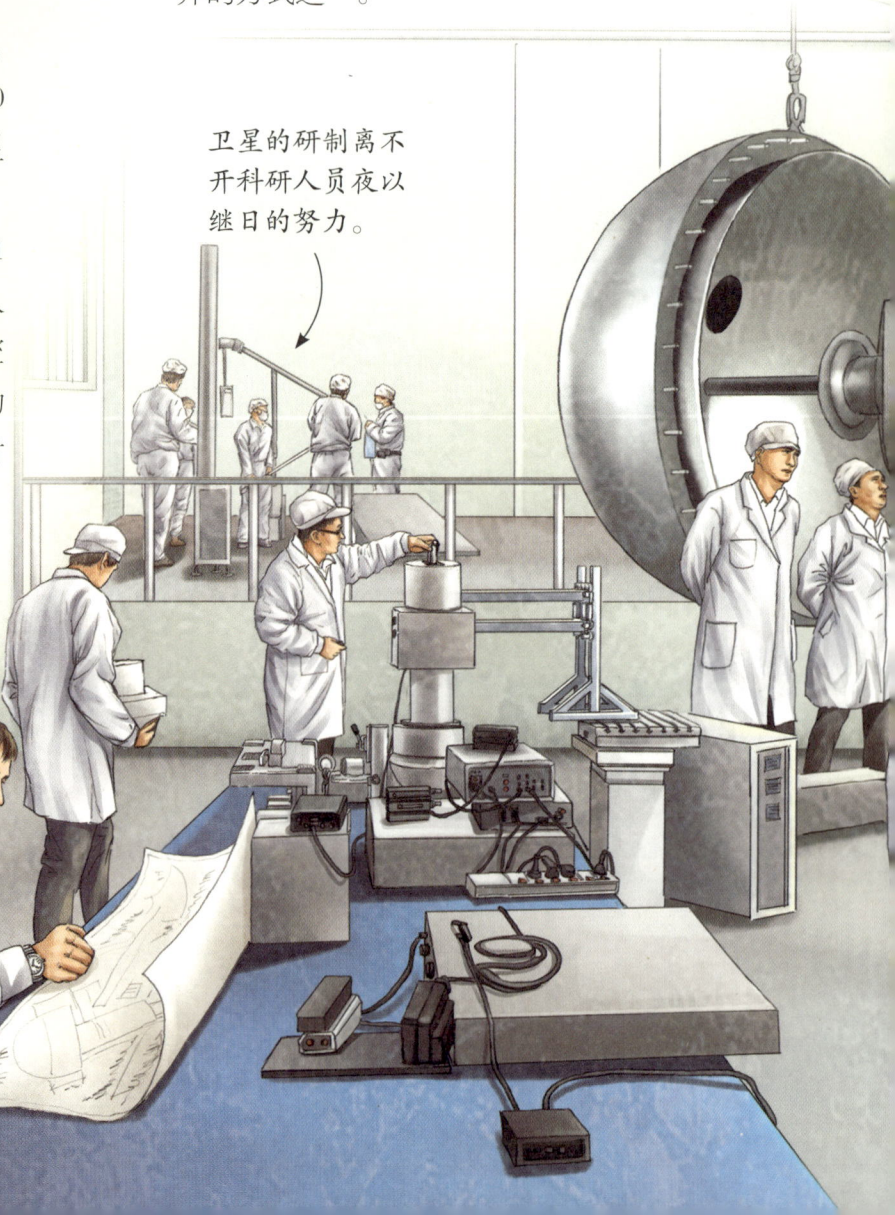

莱卡是第一只遨游太空的小狗。

▲ 莱卡乘卫星进入太空

▼ 太空卫星的研制

首位太空乘客

"斯普特尼克1号"成功发射一个月后，苏联就已经做好了发射第二颗人造卫星的准备。不过，与第一颗人造卫星不同，"斯普特尼克2号"上多了一名特殊的"乘客"——一只叫"莱卡"的狗。早在1948年，美国就做了多次试验，试图将猴子运送到太空中。苏联不遑多让，通过一系列实验和筛选，最终选择了莱卡，使其成了第一只踏足宇宙的太空狗。它是人类航天航空史上的大英雄，在莫斯科还有属于它的纪念碑。

紧随其后的各国

苏联人造卫星成功上天的消息震动了整个世界，美国自然不肯示弱。1958年2月，在"斯普特尼克1号"升空几个月后，美国成功将"探险者1号"人造卫星送入了太空。没过几年，法国、日本的人造卫星先后升空，中国也在1970年向太空发射了首颗人造卫星——"东方红1号"。

"东方红1号"卫星工作28天。

卫星在宇宙播放着《东方红》乐曲。

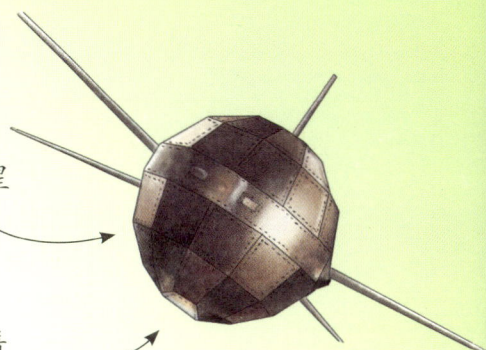

▲ "东方红1号"

当人类进入太空

人造卫星的成功发射让人类鼓起信心，相信自己还能做得更多更好。苏联在陆续发射了几个航天器后，认为把人类送入太空的时机已经成熟。1961年4月12日，宇航员加加林乘坐"东方1号"航天器顺利升空，成为人类历史上第一名进入太空目睹地球全貌的宇航员。

加加林是第一个进入太空的人。

▲ 加加林

为了纪念首次进入太空，俄罗斯把4月12日定为宇航节。

▼ "礼炮1号"空间站升空

"礼炮1号"是人类历史上首个空间站。

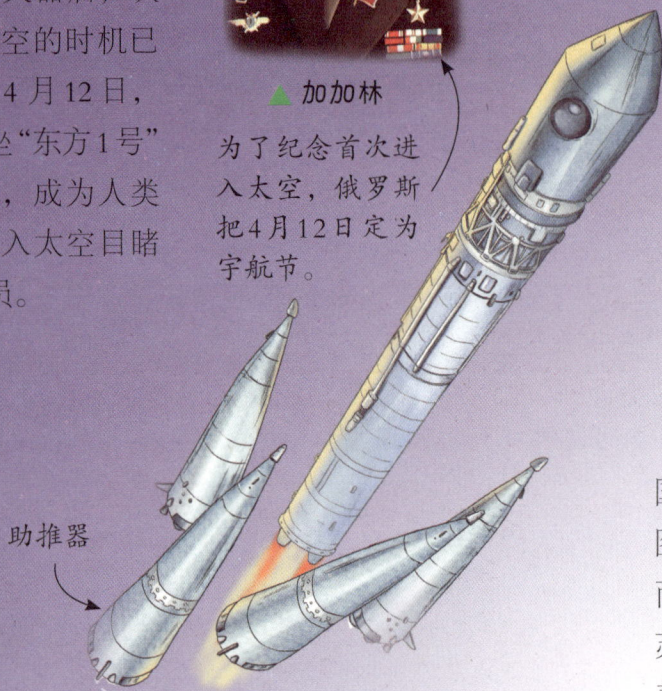

助推器

美国的"反击"

早在20世纪50年代末，美国就制定了"水星计划"，试图率先将宇航员送入太空。然而计划开展并不顺利，甚至在苏联的加加林已经登上太空时，美国还处于无人航空的状态。1961年5月，艾伦·谢泼德作为第一名美国宇航员随"自由7号"飞船成功飞天。棋差一招的美国没有泄气，在"水星计划"后又制定了"双子星计划"，多次进行航天试验，积累了许多宝贵的经验。

克林顿总统称赞他是"美国最伟大的宇航员之一"。

各种航天器都需要在运载火箭的帮助下升入太空。

▲ 艾伦·谢泼德
谢泼德是第一个进入太空的美国宇航员，是人类历史上的第二个。

"天宫"由天和核心舱、问天实验舱、梦天实验舱三舱组成。

▼ 中国"天宫"空间站

"天宫"是分次发射，然后在轨组装的。

太阳能电池翼

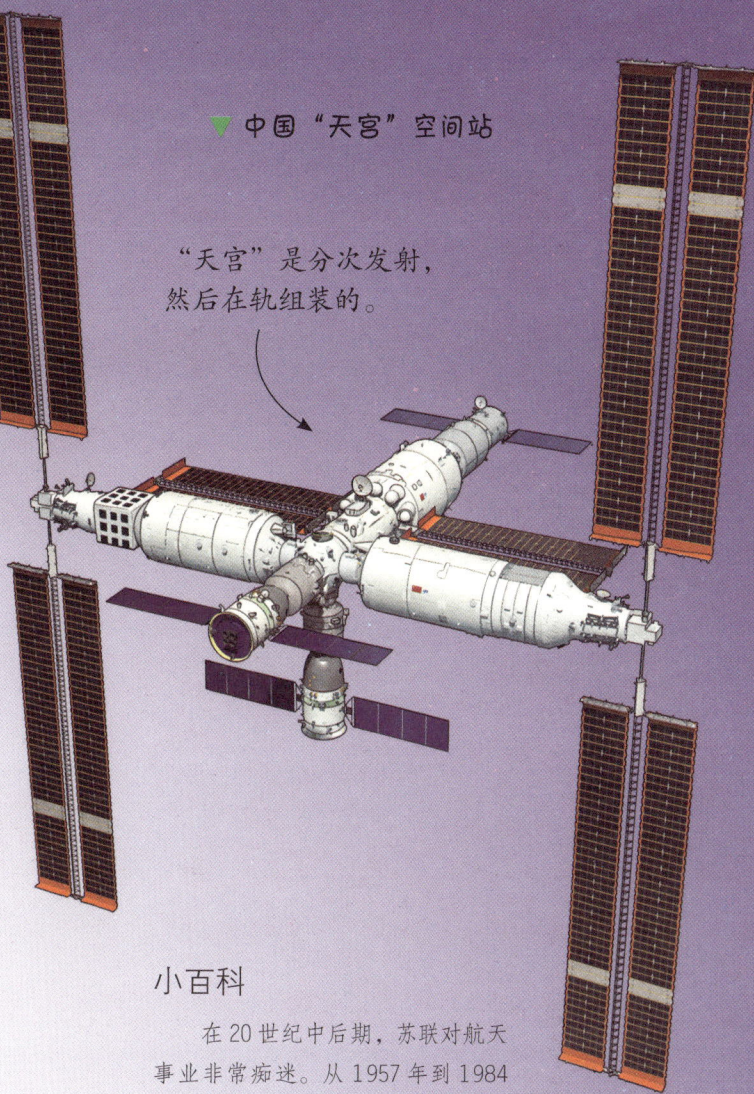

太空落脚点——空间站

空间站指的是一种可以长时间在太空运转，并且可供宇航员长期生活、工作的航天器。这个概念的提出可以追溯到19世纪90年代，但它真正变成现实，还要在很长时间后。20世纪60年代，苏联转变研究方向，试图用空间站来证明国家的实力。1971年4月，人类历史上首个空间站——"礼炮1号"成功进入太空。同年10月，"礼炮1号"空间站坠毁。

小百科

在20世纪中后期，苏联对航天事业非常痴迷。从1957年到1984年，苏联自产包括人造卫星、空间站等各类航天器次数超过了2000次，位居世界首位。

航天飞机返回地面时能像飞机那样滑翔和着陆。

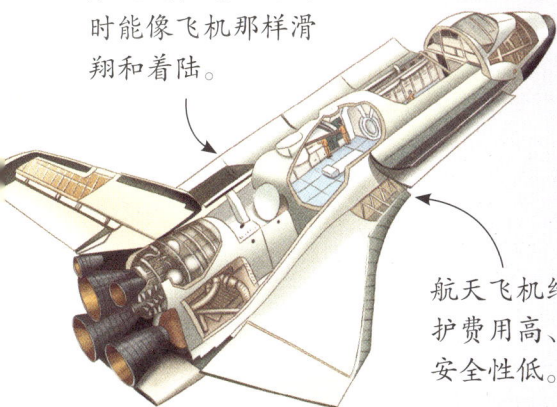

航天飞机维护费用高、安全性低。

▲ 航天飞机

冲向太空的航天飞机

航天飞机的概念最早是由美国提出并付诸实践的。苏联也制造过属于自己的航天飞机。当时，人们感觉到一次性火箭的不便，于是打算发明一种可以重复使用的航天器，航天飞机的研发便被提上了日程。1981年，美国第一架航天飞机"哥伦比亚号"投入使用。此外，在人类航天史上，著名的航天飞机还有"挑战者号""发现号""亚特兰蒂斯号""奋进号""暴风雪号"等。

月球上的足迹

月球不仅是地球的卫星，同时也是距离我们最近的天体。千百年来，夜空下的人类抬头仰望那一轮明月，不知做了多少次飞上天空，去月亮上看一看的美梦。当人类的造物第一次冲入太空时，所有人就明白距离人类踏足月球的那一天已经不远了。

阿波罗计划

美国为了在太空竞赛中赢过苏联，制定了一系列复杂的航天计划，阿波罗计划就是其中之一。该计划的目标是载人登月后对月球进行实地考察和取样，并安全返回。一旦计划真正成功，那么对人类而言，这将会是航天历史上一项非常伟大的成就，也将会完成无数人的梦想。

漫漫登月路

美国登月并不是一蹴而就的，想要真正把宇航员送到月球上，还得经过很多次航天试验。从阿波罗计划开始执行起，美国就陆续把飞船送上太空："阿波罗7号"是美国第一次由3名宇航员共同进入太空，"阿波罗8号"是美国人造飞船首次接近月球，"阿波罗10号"登月舱离月球表面只有不到20千米……在经过多次尝试，收集了足够的数据后，真正的登月飞船——"阿波罗11号"起飞了！

小百科

阿波罗计划从1961年开始实行，直到1972年才彻底结束。经统计，在这期间，美国大约耗费了255亿美元，参与计划的人数多达30万人。

▼ 阿波罗计划徽章

▼ "阿波罗11号"升空

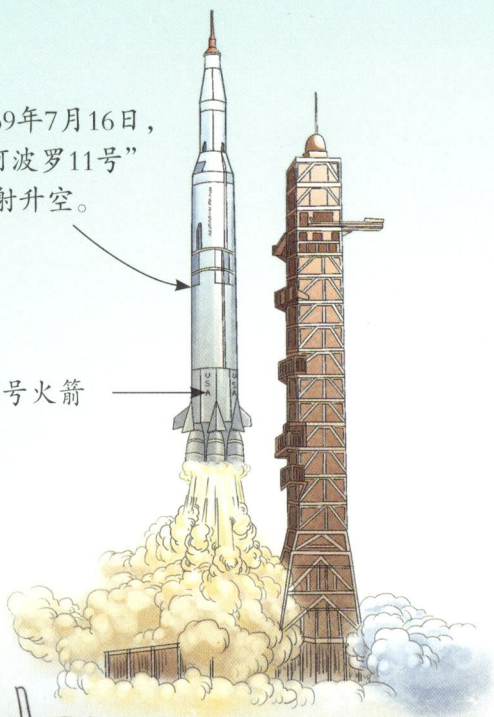

1969年7月16日，"阿波罗11号"发射升空。

土星5号火箭

▼ 月球车

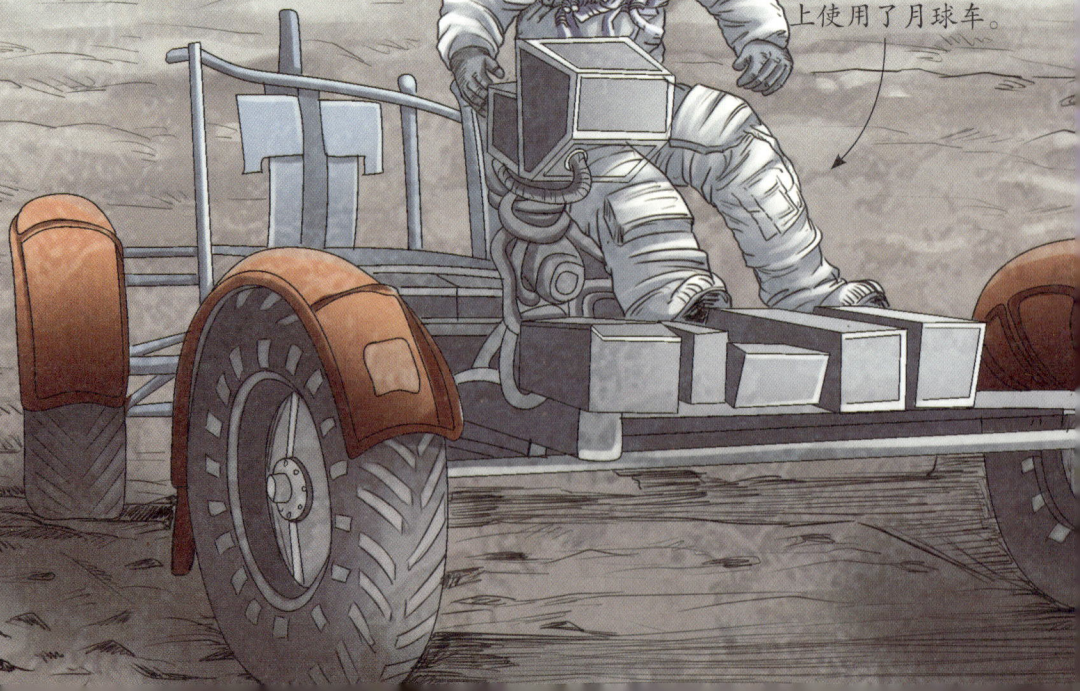

阿波罗45号飞船的航天员首次在月面上使用了月球车。

月球车是四轮电动车。

登上月球

1969 年 7 月，"阿波罗 11 号"在万众瞩目下飞入太空。执行这次登月任务的宇航员共有 3 名，分别是尼尔·阿姆斯特朗、巴兹·奥尔德林、迈克尔·柯林斯。7 月 20 日，"阿波罗 11 号"飞临预定的登陆点上空。阿姆斯特朗和奥尔德林做好准备后，尝试登月。在经过短暂休息后，阿姆斯特朗第一个踏足月球地表。紧接着，他说出了那句划时代的名言："对一个人来说，这不过是小小的一步，但对全人类来说却是一个巨大的飞跃。"

谁的脚印?

在目前流传下来的诸多登月照片里，有一张脚印十分引人注目。人们往往以为那是第一个踏足月表的阿姆斯特朗的脚印。其实还有一种说法：那是第二个登上月球的巴兹·奥尔德林的脚印。

月球上没有风雨，因此宇航员的脚印能长久地留在月球上。

▲ 月球上的脚印

着陆器

月球上没有大气，宇宙辐射强，宇航员需要穿宇航服。

UNITED STATES

宇航员在月球表面插上美国国旗。

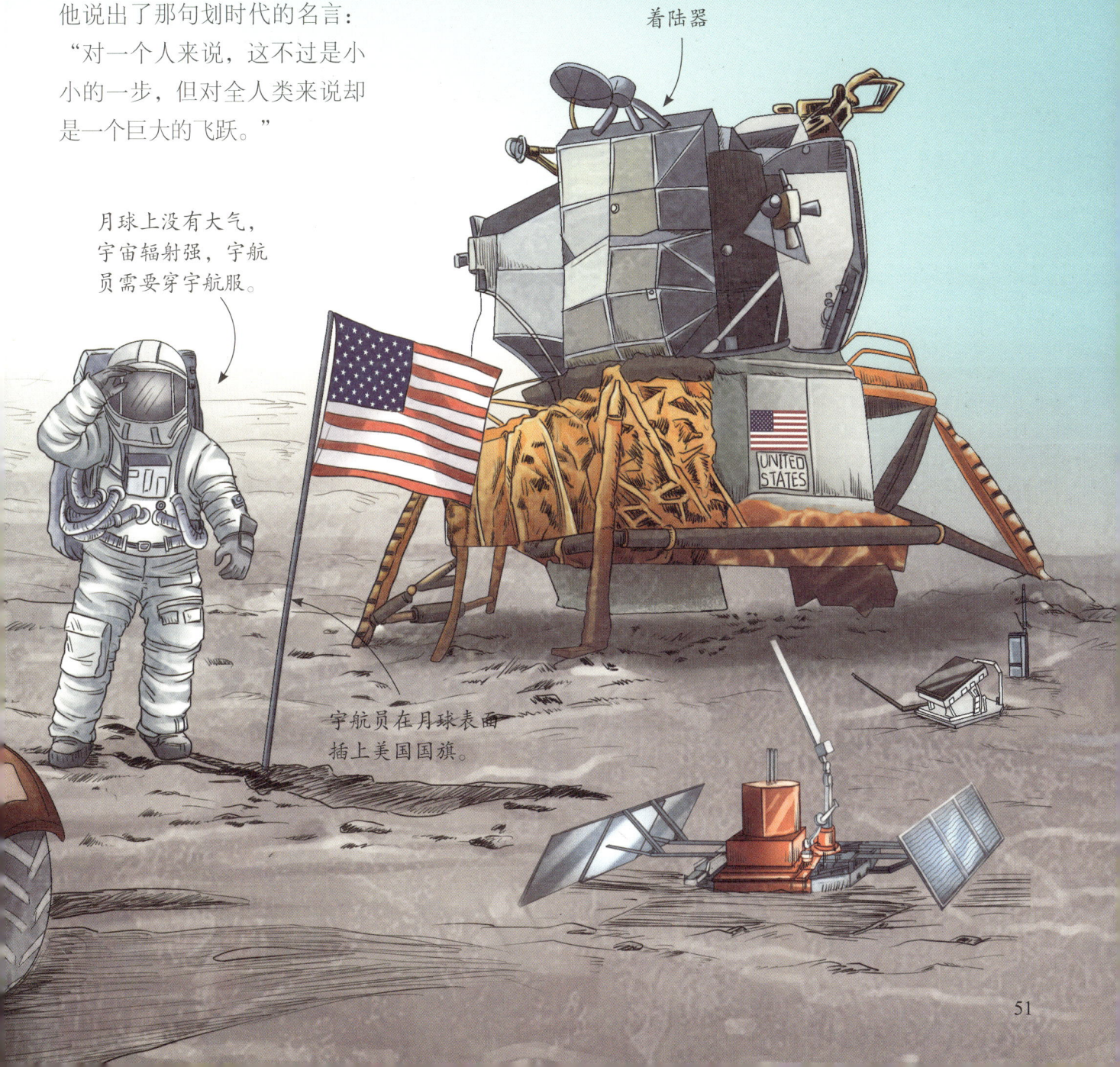

开启计算机时代

计算机也就是我们俗称的电脑。在现代计算机诞生之前，人类发明了机械计算机、机电计算机以及最初的电子计算机。我们现在的日常生活和工作中的很多事情都依靠计算机来完成。可以说，计算机的诞生和发展是人类文明发展史上重要的里程碑。

巴贝奇的奇迹年

英国数学家巴贝奇在 1812 年开始研究一种可以进行复杂计算的机器——"差分机"。随后，巴贝奇又产生了新的想法：发明一种"分析机"——一种可以完成各种数学计算的新机器，相当于现代计算机执行数字运算的一种处理器。由此可见，巴贝奇相当有预见性，不过他最终也未完成他最初设计的那台过于复杂的分析机。

第一台通用计算机名为"埃尼阿克"。

埃尼阿克占地约170平方米，重达30吨。

设计制造埃尼阿克的目的是为了代替人进行大量烦琐的计算。

▲ 工作人员调试第一台通用计算机

第一台通用计算机

1946 年，美国宾夕法尼亚大学诞生了世界上第一台通用计算机。这部包括约 18000 个电子管、占地 170 平方米左右的大型计算机，采用的是电子线路执行算术运算、逻辑运算以及存储信息。不过这台 30 吨重的计算机实在是太费电了，传言说，只要它开机，整个费城西区的电都会受到影响。

▶ 笔记本电脑

笔记本电脑又称便携式电脑。

芯片＝半导体＋集成电路

芯片上面排布了许许多多的晶体管。

▲ 芯片

埃尼阿克的计算速度是每秒5000次加减法或400次乘法。

微型计算机的革命

现在，电子计算机基本上进入了家家户户，这些机器，体型小巧、价格便宜，是很多人都可以消费得起的电子产品。20 世纪 70 年代，数千个晶体管的集成电路或微芯片共同构成了计算机的重要组成部分，这使个人电脑成为可能。现在我们享受着这项科技带来的便利，并且深陷其中不能自拔。

计算机的应用

智慧的人类不局限于发明了通用计算机，还按照不同的用途发明了更为专业的计算机。除了我们日常生活中通用的计算机外，还有一些专用的计算机被应用到了不同的领域，比如科学与工程、航空航天以及数据处理等。计算机作为一种机器，之所以让人类产生依赖，还要归功于另一项发明——互联网。

▼ 电脑在人们工作、生活中普及

互联网的诞生

足不出户的购物，浏览世界各国的奇闻异事……我们都可以通过操作计算机来办到，因为一张无形的网络将我们联系在了一起，这就是互联网。这项科技发展至今已经超过 50 年，成为人类不能割舍的一部分。

"@" 小符号的大作用

1971 年，人类历史上的第一封电子邮件，经由雷·汤姆林森之手，沿着网络发送到了另一台计算机上。汤姆林森决定使用 "@" 符号来隔开用户名和主机名，之后 "@" 也成了国际通用的电子邮箱标志。伴随着第一封电子邮件的成功发送，小小的 "@" 成为网络通信时代使用最频繁的符号之一。

▼ 雷·汤姆林森

汤姆林森被称为 "E-mail之父"。

▼ 网络连接了人们生活的很多方面

将两个以上的计算机网络互相联接在一起的方法可称作 "Internetworking"。

现在，网络渗透到了生活的很多方面。

"G" 指的是 "Generation（代）"。

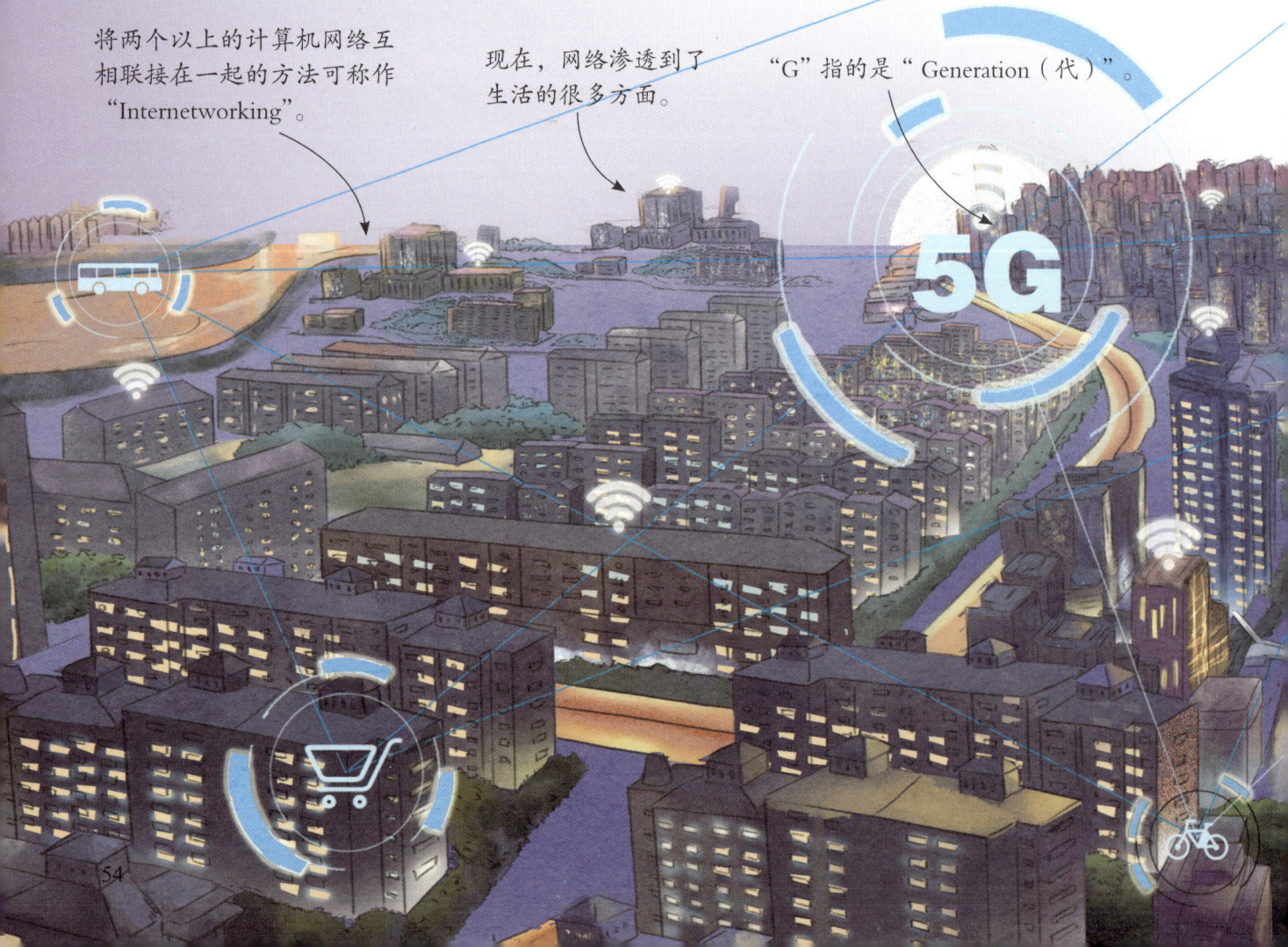

5G

3个字母组成的万维网

当我们坐在电脑前点开任意一个网址浏览信息的时候，都要感谢一个人，那就是蒂姆·伯纳斯·李。1990年，他发明了一种可以让信息共享的网络，并取名为"World Wide Web"，即"万维网"，也就是我们常见于网址前的3个字母"www"。这项伟大的发明，让蒂姆成了"互联网之父"。

小百科

蒂姆·伯纳斯·李在1990年开发了世界上第一个网页服务器和第一个万维网浏览器，这个浏览器是历史上第一个正式的超文本浏览和编辑器。

蒂姆·伯纳斯·李曾在伦敦奥运会开幕式上亮相。

▲ 蒂姆·伯纳斯·李

互联网时代的中国

1994年，中国通过国际专线正式接入国际互联网。在互联网浪潮下，中国的互联网企业纷纷崛起，从腾讯、百度到阿里巴巴，中国已经开启了"互联网＋"的新时代。"互联网＋家电""互联网＋金融"等领先于很多国家的互联网衍生品，让中国人民的生活更加便利。

55

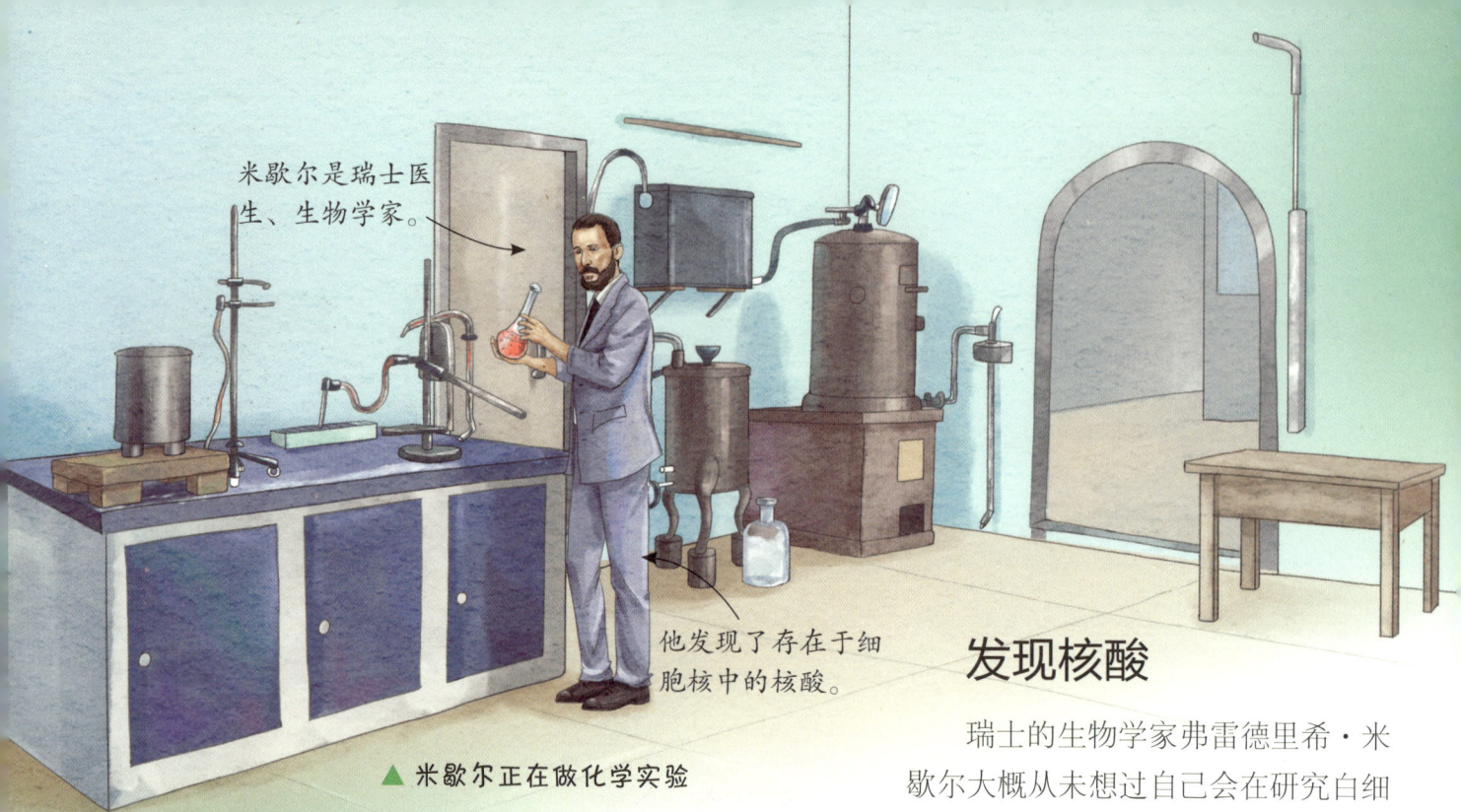

米歇尔是瑞士医生、生物学家。

他发现了存在于细胞核中的核酸。

▲ 米歇尔正在做化学实验

生物工程

　　人的身体就像一个奇妙的世界。人类对于自己身体的构造不是天生就了解，是经过一系列的探索才了解的，特别是生物学的出现，让人类对于自身的构造有了进一步的了解。基因工程、细胞工程等生物工程的出现，让人类不用再雾里看花，而是能透过现象看到更多的本质。

DNA的奥秘

　　20世纪早期，尽管已经有科学家们对DNA（脱氧核糖核酸，deoxyribonucleic acid）序列展开了研究，但很多专家和学者还是普遍认为蛋白质才是人类遗传的关键。直到1953年，科学家詹姆斯·沃森与弗朗西斯·克里克构建出人类DNA双螺旋模型，人们才清楚地了解了遗传信息的构成和传递途径。随着时间的推移，人类对于DNA的研究更加深入，比如复制、重组DNA，这些技术为人类以后的生存和发展提供了无限可能。

发现核酸

　　瑞士的生物学家弗雷德里希·米歇尔大概从未想过自己会在研究白细胞的过程中，发现隐藏在人类基因中的一种物质。在他看来那是一种未知的新物质。直到他在里面发现了化学物质——核酸，人类才开始慢慢揭开遗传物质的面纱。

沃森与克里克因构建DNA双螺旋模型在1962年获得了诺贝尔奖。

1953年，沃森和克里克在《自然》杂志上发表了关于DNA双螺旋结构的论文。

人类基因组计划

20 世纪 90 年代，欧洲的科学家相继投入到了人类基因组计划的研究中，美国的科学家呼吁各国联合开展这项研究，呼吁得到了中、日、德、英、法、加等国的响应。这项计划自 1990 年启动到 2003 年宣布完成，由多个国家的科学家共同解读的人类基因组数据已经涵盖了整个基因组 99% 的内容。还有一小部分未知的基因组，在等待着我们去探索。

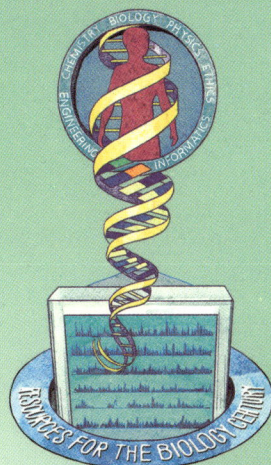

▲ 人类基因组计划

▼ 克隆羊

科学家把人工遗传操作动物繁殖的过程叫克隆。

克隆技术的产生

说起克隆技术，大家最先想到的应该就是 1996 年人类成功克隆了一只名为多利的羊。事实上，克隆技术的应用十分广泛：人类可以通过复制动植物的 DNA，改良动植物的生存能力，从而达到促进农业生产的目的；还可以复制细胞，以发现某种病因或者治疗各种疾病。

▼ 沃森与克里克构建的双螺旋模型

DNA双螺旋模型被誉为"20世纪生物学最伟大的发现"。

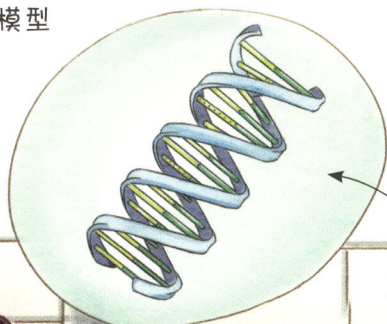

DNA双螺旋模型

攻克各类医学难题

　　科学技术的进步，对医学的发展产生了巨大的推动力，使人类在医学领域攻克了一个又一个难题。我们迷恋电影中拯救世界的英雄，在现实生活中，伟大的医学工作者们也同样是拯救人类命运的英雄：各种奇难杂症的发现与治疗、各类医学材料的更新换代，不仅延长了人类的寿命，还增加了人们生活在这个世界上的幸福感。

▼ 人们在接种传染病疫苗

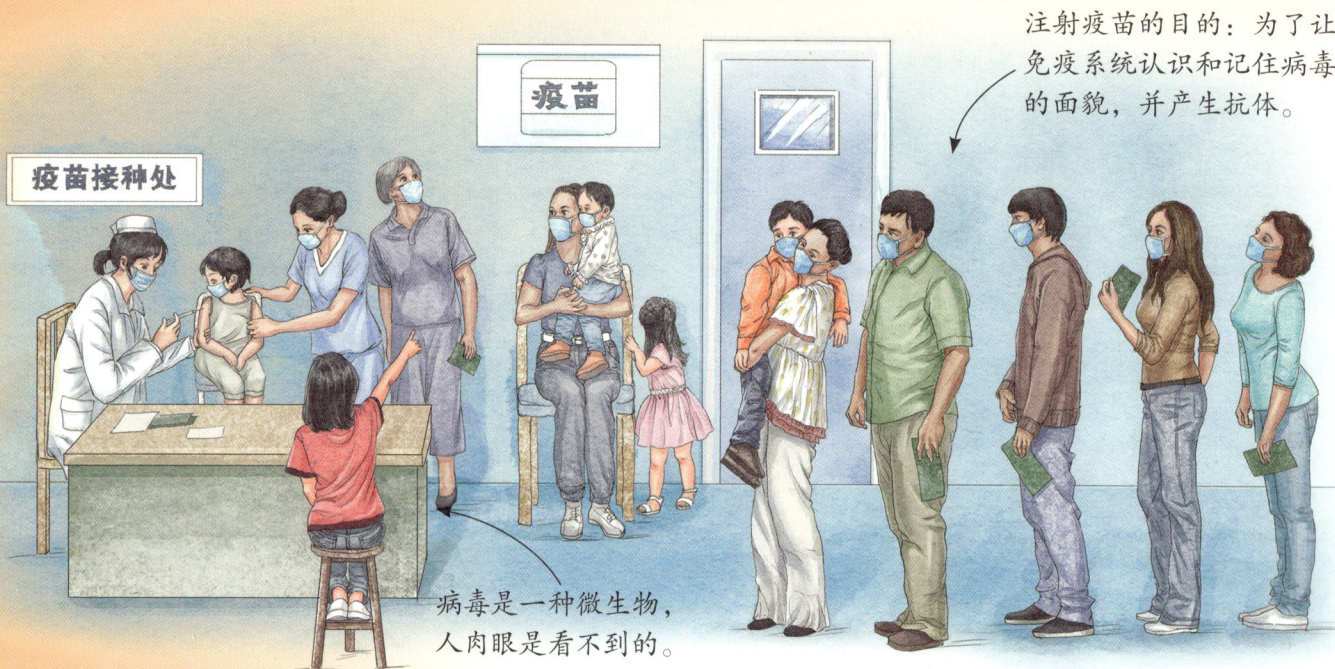

疫苗

疫苗接种处

注射疫苗的目的：为了让免疫系统认识和记住病毒的面貌，并产生抗体。

病毒是一种微生物，人肉眼是看不到的。

从预防开始

　　19 世纪末 20 世纪初，人类发现了病原微生物和寄生虫的存在，也是从这里开始，人们才意识到传染病以及流行病的起源。自 20 世纪起，科学家逐渐了解了不同传染病的传播媒介，展开了"预防传染病"的研究。

免疫才是硬道理

　　在免疫学方面，人类自 16 世纪开始就展开了研究。1796 年，科学家爱德华·詹纳把牛痘病毒接种给一个 8 岁男孩，开启了疫苗接种的时代。19 世纪 80 年代，法国的科学家巴斯德研究出的减毒疫苗成为实验免疫学的基础。自 20 世纪以来，科学家们研制出预防甲肝、乙肝、水痘、破伤风，甚至包括宫颈癌在内的诸多疫苗。在不断发展的医学道路上，科学家们还会研发出更多、更全面的疫苗。

巴斯德通过研究啤酒中的乳酸杆菌，发明了巴氏消毒法。

巴斯德开创了微生物生理学。

▲ 巴斯德研究狂犬疫苗

造血干细胞移植的成绩

造血干细胞移植是人类最伟大的生物科学研究成果之一，它是治疗肿瘤以及各种恶性血液疾病的有效方法之一。如今，我们可以从婴儿的脐带血、人体骨髓以及外周血液中获得这种"万能细胞"。造血干细胞是基因治疗的载体。

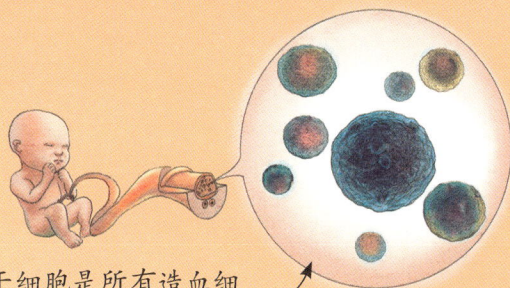

造血干细胞是所有造血细胞和免疫细胞的起源。

▲ 造血干细胞

▼ 癌症患者

癌症也没那么可怕

人们一直认为癌症是威胁人类生命的一大杀手。尽管到现在人类依然"谈癌色变"，但不断发展的医学已经将癌症从无法治愈的"绝对性"阵营拉到了"非绝对性"阵营。现在我们可以通过肿瘤根治术、放射性治疗等医学手段努力挽救人们的生命，未来还会出现更多对抗癌症的方法。

癌细胞是一种可变异的细胞，它无限增殖、可转化、易转移。

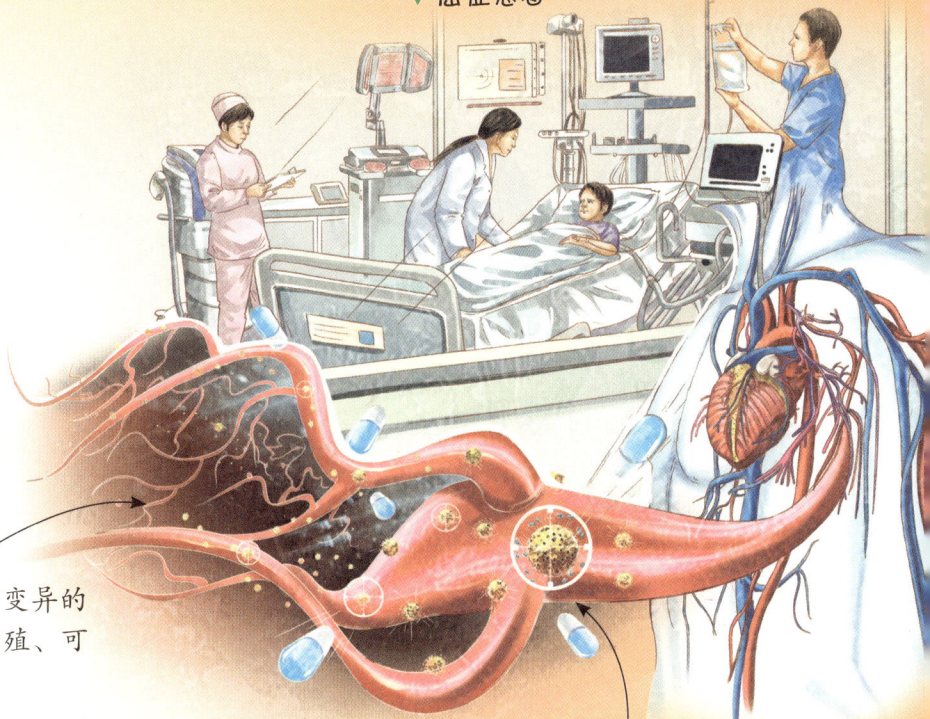

癌是指起源于上皮组织的恶性肿瘤。

移植器官拯救生命

在很久以前，把一个人的器官移植到另一个人身上，并且能正常工作，只出现在志怪神话里。但在 20 世纪之后，这已经是医学界司空见惯的手术了。角膜、皮肤移植已经是常见的器官移植手术，除此之外，肾脏、肝脏等器官只要有良好的供体也都可以移植，使病人重获新生。

▼ 安装义肢的运动员参加运动比赛

人体也能被修复

以前，人们可能担心缺少一颗牙齿会影响美观。现在这已不是困扰人们的难题。因为在现代医学中，安装假牙、种植牙齿是相当容易的事。对现代医学界来说，小到一颗牙齿，大到一个肢体部位，都是可以被修复的，比如我们常常可以见到残疾人运动员装有假肢并夺得各种比赛的桂冠。

挑战建筑"极限"

人类的文明历史，很多时候都会在当时的建筑上有所体现。建筑不仅是人类发展史上的纪念碑，也是人类智慧的结晶。从20世纪到现在，人类不断刷新着自己创造的纪录，挑战着各种建筑的建造"极限"。未来，人类还会创造更多……

建筑中采用了钢筋混凝土结构，石材表面。

该别墅建立在熊跑溪河畔。

▲ 匹兹堡流水别墅

帝国大厦是世界上第一座高度突破100层的摩天大楼。

帝国大厦经历过火灾和飞机撞击。

帝国大厦高约449米。

流水别墅

在美国匹兹堡的郊区，有一座人工建造与自然环境完美结合的独特建筑。这座由美国著名的建筑师赖特设计的流水别墅，是始建于20世纪30年代的现代建筑。它位于一处小瀑布之上，依山傍水，是赖特有机建筑理论的典型代表。虽然它只是一幢住宅建筑，却同样有着独特的艺术魅力。

帝国大厦

美国曾经用410天建造了一座摩天大楼：位于纽约的帝国大厦。在20世纪30年代到70年代之间，帝国大厦一直稳居世界最高建筑物的宝座。它造型匀称，在相当长的一段时间内是众多摩天大楼建造者争相模仿的对象。帝国大厦有102层，其中只有85层及以下供租赁使用。

◀ 纽约帝国大厦

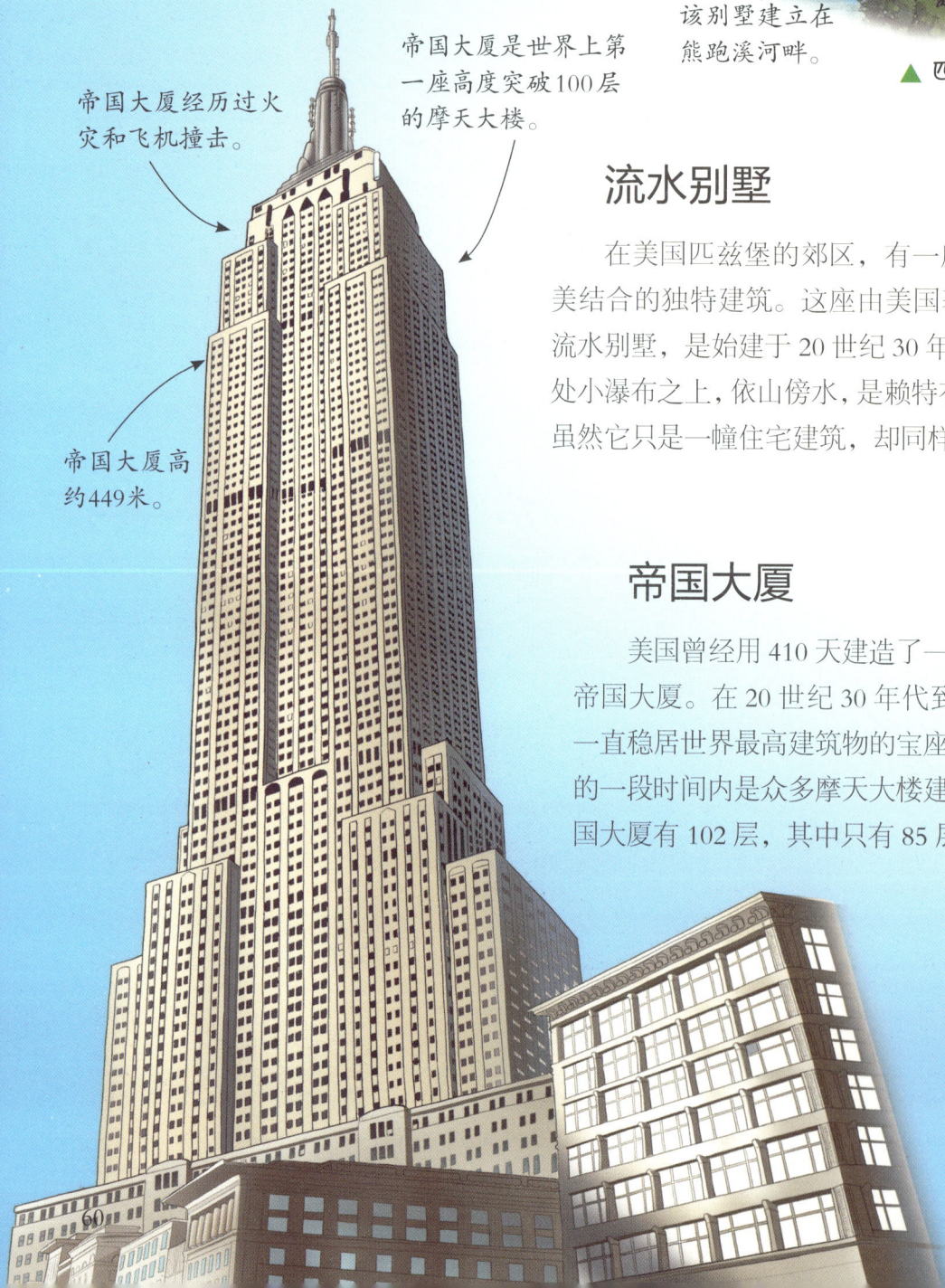

▶ 伍重

悉尼歌剧院设计灵感来
源于一个橙子。

悉尼歌剧院在悉尼市区
北部的贝尼朗岬角。

▲ 悉尼歌剧院

悉尼歌剧院中可以欣赏
到世界顶级的表演。

悉尼歌剧院

澳大利亚的地标性建筑物，也被誉为 20 世纪最美建筑物之一的悉尼歌剧院，在 1973 年建成。这座由三组巨大的壳片组成的建筑物，三面环水，就像是一枚浮在水面上的巨大贝壳。虽然，对这座极具个性的建筑，业内的评价褒贬不一，但它依然是现代建筑中最为杰出的代表之一。

小百科

悉尼歌剧院的设计者是丹麦的建筑师约恩·伍重，他的方案在 200 多个设计方案中脱颖而出。问题是，他的设计方案原本只停留在草图阶段，为了将他的方案复原，施工人员经历了各种尝试，最后才确定用人字形拱肋代替薄壳来施工，这使得整个工期被大大延长。

▼ 青函隧道

该隧道穿越日本津轻海峡，连接了本州青森地区和北海道函馆地区。

青函隧道

行驶在地下的铁路已经被人类所攻克，建筑师们已经不满足于征服陆地，他们将目光放到了海洋。跨海的交通工具除了轮船，也可以是汽车、火车，但这需要一条适合的道路，于是海底隧道就应运而生了。1987 年，日本的青函隧道落成，作为当时世界上最长的海底隧道，它结束了日本本州与北海道之间主要依靠海上运输的岁月。

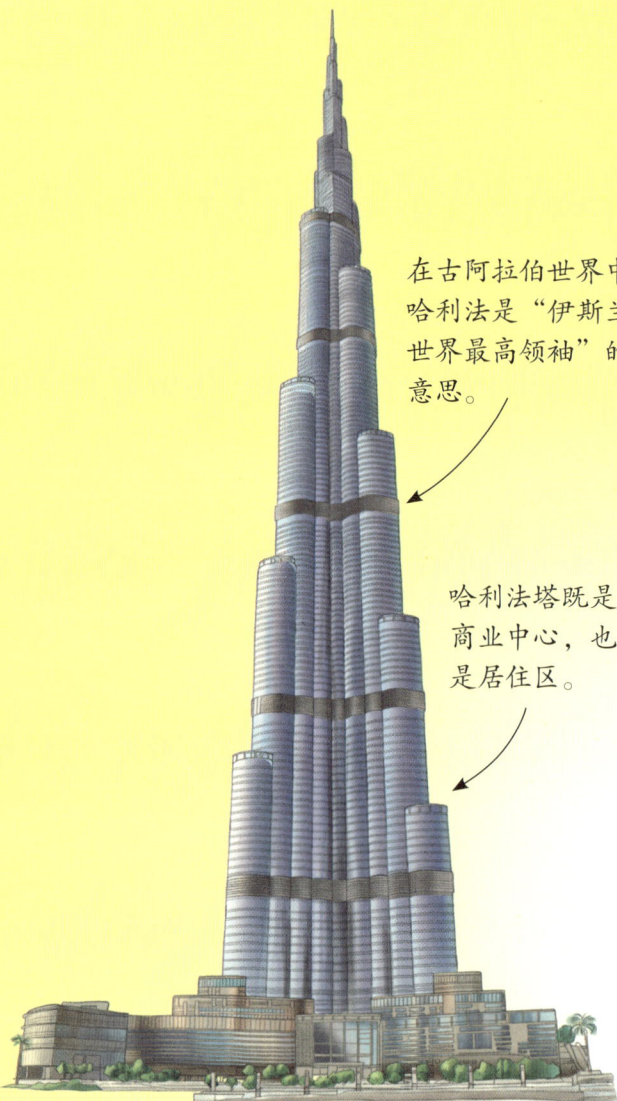

在古阿拉伯世界中，哈利法是"伊斯兰世界最高领袖"的意思。

哈利法塔既是商业中心，也是居住区。

▲ 哈利法塔（原名为迪拜塔）

哈利法塔

世界大楼高度的排行榜，从20世纪到现在不断刷新着排名。目前依然位于榜首的是迪拜的标志性建筑物之一：哈利法塔。这座高828米、162层的高楼始建于2004年，2010年举行落成典礼。据说，这座由迪拜政府决定建造的高楼，其目的就是要让"世界第一高楼"的殊荣重回中东。

小百科

事实上，哈利法塔的"第一高楼"地位岌岌可危。21世纪初，沙特阿拉伯正在建造的王国塔预计高度超过1000米，将会成为世界上的第一高楼。

小百科

英吉利海峡是世界上最繁忙的海上要道之一。海峡西南连大西洋，东北通北海，全长520千米。

英吉利海峡隧道

在日本青函隧道通车的同年，一条穿越英吉利海峡，连接英国与法国的海底隧道也开始动工了。它由英法两国共同建造，工程位于英吉利海峡最窄的地方，单线隧道约有50千米长，1994年正式通行。整个工程，包括三条隧道，位于两边的是可供两种火车通行的轨道，夹在中间的一条道路是可在全隧道范围内进行养路维修和供紧急撤离之用的服务通道。英吉利海峡隧道被称之为20世纪的建筑奇迹之一。

港珠澳大桥被业界誉为桥梁界的"珠穆朗玛峰"。

港珠澳大桥被英国《卫报》誉为"现代世界七大奇迹"之一。

阿拉伯塔酒店

这家位于一座人工岛上、造型如风帆的酒店，就是阿拉伯塔酒店。不过，它的另一个名字可能更被人所熟知，那就是"帆船酒店"。虽然它只是迪拜众多高端酒店中的其一，但却因为独特造型而闻名世界。

港珠澳大桥

港珠澳大桥应该是我国最具代表性的大桥之一。这条连通香港、珠海以及澳门的纽带，拥有当前诸多世界之最——跨海距离最长、技术含量最高、科学专利最多、设计寿命最长，它是无数中国人的骄傲。它在 2009 年开始动工，2018 年开通运营。港珠澳大桥全长 55 千米，设计使用寿命可达 120 年。

阿拉伯塔酒店共有 56 层，321 米高。

阿拉伯塔酒店是世界上第一家七星级酒店。

该酒店建在人工岛上，仅由一条弯曲的道路连接陆地。

▲ 阿拉伯塔酒店

▼ 港珠澳大桥

港珠澳大桥采用了"桥、岛、隧三位一体"的建筑形式。

港珠澳大桥是一座连接香港、珠海和澳门的跨海大桥。

大桥全路段呈S形。

更快、更舒适

20世纪，随着科学技术的进步，人类的生活发生了翻天覆地的变化。单以用来代步的交通工具来说，不过短短几十年，先进的科技让它们焕然一新，不论外表还是内部，都发生了很大的变化，变得比过去更快、更舒适。

本茨的汽车出现的同时，戴姆勒和迈巴赫制造了一辆装有汽油发动机的三轮汽车。

汽车的零件更新换代，变得更舒适、更安全。

随着科技的发展，汽车越来越先进，比如外形更加漂亮、功能更加完善等。

汽车速度的提高

世界上第一辆汽车诞生于19世纪80年代，此时正处于第二次工业革命时期。虽然汽车的发明在当时有着划时代的意义，但由于技术有限，最早的汽车速度每小时不到20千米，和一辆马车的时速差不多。不过，随着时间的推移，越来越多的人从事汽车的研究和改良，汽车的速度也在不断提高。如今，100多年过去了，汽车的速度早已不再像当年那样缓慢，甚至有的汽车能在几秒内把速度从0提升到每小时100千米。这不得不让人感叹科技的伟大。

1886年，德国戴姆勒给汽车装上了四个轮子，四轮汽车出现了。

1891年，莱瓦索尔对汽车的结构进行了改造，设计出了现代汽车的雏形。这种汽车有离合器、变速器和后驱动轴，发动机也被装在了前面。

汽车渐渐加上了后视镜、雨刷器等部件。

1913年，福特公司建成了世界上第一条汽车装配流水线，大批量生产"T"型汽车。

箱型汽车可以遮风挡雨。

"飘"起来的列车

自从火车发明以后，许多人都在研究怎样让它的速度更快。20世纪20年代，德国一名工程师提出的电磁悬浮原理仿佛为所有人打开了一扇新的大门。让火车悬在铁轨上前进的想法，就是利用磁铁"同性相斥，异性相吸"的原理，但实际操作起来对科技水平有很高的要求。直到20世纪70年代，才有真正的磁悬浮列车出现。理论上来讲，磁悬浮列车速度可以超过每小时600千米。

▼ 磁悬浮列车

德国工程师赫尔曼·肯佩尔提出了电磁悬浮原理。

磁悬浮列车靠轨道的电磁力悬浮在空中，再利用列车上的直线电机产生的电磁力牵引列车运行。

磁悬浮列车行进时不需要接触地面。

▼ 海上邮轮

大型邮轮可以容纳数千人。

邮轮可以搭载乘客旅行、参观、游览。

豪华的邮轮

在飞机还没诞生的时候，人类如果想横渡大洋，去往其他国家，最好的选择就是乘坐舒适的邮轮。一开始，邮轮只是负责运输包裹、邮件或载客，为乘客提供的服务也很简单。后来，邮轮的体积变得更大，能容纳的人数更多，船上的娱乐设施也变得丰富起来。如今，一艘豪华邮轮往往有十几层，能容纳几千人在船上游玩，相当于一座移动的"海上度假村"。

飞起来的"铁鸟"

飞机从诞生到现在只有一个多世纪。作为一种新兴的交通工具，它的变化非常显著：早期的飞机只能容纳一两个人，如今，一般的大型客机可以载客几百人，负重多达百吨。

飞机一般在平流层飞行。

机翼

尾翼

发动机

▲ 飞机

从移动电话到"全能宝箱"

现在，很多人几乎每时每刻都在与手机打交道，虽然这导致了一种"手机综合征"的流行，但我们依然要感谢科技的发展，为人类文明谱写了新的篇章。

开启新时代——手机

美国摩托罗拉的总设计师马丁·库伯在 1973 年设计的第一部手机，大得像块砖头。尽管它十分笨重，但却将人类带到了无线通信的新时代。1983 年，摩托罗拉推出了世界上第一部便携式手机。这部手机可以进行 1 小时的通话，存储 30 个电话号码。在当时，它属于一件昂贵的奢侈品。

▼ 库伯展示移动电话

库伯发明手机的灵感来自影视剧《星际迷航》。

当时的一台手机重约1千克。

1973年4月3日，库伯用手机拨打了第一通电话。

库伯是美国发明家，被誉为"手机之父"。

把天线放到机器里面

由诺基亚品牌推出的内置天线手机不仅造型小巧，而且风格多变。人们可以根据喜好随意更换外壳。对于中国的消费者来说，在相当长的一段时间里，诺基亚手机代表着时尚的外观和过硬的品质，在手机市场上占有相当大的比重。

手机更新换代迅速，功能越来越多。

▲ 新款手机受到了人们的欢迎

▼ 诺基亚7110

诺基亚首款搭载浏览器、支持上网的手机

手机重量有141克。

开启手机上网的时代

1999年，诺基亚公司推出了第一款互联网手机。这款手机，只要你开通了移动数据业务，就可以连接互联网。也就是从这时开始，人类进入了手机上网的时代。拥有这一强大功能的手机很快就成了人们的重要通信工具。不过，这时手机上网的功能还不强大，通常只能用来接受和发送彩色照片以及浏览简单的网页。

▼ 手机的功能越来越多

多功能的集合体

现在，我们的手机可以通过蓝牙连接各种音响设备和电脑，还可以安装各种应用软件。我们可以通过超大的手机屏幕观看影视剧、精彩的赛事等，我们还可以通过手机进行支付。现在的手机不只是接打电话的简单工具，而更像是一个百宝箱。

距离在缩小

如果你想要绕地球一圈，大约需要行走 40076 千米，可见地球有多么大。现在，人们却觉得地球"越来越小"了，因为我们仅需要一部电话就可以与地球另一端的人通话，只需要一小块屏幕就可以观察到他的一举一动。是什么让人与人之间的距离既可以很远也能很近呢？是强大的卫星，是拥有无限可能的信息技术。

通信卫星升空

1957 年，前苏联向太空中发射了第一颗人造卫星。此后，世界各地的人造卫星纷纷发射向太空，并向地面接收器不间断地发射信号。现在，我们可以在家里收看到不同地区的电视节目，了解当地的风土人情，感觉就像是一次次足不出户的旅行，轻松又舒适。

▲ 科学家们正在进行卫星研究

▼ 信息通过网络在全球高速传输

信息高速公路

20 世纪 50 年代，伴随着电子计算机的发展，数据通信走入了人类的生活。随着互联网的诞生，数据通信技术与互联网强强联合，这才有了我们现在方便快捷的网络信息时代。"互联网＋"的新时代，互联网不仅可以应用到日常生活中，也被广泛应用到了农业生产、商业贸易等诸多行业。通过信息高速公路，人们的生活水平正在迅速提高。

卫星是围绕着行星运行的天体,月球是地球的卫星。

人造卫星是人类建造的,通过火箭等运载器发射到太空,围绕着行星运行的航天器。

▼ 比尔·盖茨和保罗·艾伦

比尔·盖茨和保罗·艾伦一起创立了微软。

软件出现后的新世界

有了互联网、计算机和各种通信设备,就能拉近人与人之间的距离了吗?也不尽然。事实上,我们现在依靠很多软件才能进行多种操作。从微软公司开展了应用软件的革命之后,人类在软件的研发上屡创新高。电脑和手机上的软件,让我们可以不限时间、地点进行视频聊天,同步收看不同国家的精彩赛事。这些都是以前的人类无法想象的。

足不出户的全球购物

建立在信息网络技术之上的网络购物,成了 21 世纪以来最强大的发明。很久以前,出国购物是少部分人才能办到的事。随着电子商务的出现,人们只需有充足的消费资金,然后动动手指就可以拥有来自世界各地的商品。这是科技带给全世界人民的福利。

层出不穷的新能源

什么是能源？木柴、煤炭、石油等可以提供能量的资源都被视为能源。这些能源一直在为我们的生产、生活提供保障。随着人类对能源的需求与日俱增，传统能源不仅逐渐陷入了匮乏的境地，还存在着污染环境的问题。于是，人类开始寻找新能源。

太阳能电池板

太阳能电池板能为房子的电力系统提供支持。

▲ 装有太阳能电池板的房子

新能源的真面目

人们把像木柴、煤炭、石油、天然气等已经可以大规模生产、利用的能源称为传统能源。那么究竟什么样的能源才能算是新能源呢？简单来讲，除了传统能源外的其他能源都可以被看作是新能源。具体来讲，就是指那些当前还处于刚开发利用阶段或者有待推广的能源，比如太阳能、风能、潮汐能、核能等。

▼ 太阳能汽车挑战赛

太阳能是来自太阳的辐射能量。

太阳能可再生，能量大。

车顶的太阳能电池板

生命之光——太阳能

有科学家计算过，目前太阳每秒到达地球的能量约17.3万TW（太瓦），相当于500万吨煤一同燃烧时产生的能量。而这还只是经过宇宙逸散，被大气层隔离后剩余的部分。如此丰富的太阳能，清洁又环保，自然令很多科学家研究起收集、转换太阳能的技术。这项技术已经取得了一定的成果。太阳能电池、太阳能热水器等都是对太阳能的一种基础利用。

小百科

W（瓦特）是比较基础的国际功率单位，在其之上，还有KW（千瓦）、TW的存在。$1TW=10^9KW=10^{12}W$。

▼ 运行中的风力发电机

风力发电机的叶片长度在不断增加。

风力发电可以将风能转化为机械能，再驱动发电机输出电能。

风能是绿色清洁能源。

无处不在的风

风是空气流动引起的自然现象。它无处不在，"储量"丰富，分布广泛，基本没有枯竭的可能性，而且几乎不受地形约束。事实上，人类很早就开始了对风的利用，比如风车、风帆等。19世纪末，人们意识到化石能源的短缺，对风能越发重视起来。目前人类对风能最主要的利用方式，就是制造巨大的风力发电机来发电。

参赛者组装太阳能汽车。

澎湃起伏的潮汐能

潮汐是海水受到天体引力影响而发生周期性涨落的现象，是海水运动的一种。因为潮汐具有规律性且在海岸边涨落的特点，再加上潮汐能可再生且清洁无污染，所以人类很早就开始利用潮汐能。如今，潮汐发电的技术已经越来越成熟。

▼ 法国朗斯潮汐发电站

世界上第一座具有经济价值的潮汐发电站

人工智能更懂你

Artificial Intelligence 简称 AI，就是我们现在常说的人工智能。自它诞生以来，已经融入人类生活的很多领域，包括医疗、教育、金融等领域。随着科技的不断进步，人工智能将会给人类带来更多的帮助，创造更多的奇迹。

图灵被称为"计算机科学之父"。

▲ 图灵

图灵的"智能"思想

英国数学家阿兰·图灵在论文《论可计算数在判定问题中的应用》中提出了"图灵机"概念，成为自动机理论的创始人。随后，他在计算机领域的研究中又提出了著名的"图灵试验"，就是以问答的形式来判断计算机是否拥有类似人类的智力。

"人工智能"的诞生

约翰·麦卡锡是一位数学博士，出生于美国的波士顿。他在 1956 年的达特茅斯会议上，首次提出了"人工智能"这个概念。麦卡锡在 1958 年发明了 LISP（List Processing）语言，并一直将数学逻辑应用到人工智能中。1971 年，他因在人工智能领域的突出贡献获得了图灵奖。

▼ 人工智能和麦卡锡

人工智能带来的科技产品是人工智能的"容器"。

麦卡锡在斯坦福大学协助建立了斯坦福人工智能实验室。

"深蓝"打败人类

人工智能在20世纪90年代后期，迎来了新的发展高潮。最受人瞩目的是发生在1997年的"人机大战"。这是一场人类与机器的博弈战：由美国IBM公司发明的"深蓝"智能计算机与国际象棋大师加里·卡斯帕罗夫之间展开的国际象棋比赛。最终，卡斯帕罗夫以一胜二负三和的成绩，败给了"深蓝"。

深蓝

人类国际象棋冠军卡斯帕罗夫

▲ 在国际象棋比赛中，智能计算机"深蓝"打败人类国际象棋冠军

人工智能+

现在人类已经不再局限于制作一个和人类周旋的智能机器人了，而是要在更多的领域实现人工智能。人工智能已经在很多领域发光发热，例如：在医疗领域，为患者提供预问诊、分析病历与文献、辅助诊断医疗影像，甚至是辅助手术；在交通方面，人工智能可以提供无人驾驶、智能停车场、AI人脸识别等服务；在家庭生活中，扫地机器人、智能洗衣机、学习机器人等也运用到了人工智能技术。

▼ 医生在人工智能的协助下进行手术

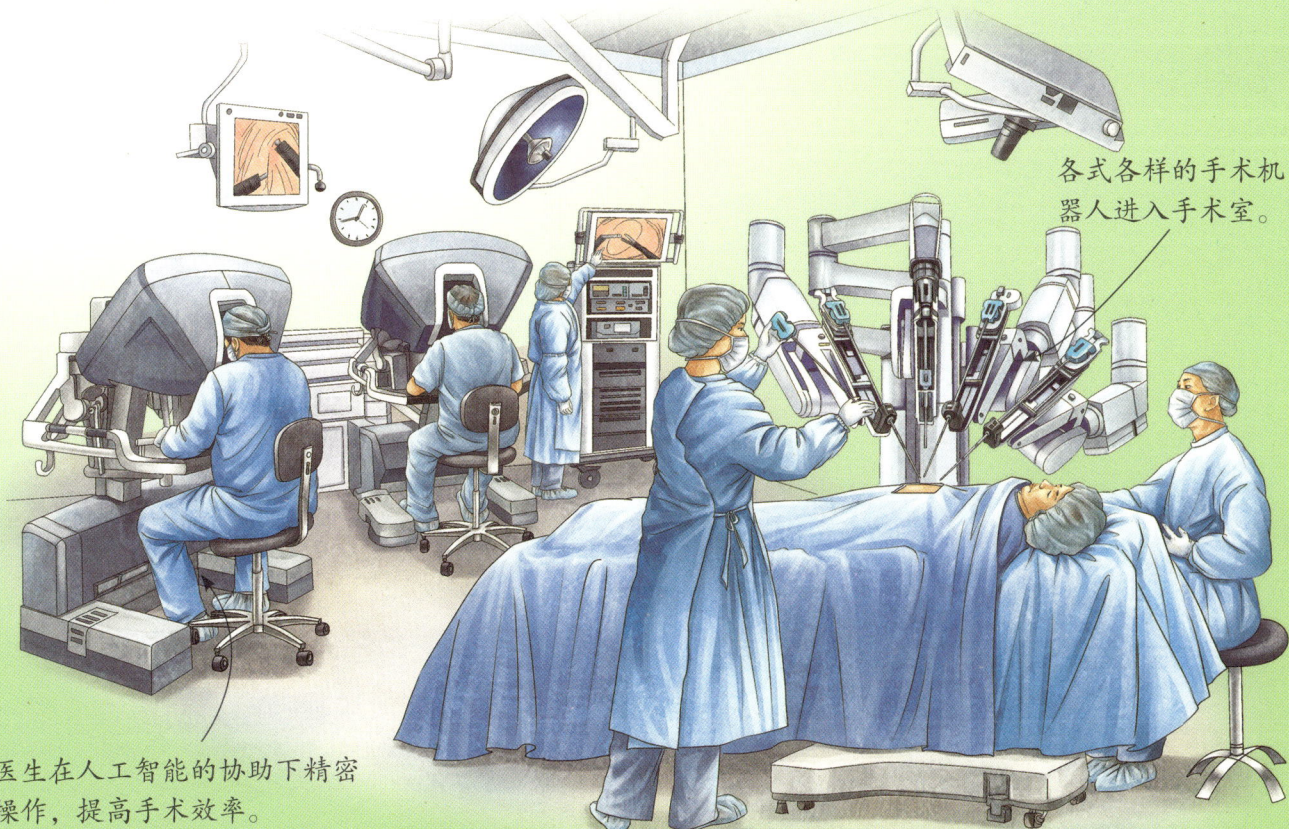

各式各样的手术机器人进入手术室。

医生在人工智能的协助下精密操作，提高手术效率。